Willibald Jacob, Jakob Moneta, Franz Segbers (Hg.)
Die Religion des Kapitalismus

Willibald Jacob, Jakob Moneta, Franz Segbers (Hg.)

DIE RELIGION DES KAPITALISMUS

Die gesellschaftlichen Auswirkungen des totalen Marktes

EDITION EXODUS
LUZERN 1996

Redaktion: Odilo Noti
Umschlag: Bernard Schlup (Gestaltung) /
Ateliers Jaunes Kurt Bläuer (Satz und Lithos)
Satz: atelier hupa, CH-4312 Magden
Druck: Fuldaer Verlagsanstalt, Fulda
ISBN 3-905577-04-6

Franz J. Hinkelammert gewidmet
zu seinem 65. Geburtstag

«Ohne Utopie gibt es keine Erkenntnis der Realität»
Franz J. Hinkelammert

INHALT

Vorwort 9

Thomas Schmidt, Kerstin Mahnke, Gerhard Jüttemann,
Michael Löwy, Fritz Hofmann
Die neoliberale Wende und die gesellschaftlichen Auswirkungen des globalen Marktes – Einsichten von unten 13

Christa Luft
Transformationsprobleme in Ostdeutschland aus ökonomischer und sozialer Sicht
Die neoliberale Wende aus der Sicht des Ostens 37

Siegfried Katterle
Die neoliberale Wende zum totalen Markt aus der Sicht des Nordens 47

Franz Segbers
Wider den Götzen Markt – Athen und Jerusalem im Erbe 70

Franz J. Hinkelammert
Determinismus und Freiheit
Zur Autonomie des solidarischen Subjekts in einer Welt der «Sachzwänge» 86

Michael Löwy
Der Götze Markt
Die Kapitalismuskritik der Befreiungstheologie aus marxistischer Sicht 106

Jakob Moneta
Marx, die Bibel und der Gott der Gerechtigkeit
Zurück zur veralteten Bibel oder vorwärts zur modernen Kapitallogik 120

Willibald Jacob
Mammon oder Gerechtigkeit, tödliche Konkurrenz oder Solidarität 125

Kuno Füssel
Der Kult des Goldes, die Zerstörung des Menschen und der Zorn Gottes 130

Dorothee Sölle
«Du sollst nicht stehlen» – Eine Auslegung des 7. Gebots
Unterwegs zu einer ökofeministischen Spiritualität 150

Michael Brie
Von der organisierten Alternativlosigkeit zur Organisation von Alternativen 166

Jakob Moneta
Brauchen wir eine gesellschaftliche Vision? 192

Autorinnen und Autoren 205

VORWORT

«Ich muß mich heute vor den Sachzwängen tiefer beugen als früher in der DDR.» Ein Betriebsrat aus den neuen Bundesländern hat dies gesagt. Sein Wort drückt eine Erfahrung aus, die Millionen mit ihm im Osten gemacht haben und noch immer machen.

Diese Erfahrungen wollen auch die Beiträge in diesem Band zum Ausdruck bringen. Gehalten wurden sie auf einer Tagung in der Evangelischen Sozialakademie Friedewald in der Zeit vom 12. bis 14. Januar 1996 zum Thema «Unsere Visionen und der Götze Markt». Die Tagung hatte indessen eine Vorgeschichte in Arbeitskämpfen: Nach der Wende 1989/1990 schlossen sich ostdeutsche Betriebsräte und Gewerkschafter gegen den massiven Arbeitsplatzabbau in der «Initiative ostdeutscher Betriebs- und Personalräte» zusammen. Millionen Menschen, die jahrzehntelang in der DDR die Erfahrung eines Rechts auf Arbeit gemacht hatten, fanden sich jetzt als Arbeitslose auf der Straße wieder. Die Politiker versprachen blühende Landschaften – Fabrikruinen sind allenthalben zu sehen. Nie zuvor gab es in der Industriegeschichte einen so rasanten Arbeitsplatzabbau wie nach der Wende in der ehemaligen DDR. Arbeitslosigkeit ist aber nicht allein den Altlasten des real existierenden Sozialismus zuzuschreiben. Die alten Bundesländer kennen ja seit fast zwei Jahrzehnten ebenfalls eine Massenarbeitslosigkeit. Es gibt ein einig deutsches Vaterland – in Sachen Armut und Arbeitslosigkeit. Aber das ist eine andere Einheit als die, die viele mit der Wende erhofften. Europa hat mehr Arbeitslose, als die DDR Einwohner hatte; in ganz Europa gibt es über vierzig Millionen Arme. So sind denn die Erfahrungen im Osten nicht nur Übergangserscheinungen. Berichte aus Mecklenburg-Vorpommern, Bischofferode und dem Rhein-Main-Dreieck machen dies deutlich. *Christa Luft* beschreibt die Folgen der wirtschaftlichen Crash-Politik nach neoliberalem Muster, die den Übergang vom real existierenden Sozialismus zur Marktwirtschaft in Deutschland vollzog. Die Soziale Marktwirtschaft verstand sich als eine Antwort auf einen Kapitalismus, der Werte wie Gerechtigkeit, Freiheit und Menschenwürde immer wieder verletzt und gefährdet. Zug um Zug werden seit 1982 die Errungenschaften der Sozialen Marktwirtschaft abgebaut. Das Plädoyer für weniger Sozialstaat und mehr Markt signalisiert einen grundlegenden Gesinnungswandel und Paradigmenwechsel in Wirtschaft und Politik. *Siegfried Katterle,* einer der Architekten des Konzeptes der Sozialen Marktwirtschaft, spricht deshalb auch von einem «Wettlauf in die Vergangenheit».

Der Markt wird zu einem großen Zauberwort. Daß dennoch etwas faul sein könnte am siegreichen System der freien oder sogar der Sozialen Marktwirtschaft, will nun wirklich niemand mehr hören – lautet die veröffentlichte Meinung. Doch die wirtschaftliche und soziale Realität sieht anders aus. Eine Gruppe von Christinnen und Christen aus den ostdeutschen Bundesländern spricht in einem Kommentar zur Diskussionsgrundlage der Kirchen für ein Wort zur wirtschaftlichen und sozialen Lage von einem Götzen Markt. «Dies wirtschaftliche System kostet unzählige Opfer, auch Menschenopfer!»[1] Eine Wirtschaftsform gibt sich als alternativlos aus und fordert vom Menschen Kniefälle und Unterwerfung. Wer sich dem Markt gläubig unterwirft und der Tugend der eigenen Bereicherung folgt, der wird vom Markt belohnt. *Dorothee Sölle* unterzieht diese Gier nach Bereicherung einer Kritik aus ökofeministischer Perspektive. Die notorische Kapitalismuskritik der Kirchen findet angesichts der weltweit sich öffnenden Schere zwischen Arm und Reich einen günstigeren Resonanzboden als zuvor. Der real existierende Kapitalismus wird stärker ins Visier genommen und kritisch überprüft. Papst Johannes Paul II. nennt diese Gier nach Profit in der Enzyklika *Sollicitudo rei socialis* (1988) eine «Vergötzung des Marktes» (Nr. 37,3). Wo der Konkurrenzfähigkeit auf dem Weltmarkt unbedingter Vorrang vor sozialen oder ökologischen Rücksichten eingeräumt wird, dort findet auch nach Einschätzung der Denkschrift der Evangelischen Kirche in Deutschland zur Sozialen Marktwirtschaft «Gemeinwohl und Eigennutz» (1991) eine «Vergötzung der Wirtschaft»(Nr. 162) statt. Der wichtigste Begriff der Kapitalismuskritik bei Marx ist eine theologische Metapher: Götzendienst. Hier decken sich die Begriffe der Kapitalismuskritik von Karl Marx und der Kirchen. In der lateinamerikanischen Befreiungstheologie entstand eine theologische Kapitalismuskritik, die sich dieser Terminologie von Marx bedient, wie *Michael Löwy* aus mar-

1 Veröffentlicht in: epd-Dokumentation, Nr. 44/1995.

xistischer Perspektive ausführt. *Kuno Füssel* konkretisiert die biblische Redeweise von den Götzen durch jene biblischen Texte, die vom Tanz um das Goldene Kalb erzählen. Die Bibel spricht vom Götzendienst, wenn die Menschen ihre Knie beugen vor etwas anderem als Gott selber. Die Rede von den Götzen ist deshalb eine Kategorie der Aufklärung. Sie macht deutlich, was als Gott in einer Gesellschaft «funktioniert».

Der Neoliberalismus vertraut den Kräften des Marktes die wirtschaftliche und soziale Entwicklung einer Gesellschaft an und überläßt dem Markt die Verteilung der Güter. Ethische Werte wie Gerechtigkeit und Freiheit sind vom Ansatz her beseitigt. Daß mit diesem Vertrauen auf den Markt eine Konzeption verfolgt wird, welche die religiösen, ethischen und philosophischen Gerechtigkeits- und Freiheitstraditionen Europas seit «Athen und Jerusalem» beseitigt, führt *Franz Segbers* aus. Mit dem Zusammenbruch des Sozialismus verkündeten viele das Ende aller Utopien. Der Kapitalismus gebe das Ende der Geschichte wieder. Für den Süden stellt sich die Frage nach der Zukunft einer Alternative zum Kapitalismus anders als für die ehemals sozialistischen Staaten, wie *Franz J. Hinkelammert* und *Michael Brie* verdeutlichen. Ihre Ausführungen weigern sich, den Kapitalismus als alternativlos hinzunehmen. Mit dieser Frage nimmt *Jakob Moneta* die uralte Vision einer Gesellschaft der Freien und Gleichen auf. Wir werden an eine Spiritualität erinnert, die uns in allen Kämpfen und auch in Niederlagen trägt.

Wie durchhalten? Was hält durch? Von welchen Traditionen leben wir? Was gibt die Kraft zum Widerstand? In den christlichen und marxistischen Traditionen gibt es Hoffnungen, an denen festgehalten werden muß, aber auch Motivationen, die durchhalten lassen und zum Widerstand anleiten. Die Beiträge in diesem Band wollen dazu ermutigen. Gewidmet sei dieses Buch Franz J. Hinkelammert, der während der Tagung seinen 65. Geburtstag feierte.

Willibald Jacob, Jakob Moneta, Franz Segbers

DIE NEOLIBERALE WENDE UND DIE GESELLSCHAFTLICHEN AUSWIRKUNGEN DES GLOBALEN MARKTES – EINSICHTEN VON UNTEN

I. Thomas Schmidt: «Wut schlägt sich auf den Magen nieder.»

Ich arbeite in Frankfurt in einem großen Versandhaus. Bei uns in der Zentrale arbeiten mehr als 5000 Leute, davon ungefähr 2000 Arbeiter und 3500 Angestellte. Seit sechs Jahren arbeite ich dort als Verpacker in einem Leistungsentlohnungssystem. Ich bin in der ersten Periode Mitglied im Betriebsrat. Es ist ein großer Betriebsrat mit siebenundzwanzig Mitgliedern. Ich würde gerne fünf Hinweise zu Problemen anbringen, die uns auf der Arbeit zurzeit beschäftigen.

1. Zunächst wäre als ein erstes Stichwort *Internationalisierung* zu nennen. Dies ist bei uns eine sehr greifbare, alltägliche Erfahrung. Es ist zwar ein sogenanntes deutsches Unternehmen, das aber irgendwie gar nicht mehr deutsch ist, und zwar in vielerlei Hinsicht. Unser Unternehmen besitzt Filialen in verschiedenen europäischen Ländern: in Frankreich, Belgien, Holland, Österreich. Es breitet sich jetzt im Baltikum und in Griechenland aus. Wie alle anderen Versandhandelsunternehmen internationalisiert man sich und versucht, Käuferschichten zu finden, die das, was da verkauft wird, auch kaufen wollen.

Marx beginnt seine Analyse der kapitalistischen Produktionsweise mit der Analyse der Ware, weil ihm der Reichtum dieser Gesellschaft als «ungeheure Warensammlung» (MEW, Bd. 23, 49) vorkommt. Ich bezweifle, daß er sich vorstellen konnte, wieviel Ware heute an einem Ort lagert, und ich würde gerne wissen, wie er dieses Phänomen bezeichnen würde, wenn es ihm schon seinerzeit als «ungeheuer» vorkam. Wir haben Ware aus der ganzen Welt, meistens aus Südostasien und aus der Türkei. Es gibt fast nichts, was in der Bundesrepublik produziert wurde. Jeden Tag gehen ungefähr 300 000 Einzelteile bei uns raus. Diese Waren haben fast alle schon 10 000 km auf dem Buckel. Die Topmarke unserer Firma heißt deswegen wohl auch *Globetrotter:* Bevor man sie überhaupt in den Händen hält, hat sie schon einige tausend Kilometer hinter sich gebracht. Man kann das an den Kästen sehen. Es ist unglaublich, woher die alle kommen. Auch manche Kollegen lassen etwas in den Kästen. Ich habe zu Hause ein Arbeitsmesser eines chinesischen Kollegen; man kann den «Philippine-Star» lesen oder Zeitungen aus Taiwan und Hongkong. Alles geht sehr international zu. Du hast irgendwie gar nicht den Eindruck, daß du in Deutschland bist.

Nicht nur die Waren, die bei uns eingelagert werden, kommen aus aller Herren Länder. International sind auch die Kolleginnen und Kollegen. Bei uns arbeiten Leute aus über fünfzig Nationen. Die eine große Gruppe kommt aus den klassischen Anwerbeländern, also aus Spanien, der Türkei, Griechenland, Portugal, Italien. Die zweite große Gruppe sind Flüchtlinge aus Südostasien und aus Afrika. Die dritte große Gruppe schließlich bilden die Osteuropäer, immer mehr Polen, Ukrainer, Russen. Es gibt fast kein Land in Europa, das bei uns nicht vertreten wäre. Und im gewissen Sinne gehören auch die Thüringer zu der internationalen Gruppe. Seit der Wende gibt es vierhundert Thüringer, die bei uns arbeiten. Jeden Tag fahren über zehn Busse von Eisenach nach Frankfurt und zurück. Die Kollegen sitzen jeden Tag fünf Stunden im Bus, um bei uns für nicht einmal 2000 DM netto zu arbeiten. – Dies gibt eine Vorstellung davon, unter welchem Druck die Kollegen in Eisenach offensichtlich leben, daß sie einen so miesen Job zu so schlechten Bedingungen annehmen müssen und sich täglich fünf Stunden in irgendwelchen Bussen über die A 4 und dann nach Frankfurt hinein quälen.

International geht es auch zu, wenn griechische, türkische oder vietnamesische Kollegen sich unterhalten. Für uns als Betriebsräte und für die Gewerkschaftsarbeit ist dies oft eine wahnsinnige Herausforderung und sehr, sehr schwierig. Die deutschen Formulierungen unserer Verordnungen und Gesetze sind kompliziert, und wir können oft gar nicht miteinander sprechen. Wie soll man Solidarität und Widerstand organisieren, wenn man nicht einmal zusammen reden kann, wenn man sich nicht versteht? Ich erzähle immer die folgende Geschichte: Ich habe einen tamilischen Kollegen gebeten, er möge mir einen Wagen aushängen. Er guckt mich mit breitestem Lächeln an und läßt den Wagen durchfahren. Ich bin schon ein bißchen nervös und bemerke zu einer spanischen Kollegin: «Ich habe ihm gesagt, er soll den Wagen aushängen, und er hat mich nicht verstanden.» Da sagt die Spanierin: «Ich verstehe dich auch nicht.»

Es ist nicht immer einfach. Es ist Multikulti, aber man darf nicht romantisieren, wie dies manche gerne tun. Wenn man jeden Tag zusammen arbeitet, kracht es auch häufig, und die Herausforderung ist um so größer, sich einigermaßen solidarisch zu verhalten.

2. Mein zweites Stichwort heißt *Flexibilisierung*. Flexibilisierung gibt es in jedem Betrieb, und sie wird bei uns im Handel zurzeit verstärkt durchgeführt. Das sieht so aus, daß immer mehr flexible Teilzeitkräfte eingesetzt werden. In den letzten drei Jahren sind fast überhaupt keine Leute mehr im gewerblichen Bereich angestellt worden, die Vollzeitverträge haben – nur noch Teilzeitverträge. Es funktioniert so: Man sagt, du kriegst erst einen Jahresvertrag, und dann geben wir dir eine Beschäftigungsgarantie zwischen sechs und zehn Monaten. Du mußt dann sechs Monate kommen, und den Rest der Zeit bleibst du zu Hause, aber du kriegst jeden Monat anteilsmäßig dein Geld. Du hast also ein Jahr lang 50 Prozent deines Lohnes, wenn du einen Sechsmonatsvertrag hast, und du bist abrufbar. Der Betriebsrat ist dann dafür da, die Abrufzeiten zu verlängern. Das ist unsere «sozialverträgliche» Aufgabe, und man ist stolz, wenn man fünf Tage hat. Wenn also die Geschäftsführung fünf Tage vorher anrufen muß und die Kollegen fünf Tage bleiben dürfen. Manchmal denkt man: Den hast du jetzt drei Monate nicht gesehen, der ist bestimmt schon weg. Dann kommt er wieder. Man weiß sehr oft gar nicht, mit wem man arbeitet. Diese Beziehungen mit Kollegen, die du unterhältst, wenn du einen Arbeitsplatz hast, gehen langsam flöten, weil man irgendwie nicht mehr weiß, wo man hingehört und wer morgen mit dir Seite an Seite die Arbeit bewältigen muß.

Auslagerung existiert, wie überall, natürlich auch bei uns – *outsourcing*. Es gibt, obwohl wir sehr niedrige Löhne haben, offensichtlich Leute, die es immer noch billiger machen. Unglaublich, aber es funktioniert. Irgendwelche Leute werden durch diese Manpower-Betriebe angekarrt, machen zwei, drei Wochen mit und sind dann wieder weg. Ganz aktuell ist jetzt die Sonntagsarbeit. Das ist ja auch durch die Presse gegangen. Unser Betrieb ist offenbar ein ganz armes Unternehmen und braucht unbedingt Sonntagsarbeit. – Laut unserem Chef kommen an den Sonntagen des Jahres 270 000 Anrufe. Diese Kunden darf man nicht verlieren. Jetzt gibt es Bundesländer, die erlauben Sonntagsarbeit, und andere, wie Hessen, erlauben Sonntagsarbeit nicht. Das ist unser großes Problem. Sie erpressen dich einfach: Arbeitsplätze in Frankfurt oder in Berlin. Man steht dazwischen. Gott sei Dank hat die Hessische Landesregierung die Auflage gemacht, keine 580 DM-Verträge zuzulassen. Jetzt ist es ihnen schon zu teuer. Selbst das bewegt sie, zu sagen: Dann gehen wir lieber nach Berlin oder nach Nordrhein-Westfalen, dort kriegen wir die Arbeitskräfte billiger. Da bist du als Betriebsrat im Grunde in einer wahnsinnigen Zwangssituation. Du sagst: Auf keinen Fall 580 DM-Verträge, auf keinen Fall Sonntagarbeit. Aber irgendwo findet sich immer eine Firma, die vielleicht gar keinen Betriebsrat hat oder wo sie es – was weiß ich wie – dann machen. Entsprechend gehen die Diskussionen natürlich auch unter den Kollegen los. Das einzige, worüber ich froh bin, ist, daß nach dem Sonntag nichts mehr kommen kann. Dann arbeiten wir an jedem Tag. Es gibt nur noch die eine Möglichkeit, daß man die Ware schon kriegt, bevor man bestellt hat. Mehr ist nicht mehr drin. Sie beschleunigen die Absatzbewegungen so, daß man innerhalb von 24 Stunden seine Bestellung bekommen muß. Das große neue Wort heißt jetzt *Same-day-delivering*, also am selben Tag noch soll man die Ware erhalten. Ich habe da die Hoffnung, daß es natürliche Grenzen gibt. Vielleicht stößt der Kapitalismus irgendwann an diese Grenze. Auf jeden Fall, jetzt müssen wir ganz schön rennen. Und du siehst es an den älteren Kolleginnen und Kollegen. Ganz viele sind durch den Druck, der entsteht, so geschlaucht, daß sie abends um acht Uhr schon im Bett liegen. Das Leben hört irgendwie auf. Viele Kollegen haben um drei Uhr die Frühschicht zu Ende, sind um vier Uhr zu Hause, manche haben noch einen Zweitjob, und dann gibt es noch etwas Familienleben. Um acht Uhr ist der Tag vorbei – und das die ganze Woche. In der Regel sind es ausländische Kolleginnen, die am Wochenende oft noch eine Nebenbeschäftigung haben. So arbeiten die meisten meiner Kolleginnen in der Woche siebzig, achtzig Stunden.

3. Mein drittes Stichwort lautet *Armut trotz Arbeit*. Ich denke an eine Kollegin, die schon 24 Jahre bei uns arbeitet und nach 24 Jahren Neckermann 681 DM Rente bekommt. Das nenne ich Armut durch Arbeit, eine – wie ich meine – neue Erfahrung. Wir haben bei uns Kollegen, die haben einen ganz normalen Vollzeitjob, und

dennoch gelten sie nach den Kriterien in Frankfurt als arm. Sie sind entweder Alleinerziehende oder haben ein Kind, das noch nicht in den Kindergarten gehen kann, weil es keinen Krippenplatz gibt. Dann merkst du, daß das, was sie verdienen, nicht mehr ausreicht, um nach dem hiesigen Sozialhilfestandard zu leben. Der Tariflohn in Hessen für den Einzelhandel beträgt 2699 DM. Wir bekommen 110 DM dazu. Über diese Zulage streiten wir schon jahrelang. Wir wollen sie tariflich anerkannt haben, doch das wollen die nicht. So kommen wir bei uns auf einen Lohn von 2809 DM. Je nach der Lohnsteuerklasse bleiben immer weniger als 2000 DM übrig. Wer Frankfurt kennt, kann vielleicht nachvollziehen, was es heißt, von 2000 DM in Frankfurt mit einem Kind zu leben. Ich weiß gar nicht, wie die Kollegen das alle machen. Es ist ein riesiger Skandal.

Und alle Leute, die Teilzeit arbeiten, fallen ohnehin unter die Armutsgrenze. Ich finde es schlimm, daß man heute nicht mehr sagen kann: Gott sei Dank, du hast Arbeit, du bist aus dem Gröbsten raus. Bei uns ist das auf jeden Fall nicht so. Es gibt Leute, die gehen nach der Arbeit auf das Sozialamt. Sie beantragen Wohngeld, sie beantragen Kleiderbeihilfe usw. So etwas geschieht bei uns im Handel. Man soll nicht immer so tun, als sei alles in Ordnung, wenn man nur Arbeit hat. Arbeitslosigkeit ist sicher ein Riesenskandal für unser Land, aber daß man durch Arbeit arm wird, ist mindestens genauso ein großer Skandal.

4. Das Thema Arbeitslosigkeit führt mich zu meinem vierten Stichwort. Wenn man bei uns im Betrieb aus dem Fenster guckt, sieht man nur *sterbende Betriebe*. Nach Westen, also zur Innenstadt hin, befindet sich Messer-Griesheim – ein riesiger Betrieb, wo früher einige hundert Leute gearbeitet haben, qualifizierte Facharbeiter. Der Betrieb wird gerade abgerissen. Guckst du auf die andere Seite, siehst du Casella, das langsam plattgemacht wird. Und Jade, schräg gegenüber, ist schon so gut wie platt. Es ist ein irrsinniges Gefühl, wenn man jeden Morgen früh Straßenbahn fährt – da kennt man mittlerweile seine Leute – und die Kollegen von Griesheim fahren nicht mehr. Es ist schon leerer geworden in der Straßenbahn. Und wenn die Jade-Leute nicht mehr fahren Ende des Jahres und wenn die Casella-Leute nicht mehr fahren, dann sind wir als einziger großer Betrieb übriggeblieben.

Das beschäftigt uns im Betrieb alle sehr stark. Es hängt einmal damit zusammen, daß natürlich alle wissen, arbeitslose Leute können nicht soviel kaufen. Also dieses Dominosystem, das da eintritt. Man schätzt, daß zwischen acht und zehn Prozent der Arbeitsplätze im Handel in Frankfurt verloren gehen aufgrund der Tatsache, daß immer mehr Leute arbeitslos werden. Das nagt an allen, und du hörst es immer mehr. Eigentlich macht es einem ganz schön Angst. Es ist eine Grundstimmung, die bei uns herrscht, denn es gibt fast niemanden, der nicht in seiner Familie, in seinem Bekanntenkreis ein oder zwei Arbeitslose hat – eine Alltagserfahrung für jeden. Jeder weiß, was das heißt. Es gibt Aushilfen, die mal zwei, drei Monate kommen. Sie leben nur dieses Leben: immer mal kurz dazugehören dürfen, ein bißchen über Wasser kommen, dann wieder raus und im nächsten Jahr wieder versuchen. Es gibt so eine oszillierende Schicht von Leuten, rein und raus, die noch nicht völlig abgedrängt sind. Eine Situation, von der du – wie viele Kollegen auch – denkst, daß es keinen Ausweg gibt. Es existiert die Wut, es existiert die Angst, und es existiert vor allem viel Ohnmacht, finde ich. Das bedrückt einen manchmal sehr.

5. Mein fünftes und letztes Stichwort. Ich würde sagen: *Die Angst wächst.* Natürlich, man muß sich nichts vormachen, es wird mehr über Henry Maske und über Axel Schulz gesprochen, über Schumacher und die Diana, das ist ganz klar. Nicht daß ihr denkt, wir reden jeden Tag über Politik, das interessiert in diesem Sinne niemanden. Die «Bildzeitung» hat ja auch immer andere Themen für uns bereit. Aber es ist trotzdem so, daß die Angst immer wieder durchscheint. Es hat sich verändert in den Jahren, meine ich: Man hört immer öfter von der Angst, und sie ist in einer neuen Qualität da. Es gibt Wut bei den Kollegen, die einfach sagen: Wir werden hier behandelt wie Schweine, wie Maschinen. Wir arbeiten nach MTM-System – einem amerikanischen System, wo alle Bewegungen genauestens abgepaßt werden. Diese Erfahrung, daß jede Sekunde, jede Millisekunde bemessen wird, daß sie darüber diskutieren, wenn du mal eine Zigarette rauchen gehen willst – du mußt abstechen, damit ja die fünf Minuten Produktivität nicht verlorengehen. Das schafft im Alltag eine richtige Wut. Die Spanier sagen dann: *La metralladora* – ein Maschinengewehr. Sie können ja wenigstens richtig schimpfen, das ist gut so. Das können wir von den Kolleginnen lernen. Aber die Wut artikuliert sich ganz, ganz selten politisch. Sie schlägt oft um in Resignation. Ich kam irgendwann aus einer Besprechung zurück und war stinksauer. Da sagt meine

tamilische Kollegin: «Huu, Thomas, heute viel nervös.» Ich entgegne: «Die haben uns wieder über den Tisch gezogen.» Sie guckt mich mit ihren großen Augen an und sagt: «Wundert dich das, das war doch immer schon so. Kann man nix machen.» Oder die Spanier meinen: «Thomas, reg dich nicht auf, wenigstens haben wir Brot, wenigstens Brot.» Das macht einen manchmal fürchterlich nervös. Ich schaue dann immer neidisch auf Betriebe, die diesen Sprung schaffen und den Widerstand organisieren. Bei der großen Jade-Demo in der Nachbarschaft waren von uns sieben Leute da – von 5500! Ich meine, es ist ein Anfang.

Im letzten Jahr haben wir erstmals seit Bestehen dieses Unternehmens einen Streik gemacht. Es war ein Urerlebnis. Alle haben gefragt: «Wie macht man das?» Ich sagte: «Ich weiß auch nicht, wir bleiben am besten alle mal draußen stehen, dann entscheiden wir weiter.» Und es hat funktioniert. Es war das erste Mal, daß ich bewußt gesehen habe: Nicht der bekannte Metaller mit Blaumann und IG-Metall-Fahne, sondern griechische und türkische Kolleginnen waren dabei. Sie hatten keine großen Fahnen, sie sind einfach draußen im strömenden Regen stehen geblieben und haben gesagt: «Jetzt ist Schluß.» Wir haben von 5500 Leuten 350 Leute in der HBV organisiert, also ein ganz beachtlicher Schnitt. Und trotzdem haben die Kollegen gesagt: «Wir bleiben draußen stehen.»

Ich finde es eine riesige Herausforderung, als Gewerkschafter und als Betriebsräte die Wut und die Angst politisch so zu kanalisieren, daß dieser Streik wieder möglich wird. Ein Streik ist die beste Gewerkschaftsschule, besser als viele Bildungsurlaube. Er ist eine Chance, wo wir lernen können, wie wir uns wehren, wie unsere Wut einen politischen Ausdruck bekommt. Es nützt nichts – du kannst ihnen von allen möglichen Dingen erzählen: Wir müssen das praktisch lernen. Aber es ist sehr, sehr schwierig. Mein Eindruck ist, daß viele traditionelle Wege der Gewerkschaften bei uns nicht funktionieren. Manche Dinge muß man neu erfinden. Aber dies wird eine Aufgabe bleiben, damit es nicht bei der Wut bleibt, die sich nur auf unseren Magen niederschlägt.

II. Kerstin Mahnke: Den Lebensunterhalt durch Arbeit verdienen – die soziale Situation in Mecklenburg

Kurz zu meiner Person: nach meinem Studium habe ich als Pflanzenzüchterin in einem Institut gearbeitet bis zu dessen Abwicklung. So kenne ich aus eigenem Erleben Kurzarbeit Null, Arbeitslosigkeit und Umschulung. Auch mit dem zweiten Diplom einer Wirtschaftsakademie als Betriebswirtin fand ich keine Arbeit, so daß ich es bis zur Arbeitslosenhilfeempfängerin «brachte». Schließlich bekam ich als Langzeitarbeitslose eine Stelle im Rahmen einer Arbeitsbeschäftigungs-Maßnahme (ABM-Stelle). Seit Dezember 1994 arbeite ich im Wahlkreisbüro des Bundestagsabgeordneten Dr. Willibald Jacob in Malchin.

Mecklenburg-Vorpommern ist ein dünnbesiedeltes Flächenland, das vorwiegend agrarisch geprägt ist. In den Städten gab es einmal, vor noch gar nicht so langer Zeit, eine vor allem verarbeitende Industrie. So konnte jede Frau und jeder Mann einer Erwerbsarbeit nachgehen. Heute findet man in den kleinen Städten kaum noch größere produzierende Betriebe. Noch existierende Unternehmen haben wegen der Wettbewerbsfähigkeit investiert, um die Produktivität zu steigern und die Lohnkosten zu senken. In den Dörfern verloren vor allem Frauen, die in den landwirtschaftlichen Großbetrieben und im Rahmen der dörflichen soziokulturellen Infrastruktur beschäftigt waren, als erste ihre Erwerbsarbeit; sie bilden die große Schar der Langzeitarbeitslosen. In der Landwirtschaft blieb bis heute nur jeder fünfte Arbeitsplatz bestehen. Die Tendenz – weiterer Arbeitskräfteabbau. Nach Aussagen des Geschäftsführers einer Agrar-GmbH werden zukünftig auf 100 ha Ackerfläche nur noch 0,5 bis 0,6 Arbeitskräfte benötigt.

Ende Dezember betrug die offizielle Arbeitslosenquote im Land 16,4 Prozent. In den westlichen Kreisen des Landes ist sie deutlich geringer als in den östlichen. In vielen Arbeitsamtsbereichen des Wahlkreises liegt diese Quote über 20 Prozent. In Demmin, einer Kreisstadt in Vorpommern, beträgt der Anteil der offiziell registrierten Arbeitslosen 24,5 Prozent. Die Dramatik der Situation wird durch folgenden Sachverhalt deutlich: Rund 60 Prozent der Menschen im erwerbsfähigen Alter im Altkreis Teterow beziehen Leistungen vom Arbeitsamt – so die Einschätzung des Arbeitsamtsnebenstellenleiters. Das sind außer den Arbeitslosen die über AB-Maßnahmen und über § 249 h AFG Beschäftigten, die Teilnehmer von Umschulungs- und Fortbildungsmaßnahmen sowie die vielen Älteren, die vorzeitig aus dem Erwerbsleben gedrängt und in den Vorruhestand abgeschoben wurden. Vom ersten Arbeitsmarkt gehen keine positiven Impulse aus, und es scheint sie auch niemand mehr zu erwarten. Denn wir hören und lesen ja fast täglich Meldungen über Stellenabbau und Firmenschließungen.

Diese katastrophale Arbeitslosigkeit ist vor allem ein Problem der Frauen, denn zwei Drittel der Arbeitslosen sind Frauen. Die Erwerbsneigung von ostdeutschen Frauen ist nach wie vor hoch. Aber warum sollte das auch anders sein? Die Erwerbsneigung ostdeutscher Männer hat sich ja auch nicht verändert. Unabhängig von der Zugehörigkeit zu einer bestimmten Altersstruktur haben es besonders die Frauen in den Dörfern schwer, eine neue Erwerbstätigkeit auf dem ersten Arbeitsmarkt zu finden; jüngere wie ältere sind gleichermaßen betroffen. In einer schier aussichtslosen Lage befinden sich Frauen mit geringer bzw. fehlender schulischer und beruflicher Qualifikation, von denen nur noch die wenigsten einen Arbeitsplatz besitzen. Darum sind zurzeit AB-Maßnahmen, Umschulung und Fortbildung für viele Frauen auf dem Lande die einzige Hoffnung, Zeiten unverschuldeter Arbeitslosigkeit zu überbrücken und den sozialen Abstieg zu lindern. In dieser Region sind Beschäftigungsgesellschaften und Vereine die größten Arbeitgeber und Hoffnungsträger.

Durch meine jetzige Tätigkeit habe ich Kontakt zu zahlreichen solcher Betriebe, die für die vielen Arbeitslosen wenigstens eine zeitweilige Tätigkeit in geförderten Arbeitsverhältnissen ermöglichen. Im vergangenen Jahr besuchten wir zum Beispiel in dem kleinen Städtchen Barth in Ostseenähe die dortige Qualifizierungs- und Beschäftigungsgesellschaft. Aus dem einst größten Betrieb, dem Schiffsanlagenbau mit 1200 Mitarbeitern (heute sind dort noch 76 Beschäftigte), ist diese Gesellschaft hervorgegangen. Zehn Stammkräfte, die vom Sozialministerium längerfristig bezahlt werden, beschäftigen etwa 500 Arbeitnehmer. Die Anzahl dieser Beschäftigten schwankt erheblich. In Abhängigkeit von den bereitstehenden Geldern wurden durch das Arbeitsamt Ende 1994 sehr viele und im Verlauf des Jahres 1995 deutlich weniger AB-Maßnahmen bewilligt.

Im Recknitztal zwischen Tessin und Bad Sülze (südöstlich von Rostock) haben sich sehr engagierte Leute zusammengefunden und gründeten 1991 den Verein «Das Dorf». Oberstes Vereinsziel ist die

Entwicklung des ländlichen Raums der Kommunen als Arbeits-, Wohn- und Erlebnisbereich für die Bevölkerung durch Förderung von Bildung und Erziehung, des Umwelt- und Landschaftsschutzes, der Jugend- und Seniorenarbeit, von Kunst und Kultur sowie von hilfsbedürftigen Personen. Verwirklicht werden diese Ziele durch verschiedene ABM-Projekte. Seit Vereinsgründung fanden in weit über 100 verschiedenen Projekten ständig 250 bis 300 Einwohner des Territoriums eine sinnvolle Tätigkeit. Der Frauenanteil der AB-Maßnahmen, die durch den Verein «Das Dorf» getragen werden, liegt über 70 Prozent. Es gibt vielfältige Anstrengungen, neue Erwerbsmöglichkeiten für Frauen zu entwickeln. Die begonnenen Projekte zeigen jedoch, daß ohne Förderung auch ein sehr bescheidener Lebensunterhalt nicht verdient werden kann.

Die Darguner Qualifizierungs- und Beschäftigungsinitiative gründete sich nach der Schließung des Maschinenbaubetriebes. Obwohl die wirtschaftliche Entwicklung dieser Kleinstadt günstig verlaufen ist – einige Firmen existieren noch, es entstanden eine neue Brauerei und eine moderne Käserei, ist der Verein der größte Arbeitgeber im Ort mit etwa 150 Beschäftigten in geförderten befristeten Arbeitsverhältnissen. Ich habe selbst ein halbes Jahr in dieser Beschäftigungsinitiative gearbeitet. Meine Aufgabe war es, AB-Maßnahmen vorzubereiten. Dazu gehörte einerseits die Erarbeitung eines Projekts und andererseits die Bewältigung eines umfangreichen Antragsverfahrens.

In welchen Bereichen arbeiten Menschen in einer Beschäftigungsgesellschaft? Ein großes Betätigungsfeld ist der Umweltbereich, angefangen von der Biotoppflege bis hin zu Forstarbeiten; bei der Renaturierung von Müllkippen, in der Wohnumfeldgestaltung, so sind viele Kinderspielplätze durch AB-Maßnahmen entstanden; bei Sanierungs- und Abrißarbeiten; in Projekten zur Förderung des Tourismus – angefangen bei den notwendigen Konzeptionen bis hin zur Infrastruktur – ist so mancher Rad-, Wander- oder Reitweg in Handarbeit entstanden; man besinnt sich auf altes Handwerk, wie Weben, Spinnen, Töpfern, Trachten-Schneidern und vieles andere mehr. Darüber hinaus sind auch die sozialen Dienste in höchstem Grad von AB-Maßnahmen abhängig, denn der überwiegende Teil aller Arbeit auf sozialem Gebiet wird von ABM-Kräften realisiert. Selbst in einer Stadt wie Rostock sind 92 Prozent der Jugendarbeit nur über AB-Maßnahmen möglich.

Ich denke: Es ist deutlich geworden, über einen Mangel an Arbeit brauchen wir nicht zu klagen. Aber wo es Arbeit gibt, fehlt gegenwärtig fast immer das Geld, sie zu bezahlen. Das Land ist alles andere als reich. Die Kommunen sind durch fehlende Steuereinnahmen in finanzieller Not. Das Geld in deren Haushalt reicht meistens nur, um die Pflichtaufgaben mehr schlecht als recht zu erfüllen. Da sind ABM-Kräfte oft ein enormer Gewinn für die Gemeinden. So manches konnte in Angriff genommen werden, wofür sonst keine Gelder zur Verfügung gestanden hätten. Hier beginnen aber auch schon die Schwierigkeiten und Beschränkungen. Was den Pflichtaufgaben der Kommunen zugeordnet werden könnte, darf in keinem ABM-Antrag stehen. Es muß Projektarbeit sein. Pflegearbeiten beispielsweise dürfen es nicht sein. Was nützt die schönste Grünflächengestaltung, wenn danach keine Pflege möglich ist, weil es sich die Kommunen nicht leisten können, einen Fachbetrieb damit zu beauftragen, und die ABM-Kräfte es nicht dürfen? Also braucht man viel Phantasie für Projektideen und tut auch so manches, was nicht im Antrag steht. Leider werden AB-Maßnahmen immer als Konkurrenz zur freien Wirtschaft gesehen. Da ist Nach- und Umdenken nötig. Aber es wird zusehends schwieriger, alle notwendigen Unbedenklichkeitsbescheinigungen und Genehmigungen von den Fachorganen und Ämtern zu bekommen. Natürlich gibt es zum Teil auch berechtigte Kritik an der Qualität einzelner Maßnahmen. Das hat verschiedene Ursachen. Aber es ist sicher verständlich, wenn man bedenkt, daß die großen Trägergesellschaften in kurzer Zeit von einigen wenigen aus der Not gegründet wurden und aus dem Nichts hervorgegangen sind.

Als großes Problem für die Träger von AB-Maßnahmen erweist sich die Bereitstellung des geforderten Eigenanteils von zehn Prozent der Gesamtkosten für die jeweilige Maßnahme. Damit ein Verein vielen Menschen Arbeit – und sei es auch nur für ein Jahr – geben kann, muß er Tausende Mark an Eigenmitteln aufbringen.

Für viele Frauen im ländlichen Bereich und ältere Arbeitnehmer (das ist man in Mecklenburg-Vorpommern heute schon mit über 40) ist der zweite Arbeitsmarkt die einzige Chance, wenigstens zeitweilig eine Arbeit zu finden. Es ist erstaunlich, mit welchem Feuereifer Frauen an die Arbeit gehen, wenn es wieder etwas zu tun gibt. Ich habe es bei der Einrichtung einer gemeinnützigen Schneiderwerkstatt selbst miterlebt. Da gab es in der Anlaufphase schon Probleme, genug Arbeit zu organisieren, und täglich leuchtende Augen der fleißigen Schneiderinnen, wenn wieder alles fertig war.

Viele Arbeiten in AB-Maßnahmen, vor allem im grünen Bereich, sind für Frauen ungeeignet, weil schwere körperliche Arbeit verrichtet werden muß. Da gibt es dann Ermüdungserscheinungen und nachlassenden Elan. Die Schaffung von Arbeitsplätzen insbesondere für Frauen ist wegen der hohen Frauenarbeitslosigkeit eine vordringliche Aufgabe. Allerdings hörten wir von vielen Frauen: Wir würden jede Arbeit annehmen. Denn erst einmal ist jede froh, die eine ABM-Stelle erhalten hat. Aber AB-Maßnahmen sind in aller Regel auf ein Jahr befristet, und ein Jahr ist schnell vorbei. Da spürt man Hoffnungslosigkeit und Verzweiflung. Für die vielen Langzeitarbeitslosen gibt es derzeit keine Perspektiven.

Die sozialen Folgen dieser Situation werden m. E. noch unterschätzt. Die Betroffenen fühlen sich nicht mehr gebraucht, resignieren, isolieren sich selbst, vereinsamen. Viele geraten in finanzielle Notlagen. Die Suchtgefährdung ist hoch, und die Zahl Alkoholkranker nimmt weiter zu. Die gegenwärtige Arbeitsmarktpolitik zielt nur auf den Erhalt des sozialen Friedens. Für die betroffenen Menschen ist das aber eindeutig zu wenig. Wir brauchen einen breiten öffentlich geförderten Arbeitssektor, der gleichberechtigt anerkannt wird. Das Arbeitsförderungsgesetz ist seit langem überholt und ungeeignet, Massenarbeitslosigkeit wirksam zu bekämpfen. Auch in den Arbeitsämtern hörten wir Kritik an den Instrumentarien der Arbeitsförderung. Zitat: «Bei AB-Maßnahmen gibt es mehr Nebenwirkungen als Heilung.»

Deshalb müssen unsere Forderungen lauter und mit mehr Nachdruck gestellt werden, damit sie Gehör finden. Ein Land muß und kann es sich leisten, gesellschaftlich notwendige Arbeit zu vergüten, damit Menschen ihren Lebensunterhalt durch ihre Arbeit verdienen können.

Nach dem Anschluß an die BRD übernahm die Treuhand wie alle volkseigenen Betriebe auch das Kali-Kombinat Sondershausen, zu dem ebenfalls das Kali-Werk Bischofferode gehörte. Ende 1992 stimmte die Breuel-Behörde dann der Fusion der Mitteldeutschen Kali AG (MDK) – so hießen inzwischen die ostdeutschen Kali-Betriebe – mit der Kasseler BASF-Tochter Kali+Salz zu. Das war das Aus für die Kali-Förderung in Bischofferode und an allen anderen ostdeutschen Standorten außer Unterbreizbach und Zielitz, denn die Einstellung der Produktion war unmittelbarer Bestandteil der Fusionsentscheidung.

Als Gründe für diese gnadenlose Existenzvernichtung für Hunderte von Bergleuten wurde alles mögliche angeführt, nur nicht die Wahrheit. Vor allem wurde immer wieder behauptet, daß Bischofferode geschlossen werden müsse, weil die Grube unrentabel sei. Richtig ist, daß Bischofferode nach der Währungsunion mit rund acht Millionen DM in den roten Zahlen stand. Der inzwischen westdeutsch dominierte Vorstand der Mitteldeutschen Kali AG manipulierte daraus zunächst zwölf, später gar 20 bis 24 Millionen DM Verlust pro Jahr. Aber selbst diese Zahl ist noch gering gegenüber dem Jahresverlust 1993 bei der westdeutschen Kasseler Kali+Salz GmbH, der 1994 bekannt wurde: 300 Millionen DM. Acht Millionen minus in Bischofferode standen 300 Millionen minus bei Kali+Salz gegenüber. Die Höhe der Verlustrechnung kann also nicht der ausschlaggebende Grund gewesen sein, Bischofferode zu schließen.

Eine andere beliebte Argumentation der westdeutschen Kali-Industrie war es auch und ist es bis heute geblieben, daß die Technik in den ostdeutschen Gruben marode und veraltet sei. In Wirklichkeit sind die Untertage-Großgeräte von Bischofferode wie Bohrwagen und Brecher- sowie Bandsteuerungsanlagen, aber auch komplette Absetzer demontiert und in den westdeutschen Kali-Gruben installiert worden.

Weiter wurde damals behauptet, daß der europäische Markt absolut kaliübersättigt sei, besonders wegen des sehr billigen russischen Kalis. Die Kali-Preise lägen deshalb auf dem Weltmarkt «im Keller». Einen Monat nach der Schließung von Bischofferode hat dann allerdings die Europäische Union den Mindestpreis pro Tonne Kali von 85 Ecu auf 115 Ecu hinaufgesetzt. Seitdem ist russisches Kali in Westeuropa praktisch nicht mehr absetzbar, was die Akteure natürlich auch vorher schon wußten. Schon im Januar 1994 stieg der Weltmarkt-Kali-Preis um rund 20 Prozent – auch für unser eigenes Kali, das noch von 1993 auf Lager war. Auch dieses Argument ist also nichts als ein Vorwand.

Die wahren Schließungsgründe waren ganz andere: Schon zu DDR-Zeiten erreichte das Bischofferoder Kaliwerk eine Exportquote von fast 90 Prozent, wobei es nahezu ausschließlich auf Westmärkte, so Frankreich, Belgien, Österreich, Finnland und Schweden, sowie auf Absatzmärkte in Übersee ausgerichtet war. Zudem hatte – wie der Schweizer Wirtschaftswissenschaftler Peter Arnold, Kali-Experte der Bremer Universität, in einem Gutachten für die thüringische Landesregierung ausführte –, das Kali aus Bischofferode eine besondere Qualität. Diese Qualität versetzte die Importeure in die Lage, Düngemittel nach einem speziellen Verfahren herzustellen, dem sogenannten Mannheimer Verfahren. Dies ist auch der Grund, warum der West-Export aus Bischofferode zwischen 1989 und 1991 nicht etwa zurückgegangen, sondern angestiegen ist. Die BASF, selbst zweitgrößter Düngemittelhersteller Europas, die Kali von ihrer Tochter Kali+Salz bezieht, arbeitet nach einem anderen Verfahren, dem sogenannten Kieserit-Verfahren und kann deshalb Kali aus Bischofferode gar nicht verwenden. So sind nicht nur die Kali-Kumpel von Bischofferode, sondern auch die ausländische Konkurrenz der BASF von der Stillegung des Thomas-Müntzer-Schachtes hart getroffen worden. Und genau dieser doppelte Wettbewerbsvorteil war das Ziel: Ausschalten der Konkurrenz im Inland, Schlag gegen die Konkurrenz im Ausland. Als sei das alles noch nicht profitabel genug, kassierte die Kali+Salz GmbH Kassel von der Treuhand dazu noch weit über eine Milliarde DM, zur Sanierung der überlebenden ostdeutschen Betriebe, wie es hieß.

Ein dramatischer Arbeitsplatzabbau hatte in der Bischofferoder Kaligrube schon gleich nach der Wende eingesetzt. Ende der achtziger Jahre beschäftigte das «Thomas-Müntzer-Werk» knapp 2000 Menschen. Im Dezember 1992 waren es nur noch rund 700. Die aber wollten sich nicht einfach abwickeln lassen. Nachdem die Treuhand am 10. Dezember 1992 ihre Entscheidung zur Fusion, verbunden mit der Schließung der Kaligrube von Bischofferode, bekanntgegeben hatte, fand keine 14 Tage später, am 23. Dezember, eine erste Kundgebung in Bischofferode zur Erhaltung des Kali-Standortes statt, an der sich 5000 Menschen, unter ihnen auch viele Kommunalpolitiker aus dem Eichsfeld, beteiligten.

Im Frühjahr 1993 folgten Protestkundgebungen und die Besetzung des Werkes durch die Kali-Kumpel. Seitdem ist der Ruf und die Losung «Bischofferode ist überall» nicht mehr verklungen. So fuhren die Kali-Kumpel von Bischofferode auch zu Protestkundgebungen zum Bundeskanzler nach Bonn, zur Landesregierung nach Erfurt und zur Treuhand nach Berlin.

Der Höhepunkt des Arbeitskampfes begann am 1. Juli 1993 nach dem Beschluß des Treuhandausschusses des Bundestages zur Schließung von Bischofferode. Kali-Kumpel, Pfarrer und Bürgerrechtler traten in einen zweimonatigen Hungerstreik, der den Herrschenden das Leben schwer machte. Treuhand-Manager Schucht im «Spiegel»: «Der Hungerstreik hat eine gewaltige Wirkung auch auf die Betriebe im Westen.» Wenn man den nicht bricht, «wie will man dann in Deutschland noch Veränderungen bei den Arbeitsplätzen durchsetzen?» Immerhin haben wir daran gesehen, wieviel Angst die da oben vor Leuten haben, die für ihre Interessen und ihre Existenz zu kämpfen bereit sind. Aber wir haben auch gesehen, wieviel Solidarität und Sympathie man für einen solchen Kampf erfährt. Von den Kirchen, von vielen Gewerkschaften und Basisgruppen, von der PDS und vielen anderen. Schmerzhaft jedoch war es, daß wir von der Führung der eigenen Gewerkschaft, der IG Bergbau und Energie, schnöde im Stich gelassen und verraten wurden. Höhepunkt dieses Verrats war eine Demonstration der Gewerkschaft und von Betriebsräten der Kali+Salz im August 1993 in Kassel. 2000 Leute begrüßten das Fusionskonzept und die Plattmache in Bischofferode.

Aber auch das hat den Kampf der Kali-Kumpel nicht gebrochen. Nach Beendigung ihres Hungerstreiks begaben sich die Kali-Kumpel auf einen spektakulären Protestmarsch von Bischofferode nach Berlin, der am 16. September vor der Treuhandanstalt seinen Abschluß fand.

Unter dem starken Druck der um ihre Arbeitsplätze kämpfenden Kali-Kumpel von Bischofferode und der beispiellosen Solidaritätswelle für die Bergleute bot die Thüringer Landesregierung am 12. August 1993 in einer Beratung mit dem Betriebsrat an, für die ihre Arbeitsplätze verlierenden Kali-Kumpel bis Ende 1995 700 bis

1000 neue unbefristete Arbeitsplätze zur Verfügung zu stellen sowie umfangreiche Unterstützung bei der Umstrukturierung des Standortes Bischofferode zu leisten. Zum Zwecke der Arbeitsplatzbeschaffung hatte die Regierung am 13. Juli 1993 beschlossen, eine Entwicklungsgesellschaft Südharz/Kyffhäuser GmbH als Tochtergesellschaft der Landesentwicklungsgesellschaft zu gründen.

Bereits zuvor hatte die Bundesregierung unter dem Druck des Arbeitskampfes am 14. Juli 1993 bei einem Gespräch mit dem Betriebsrat im Bundeskanzleramt versprochen, bis Ende 1995 befristete Ersatzarbeitsplätze zur Verfügung zu stellen. Ziel sei es, «eine Gesamtzahl von 1000 Arbeitsplätzen zu sichern», heißt es in einem Schreiben von Kanzleramtsminister Friedrich Bohl an den Betriebsrat vom 17. Juli 1993. Weiter verspricht Bohl in diesem Schreiben, daß Bundesregierung und Landesregierung Thüringen noch im Herbst 1993 eine Regionalkonferenz durchführen wollen, um «eine möglichst große Zahl von Industriearbeitsplätzen und Unternehmen» in das Eichsfeld zu bringen. Abschließend heißt es in dem Schreiben: «Ich darf daran erinnern, daß sich der Bundeskanzler persönlich für die Umsetzung dieses Programms verbürgt hat und daß ein solches politisches Engagement – bezogen auf die Situation eines Betriebes – ohne Beispiel ist.»

So endete der Arbeitskampf von Bischofferode Ende 1993 zwar mit einer Niederlage, weil die Grube geschlossen wurde. Aber immerhin hatten die Kumpel das Versprechen von Landes- und Bundesregierung auf Ersatzarbeitsplätze bis Ende 1995 und anschließend auf neue Dauerarbeitsplätze.

Wenn wir heute Bilanz ziehen, was aus diesen Versprechen geworden ist, dann ist der erste Teil tatsächlich eingehalten worden. Ersatzarbeitsplätze bis Ende 1995 haben in der GVV, der Gesellschaft zur Verwahrung und Verwertung, in ausreichender Zahl zur Verfügung gestanden. Der zweite, weitaus wichtigere Teil aber hat sich als Lug und Trug erwiesen. Von den versprochenen neuen 700 bis 1000 Dauerarbeitsplätzen sind lediglich ca. 40 vor Ort neu entstanden. Das sind rund fünf Prozent der versprochenen wie auch benötigten Zahl. Zwar ist im vergangenen November mit großem propagandistischem Aufwand der erste Spatenstich für das versprochene Gewerbegebiet auf dem ehemaligen Grubengelände vollzogen worden, aber die Investoren fehlen nach wie vor. Es geht nicht voran.

Voran geht es dafür mit den Kündigungen. 350 Kollegen sind pünktlich zum 31. 12. 1995 von der GVV vor die Tür gesetzt worden. Das Land Thüringen hat ihnen angeboten, daß sie für ein Jahr eine Beschäftigung in den sogenannten 249-h-Maßnahmen erhalten könnten, also eine schlecht bezahlte und befristete Arbeit auf dem zweiten Arbeitsmarkt. Für eine Reihe von Kollegen wird dies eine Lohneinbuße von bis zu 40 Prozent pro Monat zur Folge haben. Und auch ihr späteres Arbeitslosengeld wird dann nach der schlechten Bezahlung in dieser Tätigkeit bemessen werden. Was aber vielleicht noch schwerer wiegt: sie verlieren die Unterstützung durch den Betriebsrat, denn diesen gibt es in Beschäftigungsgesellschaften nicht.

Weitere 146 Mitarbeiter der GVV werden zwar vorerst noch weiter beschäftigt, aber nur mit der Aussicht, demnächst ebenfalls entlassen zu werden. Am kontinuierlichen Arbeitsplatzabbau in der GVV wird wegen der immer eingeschränkteren Arbeitsaufgaben kein Zweifel gelassen.

Unterm Strich muß heute konstatiert werden: Bundes- und Landesregierung haben 1993 die Kali-Arbeiter mit falschen Versprechungen zur Aufgabe ihres Arbeitskampfes bewegt. Nach zwei Jahren des Hinhaltens und immer neuer Versprechen sowie nach der Spaltung der Grubenbelegschaft in GVV-Angestellte, Umschüler und 249-h-Beschäftigte ist der Kampfeswille und der Optimismus von damals in Resignation umgeschlagen. Die meisten der Kollegen sind verbittert wegen der gegenwärtigen völlig unbefriedigenden Situation.

Dazu kommt, daß sie heute sowohl vom Land Thüringen als auch von der Bundesregierung verhöhnt werden. Beide behaupten weiter – gegen alle Tatsachen –, daß die Zusage der Schaffung neuer Dauerarbeitsplätze eingehalten würde. Sie geben die befristete Vermittlung in Beschäftigungsverhältnisse dreist als Einhaltung des Versprechens auf Dauerarbeitsplätze aus. In einer Presseerklärung der Thüringer Staatskanzlei vom 17. Juli 1993 hieß es noch, das Kabinett habe beschlossen, «den Beschäftigten der Kaligrube Bischofferode angesichts der besonderen Situation und der außergewöhnlichen Arbeitsmarktlage im Eichsfeld über 1995 hinaus einen Dauerarbeitsplatz an(zu)bieten». Zwei Jahre später wurde diese Aussage in einer Antwort der Landesregierung auf eine Kleine Anfrage des PDS-Abgeordneten Michael Gerstenberger vollständig entstellt: «... bis zum 31. Dezember 1995 einen Dauerarbeitsplatz anbieten», wurde plötzlich formuliert. Wo dies nicht geschehen könne, würde eben ein Jahr Tätigkeit in einer Beschäftigungsgesellschaft angeboten. Ganz so, als sei das qualitativ dasselbe. Und das betrifft nun immerhin rund 250 Menschen.

Die Bundesregierung hat in ihrer Antwort auf eine von mir gestellte Kleine Anfrage zum Thema Bischofferode wortreich und bildhaft auf fünf Seiten blühende Landschaften in Nordthüringen vorgestellt, um hernach zu der Behauptung zu kommen: «Die Bundesregierung hat ihre Zusagen in vollem Umfang eingehalten.» Noch einmal zur Erinnerung: 700 bis 1000 Dauerarbeitsplätze waren versprochen, 40 sind da.

Nein, der Kaiser ist nicht nackt. Er trägt heute zur Abwechslung eine einzelne Socke. Bei Andersen war es ein Kind, das den Erlauchten zur Erkenntnis der Wahrheit brachte. Heute sind die da oben aller Wahrheit und aller Wirklichkeit so weit entrückt, daß sie nur noch ihre eigenen Sprüche als wahr gelten lassen. Uns aus Bischofferode und anderswo in Ostdeutschland ist das ja nicht unbekannt. Aber es endet meist nicht gut.

IV. Michael Löwy: Streik gegen den Götzen Markt – die französische Streikwelle im Dezember 1995

Diese Streikwelle war die größte Streikbewegung in Frankreich seit dem Mai 1968. Zweieinhalb Millionen streikten, mehr als zwei Millionen beteiligten sich an den Straßendemonstrationen im ganzen Land. In manchen Städten, wie beispielsweise in Marseille, waren diese Demonstrationen die größten seit der Volksfront von 1936. Die Bewegung fing als Verteidigung von sozialen Rechten an. Pensionen, Systeme der sozialen Sicherheit für bestimmte Berufsgruppen im Öffentlichen Dienst standen zur Disposition. Betroffen waren in erster Linie Beschäftigte bei Bahn und U-Bahn.

Aber daraus hat sich bald eine allgemeine Protestbewegung entwickelt, die sich gegen den Neoliberalismus, gegen Privatisierung und gegen soziales Unrecht richtete. Man könnte sagen, daß es die erste große Protestbewegung gegen den «Götzen Markt» war. Das erklärt auch, warum nach Meinungsumfragen sechzig Prozent der Bevölkerung den Streik unterstützten, obwohl die Leute viele Schwierigkeiten wegen fehlender Bahnen und wegen der Ausfälle im öffentlichen Nahverkehr hatten. Studenten, Lehrer, Postbeamte und andere Arbeiter, aber auch Arbeitslose, Gastarbeiter usw. haben sich der Bewegung angeschlossen und an den Demonstrationen teilgenommen. Die Arbeiter in der Industrie haben zumeist nicht gestreikt, weil sie durch die Angst vor der Arbeitslosigkeit entmutigt wurden – aber auch sie sympathisierten mit dem Streik.

Diese Demonstrationen waren sehr eindrucksvoll : vorne zuerst die Bahnarbeiter mit roten Signalleuchten – wie sie in der Nachtschicht verwendet werden –, dann Trommeln, rote Fahnen und eine riesengroße bunte Menge von singenden und klatschenden Leuten mit der Parole *Tous ensemble* – «Alle zusammen». Man hörte oft die Internationale. Empörung gegen die Regierung und Freude, mit Kollegen in einem gemeinsamen Kampf zusammenzusein – diese Gefühle herrschten vor.

Nach so vielen Jahren von Passivität, die die «Experten» schon als das Ende der Arbeiterbewegung diagnostizierten, erscheint dieser überraschende Aufbruch als eine Zeitwende, für Frankreich und vielleicht auch für Europa.

Die Gewerkschaftsführungen haben sich während des Streiks leider gespalten: einerseits in die CFDT (ehemals links-christlich, aber jetzt eher liberal), welche die «Reform-Pläne» der Regierung für die soziale Sicherheit unterstützte und gegen den Streik war, und anderseits in alle anderen Gewerkschaften, egal ob kommunistisch (CGT, FSU), sozialdemokratisch (FO) oder links-radikal (SUD). Auch ein Teil der CFDT-Gewerkschaften – zum Beispiel der Eisenbahner und der Lehrer – haben sich dem Streik angeschlossen. Auch die Intellektuellen teilten sich in zwei Lager: Einerseits gab es eine Gruppe von «Experten» um die Zeitschrift «Esprit». Ursprünglich war diese Zeitschrift links-katholisch, jetzt ist sie eher liberal. Sie sprach sich allerdings noch vor dem Streik für die CFDT-Führung und die Regierungspläne aus. Zu nennen sind: Olivier Mongin, Jacques Julliard, Pierre Rosanvallon, Alain Touraine, Paul Ricoeur, Michel Wieviorka. Eine Woche später sprachen sich andere bekannte Intellektuelle für eine Unterstützung des Streiks aus. Zu ihnen zählen u. a. Pierre Bourdieu, Etienne Balibar, Daniel Bensaid, Jacques Derrida, Gilles Perrault, Pierre Vidal-Naquet, Michel Vovelle.

Die Hohenpriester des «Götzen Markt», die Redakteure des «Wall Street Journal», wunderten sich, daß die französische Regierung nicht dem Beispiel von Margaret Thatcher gefolgt sei und die Gewerkschaften gebrochen habe. Aber dazu war die Bewegung einfach zu stark!

Die Streikenden haben nicht alles gewonnen: Die Regierung von Herrn Juppé mußte bei den Pensionen und der Privatisierung der Bahn nachgeben, aber in der Frage des Gesundheitssystems betreibt sie ihr sogenanntes «Reformprojekt» weiter voran. Darum ist es so, wie man in Frankreich sagt: *Ce n'est qu'un début, continuons le combat* – «Es war nur der Anfang, der Kampf geht weiter».

V. Fritz Hofmann: «... die Kirchen sollen lieber Honig verkaufen als sich um die Gewerkschaften in Brasilien kümmern» – Erfahrungen in der Solidarität mit brasilianischen Gewerkschaftern

Es gibt hier nichts von spektakulären gesellschaftlichen Auseinandersetzungen zu berichten, die irgendwo in der öffentlichen Berichterstattung einen Niederschlag gefunden hätten. Es geht eigentlich um alltägliche Basisaktivitäten, und ich verstehe mich in diesen Zusammenhängen als Basisaktivist.

Diese «Zusammenhänge», das ist ein informelles Netzwerk von brasilianischen und deutschen Gewerkschaftskollegen aus dem Chemiebereich – ein brasilianisch-deutscher Chemiearbeiteraustausch, der seit mehreren Jahren besteht und eigentlich immer mehr zusammenwächst. Und daß dieses Netzwerk entstanden ist und lebt, hat auch viel mit diesem Haus, der Sozialakademie Friedewald, zu tun. Ohne dessen Geburtshilfe und Begleitung wäre dieses Netzwerk nämlich nicht entstanden. Zu diesem Netzwerk gehören heute Kolleginnen und Kollegen von Hoechst, Bayer, BASF, Schering, Merck und BUNA – und zwar auf beiden Seiten des Atlantiks.

Ausgangslage ist, daß alle diese Firmen brasilianische Tochterunternehmen haben, so wie ja in Brasilien eine der höchsten deutschen Kapitalkonzentrationen im Ausland zu finden ist. Die Konzerne bauten sich in den letzten Jahren um: von deutschen Konzernen mit ausländischen Töchtern zu internationalen Konzernen, die von sich sagen: «Unser Standort ist nicht Deutschland, unser Standort ist die Welt.» Das stimmt zwar so nicht, weil ihre Welt aus Europa, USA, Südostasien, Lateinamerika und Nordamerika besteht. Afrika interessiert nicht, Osteuropa, GUS-Staaten, Vorderer Orient – alles unter ferner liefen. Insofern sollte man nicht «Globalisierung», sondern «Internationalisierung» sagen.

Nur um diesen «Standort Welt» zu illustrieren: derzeit wird die Pharma-Sparte von Hoechst neu zusammengesetzt aus Marion-Merrell Dow (USA), Roussel-Uclaf (Frankreich) und Hoechst (Deutschland). Das zuständige Vorstandsmitglied ist deutsch, an der Spitze des *Executive Comittee* stehen ein Franzose und ein Amerikaner. Geschäftssprache der Pharma-Sparte ist englisch.

Bei allen diesen Umbauten, Fusionen und Umstrukturierungen bleiben Arbeitsplätze auf der Strecke, versucht man Synergieeffekte auszunutzen, will man Tarifverträge aushöhlen. Das Standortargument ist der Hebel, besser gesagt: das Erpressungsinstrument, mit dem man diese Strategie gegenüber Belegschaften weltweit durchdrückt. Selbst im kleinsten BASF-Werk im Nordosten Brasiliens, der ärmsten Region des Landes, wo wirklich Hungerlöhne gezahlt werden, sagt die Werksleitung: Leute, wenn ihr mehr Lohn wollt, ist hier der Standort in Frage gestellt.

In dieser Situation sagt Lula, immer noch einer der wichtigsten Führer der lebendigsten Arbeiterbewegung der Welt, nämlich der brasilianischen: «Was wir mehr denn je brauchen, das ist eine internationale Gewerkschaftsbewegung.» – Davon sind wir geradezu entmutigend weit entfernt. Was wir in der Wirklichkeit erleben (sicher: mein Erfahrungshintergrund ist vor allem die IG Chemie), das sind zentralisierte, nationale Hierarchien. Unbeweglich. Heimlichtuerisch. Vor allem bedacht auf die Einhaltung der hierarchischen Etikette.

Wer sich heute mit einem «brasilianischen Problem» an die Internationale Abteilung einer deutschen Einzelgewerkschaft wendet, der braucht nicht mit Ergebnissen zu rechnen. Aber er kann mit drei Fragen rechnen: 1) Wer bist du überhaupt? 2) Wer hat dich informiert? 3) Warum wendet derjenige sich nicht zuerst an mich? Internationale Gewerkschaftsarbeit ist heute charakterisierbar als Kongreßdiplomatie, ein Austausch ausgewählter, chronisch überlasteter Spitzenfunktionäre.

Wir haben demgegenüber die Erfahrung gemacht:

– Man muß in der Lage sein, die Hierarchien zu überspringen; man muß die kurzen Wege suchen und die Grob- und Feinfilter umgehen.

– Man muß alle Berührungsängste ablegen. Konkret: ohne die Zusammenarbeit zunächst mit Franziskanern und bald darauf mit dem Ökumenischen Arbeitskreis Internationale Solidarität, ohne Unterstützung der Evangelischen Sozialakademie wäre die Arbeit nicht angelaufen. Und das geht weiter bis an die einzelnen Orte.

1990 haben unsere kirchlichen Freundinnen und Freunde in der Kirchengemeinde in Münster erstmals Unterschriften gesammelt für die Einrichtung einer Belegschaftsvertretung bei einer BASF-Tochter in Brasilien. Sehr zum Ärger natürlich der BASF-Niederlassung, aber auch zum Ärger der zuständigen Gewerkschaft, deren Vertreter sagt: «Die Kirchenleute sollen sich um kirchliche Angelegenheiten kümmern; Kaffee und Honig aus der Dritten Welt verkaufen.»

Aber diese Belegschaftsvertretung existiert heute bei Glasurit in São Paulo. Im übrigen ist ja auch beim Geburtsprozeß der modernen brasilianischen Gewerkschaftsbewegung die Geburtshilfe der progressiven Priester und Kardinäle nicht wegzudenken. Wie muß man sich diese Arbeit konkret vorstellen?

In sechs Jahren, seit Beginn dieser Arbeit, waren zweimal größere Gruppen deutscher Kolleginnen und Kollegen in Brasilien, und mehrmals waren kleinere Gruppen von brasilianischen Kolleginnen und Kollegen hier. Diese z. T. mehrwöchigen Aufenthalte sind gewissermaßen die Meilensteine dieser Aktivitäten. Weil sie das Grundverständnis schafften für die Situation in den jeweiligen Ländern. Weil sie angefüllt sind mit Begegnungen mit Gewerkschaftsorganisationen, mit Betriebsbesuchen und – wo möglich – mit Treffen mit Umweltverbänden, Parteivertretern usw. Und natürlich Detaildiskussionen über die jeweilige betriebliche Realität. Basis dieser Aktivitäten ist das Kennenlernen, der Informationsaustausch und damit das Entstehen von Vertrauen, jenseits aller Hierarchie.

Ist diese Basis gelegt, dann füllen sich sozusagen «von alleine» die Ordner mit den brasilianischen Gewerkschaftszeitungen, mit der Korrespondenz, mit den Berichten über das betriebliche Geschehen. Da kommt dann der eilige Fax aus Brasilien: «Wir verhandeln über Benzol – wir müssen bis übermorgen eure Grenzwerte wissen.» – Andere Beispiele:

– Ein brasilianischer Gewerkschaftskollege hatte am Schwarzen Brett ausgehängt, was die BASF in Ludwigshafen an Weihnachtsprämie bezahlt, die Kollegen standen drum herum, der Werksleiter war ärgerlich und sagte: «Wer ist denn dieser Fritz aus Ludwigshafen, der das geschrieben hat?» Ein solcher Austausch stärkt die brasilianischen Kollegen in ihrer Stellung gegenüber den Werksleitungen.

– Es gab von unserer, der deutschen Seite her zwei Jahre lang Anstrengungen zugunsten von Pharma-Verkäufern von Hoechst, Bayer und Böhringer Ingelheim. Sie hatten sich gewerkschaftlich organisiert und wurden nacheinander gefeuert. Es konnten Wiedereinstellungen bzw. Abfindungen durchgesetzt werden.

– Es gibt diese Belegschaftsvertretungen bei BASF-Glasurit und BASF-Isopur bis heute, für deren Einsetzung wir die Kollegen unterstützten.

– Letztes Jahr wurde bei der BASF-Beteiligung COFADE ein Vertrag über Gesundheits- und Umweltschutz unterzeichnet. Durch Chemikalieneinwirkung hatten Kollegen ein verschlechtertes Blutbild gehabt. Wir führten für die Kollegen lange Recherchen durch, und es gelang schließlich, über den Betriebsrat die medizinische Abteilung des Konzerns einzuschalten, was dann schließlich vollends den Durchbruch brachte.

– Ein schöner Erfolg ist für mich auch, wenn nach dem letzten Auftreten von brasilianischen Kollegen in Deutschland (im Dezember 1995) plötzlich und unerwartet ein großer Artikel in der «Frankfurter Allgemeinen Zeitung» erscheint darüber, wie vorbildlich deutsche Konzerne in Brasilien arbeiten. Daß dem nicht so ist, haben wir versucht darzustellen. Aber es bereitet Genugtuung, daß so ein Artikel erscheint, weil er beweist: Die Gegenseite merkt, daß sie beobachtet wird. Und sie versucht, sich zu rechtfertigen.

– Ein letztes Ergebnis dieser Arbeit: die Gründung eines inzwischen als gemeinnützig anerkannten Vereins, um zukünftig die Finanzierung der Arbeit und die Organisation der Arbeit zu verbessern.

Ich würde Potemkinsche Dörfer aufbauen, wenn ich verschweigen würde, daß «unsere Gewerkschaft» das alles gar nicht gern sieht. Die Arbeit findet statt am Rande, öfters außerhalb der Gewerkschaftsgremien. Dafür manchmal mit Unterstützung von DGB-Gremien.

Ich würde auch Potemkinsche Dörfer aufbauen, wenn ich behaupten würde: Die Kolleginnen und Kollegen stehen voll hinter uns. Sie sind keine Internationalisten (woher sollten sie es sein?). Aber ich denke, sie haben insoweit Vertrauen, als sie uns auch in der alltäglichen betrieblichen Auseinandersetzung als glaubwürdig kennengelernt haben.

Zusammenfassend würde ich sagen: Das ist alles viel, viel weniger, als nötig wäre. Aber es überwindet Grenzen. Und es ist das, was wir heute mit unseren Kräften machen können.

Christa Luft

TRANSFORMATIONSPROBLEME IN OSTDEUTSCHLAND AUS ÖKONOMISCHER UND SOZIALER SICHT

Die neoliberale Wende aus der Sicht des Ostens

Im Herbst 1989 stand die in der DDR urplötzlich ins Amt gekommene Regierung Modrow vor einer geradezu atemberaubenden Herausforderung. Darüber und wie es zu meiner überraschenden Berufung in das Kabinett kam, habe ich an anderer Stelle detailliert berichtet.[1]

Nach dem Sturz des SED-Chefs und Staatsratsvorsitzenden Honecker am 18. Oktober 1989, dem Rücktritt der sterilen, reformunwilligen Stoph-Regierung am 7. November und der zwar lang ersehnten Reisefreiheit, aber panikartigen, unkonditionierten Grenzöffnung zu Westberlin und der BRD am 9. November ergab sich eine einzigartige Chance, die zugleich mit unwägbaren Risiken verbunden und deren Ausgang daher unklar war: Sofort konnte damit begonnen werden, die kreativitätsbeschränkenden, Initiative lähmenden, das Leistungsstreben erstickenden, die Produktivität behindernden, die Demokratie einschnürenden Strukturen und Mechanismen der Zentralverwaltungswirtschaft abzubauen, gar zu beseitigen. Sie hatten zwar ein gewisses Maß an sozialer Sicherheit für die Bevölkerung gebracht, aber – zusammen mit anderen inneren Gegebenheiten und mannigfachen äußeren Einflüssen – die ökonomische Leistungsfähigkeit des staatssozialistischen Systems letztlich untergraben.

Ersetzen wollten wir dieses versagende Modell jedoch nicht durch eine 1:1-Kopie des bundesdeutschen Wirtschafts- und Gesellschaftsmodells, obwohl es im Systemwettbewerb scheinbar siegreich gewesen war. Wir wollten einen *eigenen* Weg zu Demokratie und wirtschaftlicher Verfaßtheit des Gemeinwesens suchen. Die bisher

1 Vgl. C. Luft, Zwischen Wende und Ende, Berlin 1991.

unterschätzten, teilweise gar ignorierten Kräfte des Marktes sollten endlich als Leistungsanreiz und Signalgeber für die Produktion entsprechend dem tatsächlichen Bedarf nutzbar gemacht werden, ohne ihnen in solchen gesellschaftlichen Bereichen wie Wohnen, Bildung, Wissenschaft, Kultur und Gesundheitswesen die Funktion eines Regulators zu überlassen. Eine Art «dritter Weg» schwebte uns vor, ohne daß wir diesen Terminus in jenen Monaten offiziell verwandten. Wir suchten nach einer Möglichkeit, individuelle wirtschaftliche Freiheit und soziale Gerechtigkeit in eine solche Balance zu bringen, daß sowohl die im Sozialismus ausufernde Gleichmacherei als auch die für den Kapitalismus typische Polarisierung der Gesellschaft in Arm und Reich ausgeschlossen wären. Dies würde – so unser Credo – im Selbstlauf nicht gelingen, sondern ein Engagement der öffentlichen Hand und insbesondere die langfristige Planung des Ressourceneinsatzes bedingen.

Die Absage der damals politisch Verantwortlichen in Regierung, Volkskammer und Rundem Tisch[2] an die bloße Kopie der bundesrepublikanischen Marktwirtschaft war wie folgt motiviert: Übersehen oder gering geschätzt wurden nicht deren *attraktive Merkmale*, z. B. die Vielfalt des Angebots an Waren und Dienstleistungen, die wirtschaftliche Freiheit des Individuums oder die international begehrte konvertierbare Währung.

Den Ausschlag für den Versuch, einen *eigenen* Weg zu einem marktwirtschaftlichen System auszuschreiten, gaben für die politisch wachen Menschen die unübersehbaren *Schwächen*, ja *Gebrechen* des Wirtschafts- und Gesellschaftsmodells der Bundesrepublik:

– Massenarbeitslosigkeit seit Mitte der siebziger Jahre, selbst in Zeiten der Konjunktur, darunter die zunehmende Ausgrenzung von Frauen aus dem Erwerbsarbeitsprozeß;

– eine eskalierende Eigentumspolarisierung, u. a. bei Grund und Boden, Produktiv-, aber auch Geldvermögen, was sozialen Sprengstoff anhäuft, die soziale Ungerechtigkeit verstärkt;

– die durch künstliche Produktalterung hervorgerufene Ressourcenverschwendung, die Wegwerfmentalität;

– die wachsende Verschuldung der öffentlichen Hände, also das Leben auf Kosten künftiger Generationen;

2 Dieses Forum verstand sich als besondere Form der demokratischen Aktion, als beratendes Organ der Regierung und als Rahmen für das Gespräch zwischen den neuen politischen Kräften und den bereits etablierten Parteien.

– die Wohlstandsmehrung zu Lasten der Dritten Welt.

Das heißt: Die Wirtschaft hat nicht mehr das Ziel, menschliche Bedürfnisse zu befriedigen, sondern nur noch Profit zu mehren. Sie ist Selbstzweck geworden.

Was war meine damalige Vision, die schließlich Eingang fand in das Reformprogramm der Regierung?[3] – Entstehen sollte eine *mixed economy*, die neben dem bis dahin fast ausschließlichen Volkseigentum, besser: Staatseigentum, an Produktionsmitteln im produzierenden Gewerbe auch privates Eigentum umfaßt. Die Privatisierung sollte aber vorwiegend *von unten* geschehen, d. h. durch Neugründungen im Rahmen der rasch verkündeten Gewerbefreiheit, durch Reprivatisierung der 1972 zwangsenteigneten kleinen und mittelständischen privaten und halbstaatlichen Betriebe sowie Zulassung von *Joint ventures*. Bei den großen volkseigenen Betrieben war die Umwandlung in die Rechtsformen AG oder GmbH vorgesehen, deren Aktienpakete bzw. Geschäftsanteile zunächst zu 100 Prozent vom Staat gehalten würden. Das hätte ihnen ermöglicht, wie privatrechtliche juristische Personen am Markt zu agieren.

Für den volkseigenen Grund und Boden war der Verbleib in öffentlicher Hand vorgesehen, um der Spekulation ein wesentliches Objekt zu entziehen. Seine bestmögliche individuelle Nutzung würde über langfristige Pachtverträge zu gewährleisten sein. Entwicklungschancen sollte das genossenschaftliche Eigentum vor allem in der Landwirtschaft, aber auch im Wohnungswesen behalten.

Das Bankwesen sollte zweistufig organisiert werden, doch in öffentlicher Hand bleiben. Industriepolitisches Engagement des Staates und die Förderung der Wirtschaftsdemokratie waren Bestandteile unseres Konzepts.

Dies alles fußte auf den sozialen Grundrechten, die damals unter den politischen Parteien und Bewegungen so gut wie unstrittig waren und im Entwurf einer neuen Verfassung, ausgearbeitet vom Runden Tisch, ihren Niederschlag fanden: Recht auf Arbeit, auf bezahlbaren Wohnraum, auf Gesundheitsbetreuung und Bildung, unabhängig vom Einkommen.

Einem solchen Konzept – das wurde Ende Januar 1990 klar – sollte kein Erfolg beschieden sein. Die Gründe waren vielfältig: Die vorangegangene Partei- und Staatsführung der DDR hatte das sozia-

3 Beilage 1/1990 der Wochenzeitung «Die Wirtschaft».

listische System in den Augen der Bürgerinnen und Bürger politisch und moralisch diskreditiert. Das Mißtrauen gegenüber «neuen sozialistischen Experimenten» saß tief. Eine Bevölkerungsmehrheit wollte keine Erprobungen mehr, sondern etwas ihrer Ansicht nach «Bewährtes» unverzüglich übernehmen. Hinzu kamen Ankündigungen und Versprechungen westdeutscher Spitzenpolitiker gegenüber den «Brüdern und Schwestern» im Osten. Voller überhöhter Erwartung votierte eine Mehrheit von Bürgerinnen und Bürgern bei den vom 6. Mai auf den 18. März 1990 vorgezogenen Volkskammerwahlen für die CDU-geführte Allianz für Deutschland[4] und damit für die rasche Einführung der D-Mark sowie die schnelle Einheit Deutschlands, d. h. für den Crash-Kurs von der Zentralverwaltungs- zur Marktwirtschaft. Daß mit der Übernahme einer konvertierbaren Währung sich zugleich die gesamte Werteskala ändern würde, wollte im Überschwang der Gefühle damals fast niemand wahrhaben. Und wer – wie auch ich – vor den Gefahren eines Aufwertungschocks[5] vor allem für die ostdeutsche Industrie warnte, wurde als Bedenkenträger, gar Schwarzmaler abgestempelt.

Die politische Weichenstellung für den Crash-Kurs war also durch eine demokratische Wahl erfolgt und legitimiert. Einfluß darauf, wie das Grundsatzvotum für die Soziale Marktwirtschaft, auch für eine Privatisierung des Staatseigentums, tatsächlich umgesetzt wird, ob es nur auf die *eine*, dann praktizierte Weise realisiert werden konnte, hatte die Bevölkerung nicht. Das war hauptsächlich eine politische Entscheidung der BRD-Regierung, flankiert von Interessen der Banken, Konzerne und Alteigentümer sowie stillschweigend geduldet, ja befördert von den meisten Mitgliedern der frisch ins Amt berufenen de-Maizière-Regierung.

Was sind nun nach fast sechs Jahren die Ergebnisse? – Freilich gibt es Dinge, die niemand von den Ostdeutschen heute mehr missen möchte: das bunte Warenangebot, die Reisefreiheit, die Gewerbefreiheit, infrastrukturelle Verbesserungen, vor allem in der Telekommunikation, Wohnungsmodernisierungen usw.

Aber der Preis dafür war unangemessen und in dieser Höhe auch vermeidbar: Die Arbeitslosigkeit liegt offiziell bei 16 Prozent, unter

4 Die «Allianz für Deutschland» war ein Wahlbündnis, bestehend aus der CDU (Ost), der Deutschen Sozialen Union (DSU) und dem Demokratischen Aufbruch (DA).

5 Tatsächlich wirkte der 1:1-Umtausch der Löhne und Gehälter beim Export wie eine Währungsaufwertung um rund 300 Prozent.

Einschluß der Quasi-Arbeitslosen ist sie etwa doppelt so hoch. Ein Drittel der früher neun Millionen Erwerbstätigen ist aus dem Erwerbsleben gedrängt worden, darunter ist der Anteil der Frauen größer als derjenige der Männer. Die Ausgegrenzten müssen alimentiert werden, was für Ost und West teuer ist. Die Steuern wurden erhöht, ein «Solidaritätszuschlag» auf die Einkommenssteuer erhoben. Dreistellige Milliardenbeträge fließen jährlich als Transfer von West nach Ost und begrenzen in den alten Ländern die Spielräume der öffentlichen Haushalte für Sozialausgaben. Zwei Drittel aller Transferleistungen müssen in die konsumtive Sphäre geleitet werden, sie gehen dem Ingangsetzen eines selbsttragenden Aufschwungs verloren. Kinderreiche Familien, Alleinerziehende, Arbeitslose, Menschen mit Behinderungen lernen soziale Not kennen. Es gibt anschwellende Zahlen von Obdachlosen, zunehmende Kriminalität, eine früher unbekannte Drogenszene.

Nicht mehr für jeden Schulabgänger ist eine Berufsausbildung sicher; ein Studium wird für viele junge Menschen unerschwinglich. Soziale Kälte breitet sich im Alltag aus, die Entsolidarisierung schreitet voran. Es fand eine ursprüngliche Enteignung ostdeutscher Bürgerinnen und Bürger statt. Rund 85 Prozent der ehemaligen volkseigenen Betriebe sind im Zuge der Privatisierung per Treuhand in westdeutsche Hände gelangt.[6] Zumeist sind rezessionsgefährdete Tochtergesellschaften entstanden. Anbieter aus den alten Bundesländern haben den ostdeutschen Markt fast völlig okkupiert und frühere DDR-Marktanteile in den osteuropäischen Staaten übernommen. Spitzenpositionen in allen Bereichen sind inzwischen westdeutsch besetzt. Die Großindustrie ist fast vernichtet, das industrienahe Forschungs- und Entwicklungspotential innerhalb von vier Jahren auf ein Fünftel geschrumpft, das Wissenschaftspotential zum großen Teil abgewickelt. Die Transformation der Zentralverwaltungswirtschaft in eine Marktwirtschaft wurde lediglich als Entsorgung ersterer begriffen. Die Frage nach der Entwicklungsfähigkeit hinterlassener Potentiale und Kapazitäten unter den neuen Bedingungen wurde gar nicht gestellt. So fand die größte Vernichtung von Anlagevermögen sowie die umfassendste «Außerdienststellung» und Entwertung des Humankapitals statt, die es zu Friedenszeiten je gegeben hat.

6 Vgl. C. Luft, Treuhandreport, Berlin 1992.

Das im Einigungsvertrag zementierte verhängnisvolle Prinzip «Rückgabe vor Entschädigung» hat zu mehr als zweieinhalb Millionen Restitutionsansprüchen von zumeist in den alten Ländern lebenden Alteigentümern an Grundstücken und Immobilien geführt. Hunderttausende von Ostdeutschen, die in gutem Glauben Eigentum vom Staat erworben hatten, sehen sich um die Früchte ihrer jahrzehntelangen Arbeit für den Werterhalt des Erworbenen betrogen. Die rigorose Durchsetzung der *property rights* galt den «Architekten» der Einheit mehr als sozialer Friede.[7] Der Staat verstand und versteht sich im Transformationsprozeß nicht als Geburtshelfer einer Wettbewerbswirtschaft. Er hat zugesehen, wie 16 Millionen Menschen und eine ganze Gesellschaft in kurzer Zeit Konkurrenzinteressen entsprechend umgekrempelt wurden bzw. noch werden. Dies wird als rein technischer Vorgang betrachtet, nicht unter sozialökonomischen und sozialethischen Aspekten gesteuert.

Inzwischen erkennen die Ostdeutschen in ihrer Mehrheit, daß sich Freiheit und Mündigkeit schwerlich ohne Mindestmaß an sozialer Sicherheit verwirklichen lassen. Oft habe ich mich in der jüngsten Vergangenheit an ein Wort von Konfuzius erinnert. Er sagte:

Der Mensch hat dreierlei Wege, klug zu handeln: 1) durch Nachdenken – das ist der edelste, 2) durch Nachahmen – das ist der leichteste, und 3) durch Erfahrung – das ist der bitterste Weg! – Ich vermute, letzterer ist unser Schicksal.

Wie soll, wie kann es weitergehen? – Meines Erachtens gibt es *zwei prinzipielle Optionen*, von denen die erste wohl auf absehbare Zeit die sein wird, die sich politisch durchsetzt:

a) Die alten Bundesländer bleiben das Vorbild für die Gestaltung der neuen Bundesländer, d. h. letztere werden in den Strukturen, Mechanismen, Eigentums- und Verteilungsverhältnissen, in der Konsumtionsweise, in der Polarisierung der Gesellschaft in Reich und Arm, in Besitzer von Arbeitsplätzen und Ausgegrenzten ersteren immer ähnlicher. Dabei kann man davon ausgehen, daß das soziale Niveau, auf dem die Annäherung erfolgt, auch in den alten Bundesländern weiter abgesenkt wird. Hierfür spricht der forcierte Abbau

7 Vgl. C. Luft, Die Lust am Eigentum, Zürich 1996.

des Sozialstaates. Im Osten Deutschlands wurde bereits getestet, wie weit man dabei gehen kann. Der Wegfall der sozialistischen «Konkurrenz» hat die Testfälle überhaupt erst möglich gemacht.

Diese von mir natürlich nicht favorisierte Option bedeutet, daß die gesamte BRD, ihr West- und ihr Ostteil, zum *Spielfeld marktradikaler Kräfte* wird. Die Anbetung des Götzen Markt, die Kapitulation vor der «Globalisierung der Märkte» und die fatalistische Diskussion um die «Verschlechterung des Wirtschaftsstandorts Deutschland» werden zum Politikersatz.

Auch angesichts dieser – mangels ausreichender politischer Gegengewichte – leider wahrscheinlichen Entwicklung werden wir von der PDS der marktwirtschaftlichen Transformation Ostdeutschlands nicht einfach freien Lauf lassen, sondern um Alternativen in der Bevölkerung in Ost und West ringen. Dazu gehört beispielsweise:

– Aus dem immer noch zum großen Teil in öffentlicher Hand befindlichen Grund und Boden sollte ein ansehnliches Quantum beim Bund bleiben bzw. Ländern und Kommunen übertragen werden. Neben Eindämmung von Spekulationsgeschäften könnte das dem sozialen Wohnungsbau zugute kommen, wenn Bauland nicht nur von Privaten angeboten wird.

– Wir setzen uns für die Beibehaltung der Ergebnisse der Bodenreform von 1945 ein und für die Chancengleichheit genossenschaftlichen Eigentums. Nur so ist der weitere Arbeitsplatzabbau auf dem Lande zu stoppen.

– Wir sind gegen eine flächendeckende, mehr aus ideologischen, denn aus ökonomischen Gründen betriebene Privatisierung kommunalen Eigentums. Dies nicht, weil wir die Privatisierung prinzipiell ablehnen, sondern weil die öffentliche Hand sich sonst des Potentials begibt, um die wirtschaftliche, soziale und ökologische Entwicklung des Gemeinwesens zu steuern. Außerdem werden mittelständische Unternehmen zunehmend durch international agierende Konzerne verdrängt, und Arbeitsplätze gehen verloren.

– Wir wollen regionale Wirtschaftskreisläufe stärken, die Selbstorganisation auf allen Ebenen fördern. Das macht lokale Ressourcennutzung möglich, schafft vor Ort Arbeitsplätze, verkürzt Transportwege und schont die Umwelt.

– Wir plädieren für einen öffentlich geförderten Beschäftigungssektor, in dem Arbeiten aufgegriffen werden, die für Private als nicht rentabel erscheinen. Projektbezogen sollen zu Tarifbedingungen

Menschen in Arbeit gebracht werden, die in der privaten Wirtschaft keine Chance bekommen.

– Wir arbeiten am Modell einer bedarfsorientierten Grundsicherung für alle nicht mehr oder noch nicht am Erwerbsleben teilnehmenden Menschen.

Wir wissen, daß man das dafür erforderliche Geld nicht zaubern kann. Aber zu unseren Finanzierungsvorschlägen gehört:

– die wirksame Bekämpfung der Steuerhinterziehung in der Wirtschaft und durch Privathaushalte;

– die Besteuerung spekulativer Geldumsätze, z. B. auch eine Wertzuwachssteuer bei Verkauf von Boden, d. h. eine Steuer auf Gewinne ohne eigene Leistung;

– der Umbau des Instrumentariums der Wirtschaftsförderung. Nicht das beantragte Investitionsvolumen, sondern die Zahl der zu schaffenden Arbeitsplätze und Ausbildungsplätze soll die Grundlage der Förderung sein;

– die Einführung einer Arbeitsmarktabgabe in Höhe der gegenwärtigen Arbeitslosenversicherung für Unternehmer, Beamte, Angestellte des Öffentlichen Dienstes sowie Abgeordnete;

– die Erhebung einer einmaligen Vermögensabgabe auf große Vermögen, bei Geldvermögen beispielsweise in der Größenordnung von zehn Prozent des nach Berücksichtigung erhöhter Freibeträge verbleibenden Vermögens. Eingesetzt werden sollte diese Abgabe für die Tilgung von Staatsschulden, um für alle Steuerbürgerinnen und Steuerbürger die Belastung für Zinszahlungen zu vermindern.

Die zweite, von mir bevorzugte Option ist folgende: Das Zusammenkommen von zwei Körpern, die bisher unterschiedlichen Welten angehörten, wird endlich zum Anlaß genommen, um mit der Erarbeitung einer neuen Vision von der gemeinsamen Zukunft zu beginnen und die praktische Umsetzung einzuleiten.

Die Bereitschaft der Landsleute im östlichen wie im westlichen Teil, miteinander zu reden, neugierig aufeinander zu sein, sich gegenseitig zu respektieren und anzunehmen, sind dafür unverzichtbare Tugenden. Sie setzen ohne zusätzlichen Aufwand Kräfte frei. Endlich würde deutlich: Die hinzugekommenen deutschen Länder und Menschen sind keine Fessel am Fuße der alten BRD, sondern, mit Erfahrungen aus zwei Systemen ausgestattet, eine Bereicherung für die neue Republik.

Verständlicherweise sind die Blicke derer, die gerade den Zusammenbruch eines Systems durchgemacht und Blessuren davongetragen haben, für Schwächesymptome des anderen Modells besonders geschärft. Allein ihres Überlebensinstinktes wegen wollen sie nicht noch einmal von Sprachlosigkeit und Lethargie der politischen Klasse erstickt werden, sich nicht mit Kurzatmigkeit und Flickschusterei zufriedengeben, anstatt an einer strategischen Erneuerung der Gesellschaft teilhaben zu können. Verinnerlichen müssen die Ostdeutschen jedoch auch, daß den abhanden gekommenen vertrauten, wenn zu einem Teil auch trügerischen Sicherheiten nicht nur vorher unbekannte Risiken, sondern ebenso neue Chancen folgten.

Die Westdeutschen hingegen müssen in ihrer Mehrheit noch mit dem dauerhaften Defizit umzugehen lernen, nur eine einzige Wirtschafts- und Sozialordnung gekannt zu haben. Das ist kein Vorwurf, begrenzt jedoch von vornherein die Vergleichsmaßstäbe. Dafür steht den Landsleuten in den alten Ländern eine andere Wissens- und Erfahrungsquelle zur Verfügung, aus der sie schöpfen können. Die Diskussion, die schon vor 1989 im Westen zu solchen Themen geführt wurde: ökologischer Umbau der Industriegesellschaft, dienende Funktion der Wirtschaft, Entbürokratisierung des Staates, Vitalisierung der Demokratie durch unmittelbares Beteiligen der Bürger. All diese Probleme sind nach wie vor ungelöst. Diese Debatten wurden durch das Einigungsgeschehen jäh unterbrochen, aber keineswegs überflüssig.

Exekutive wie Legislative dürfen den Fortschritt im Einigungsgeschehen nicht nur am Umfang der Finanz- und Personaltransfers von West nach Ost messen. Sie müssen den Anspruch an die politische «Handwerkskunst» erkennen. Die Zukunftsdebatte kann sich auch nicht auf solche Stichworte reduzieren wie Lohnkosten, Innovationen, Technologien, Wirtschaftsstandort, schlanker Staat. Die betriebswirtschaftliche Ratio darf nicht weiter auf ein ganzes Gemeinwesen übertragen werden.

Wir brauchen *einen gesellschaftlichen Diskurs über die zukunftsfähige Lebens-, Arbeits-, Konsumtionsweise.*[8] Wir müssen Antworten geben auf Überlebensfragen:

8 Interessante Ansätze dafür finden sich bei F. Feldmann, Arbeit schaffen, Umwelt retten: Vision einer menschlichen Marktwirtschaft ohne Wachstum: Publik-Forum 1995.

– Wie wollen wir im nächsten Jahrtausend leben, wirtschaften, arbeiten und konsumieren? Wie kann der Verwandlung eines jeden Lebensbedürfnisses in eine Ware entgegengewirkt werden? Sind marktwirtschaftliche Impulse in eine gemeinwesenorientierte Ökonomie integrierbar? Welche Konsequenzen ergeben sich für die innere Organisation des Gemeinwesens aus der Globalisierung der Märkte? Was sind die Spielräume staatlicher Wirtschafts-, Finanz- und Steuerpolitik in einem integrierten Europa?

– Wie soll der ökologische Umbau der Wirtschaft erfolgen? Wie kann eine Privatisierung der Natur verhindert werden,indem sie nur noch jenen gehört, die dafür zu zahlen bereit oder in der Lage sind?

– Welche innovativen Wege wollen wir beschreiten, um allen Arbeitswilligen den Zugang zu Erwerbsarbeit zu ermöglichen? Wie könnten europaweit abgestimmte Beschäftigungsinitiativen aussehen?

Welche Verantwortung soll das vereinigte Deutschland als größter Staat in Europa wahrnehmen? Welche politische Rolle soll es in der Welt spielen? Visionen sind gefragt, zu denen sich die Landsleute in Ost und West bekennen, aus denen sie Mut und Zuversicht schöpfen können.

In Abwandlung des Wunsches, des Rates auch oder besser noch des Rufes von Hans Küng, bezogen auf seine eidgenössische Heimat, möchte man sagen: *Germania semper reformanda* – «Deutschland ist immer wieder zu erneuern!»[9]

9 H. Küng, Die Schweiz ohne Orientierung?, München 1992, 101.

Siegfried Katterle

DIE NEOLIBERALE WENDE ZUM TOTALEN MARKT AUS DER SICHT DES NORDENS

I. «Rheinischer Kapitalismus» versus «Neo-amerikanischer» Kapitalismus

Der «Norden», aus dessen Sicht hier die neoliberale Wende zum totalen Markt untersucht werden soll, läßt sich nicht als eine einheitliche geographische oder historische Formation fassen. Es empfiehlt sich, nach dem Vorschlag des französischen Ökonomen Michel Albert – «Kapitalismus contra Kapitalismus»[1] – mindestens zwei Wirtschaftsstile zu unterscheiden, die den Norden prägen und zwischen denen ein mit großer Heftigkeit ausgetragener weltanschaulicher Konflikt, ein *clash of values*, stattfindet:

– die «bewußt sozial gesteuerte Marktwirtschaft»[2] der Wirtschaftsordnungen des «Rheinischen Kapitalismus» kontinentaleuropäischer und skandinavischer Länder mit einem von Staat und Verbänden korporatistisch getragenen programmatischen Interventionismus zur sozialkulturell verträglichen Einbettung des Marktsystems;

– der «Neo-amerikanische Kapitalismus» des totalen Marktes, der seit der Konterrevolution[3] der Reaganomics und des Thatche-

1 M. Albert, Kapitalismus contra Kapitalismus, Frankfurt/Main 1992.

2 So lautet eine mit Recht oft zitierte Kennzeichnung der Sozialen Marktwirtschaft durch den Schöpfer dieser ordnungspolitischen Konzeption, Alfred Müller-Armack. Vgl. zur Sozialen Marktwirtschaft, ihrer Entstehung sowie ihrer progressiven und ihrer regressiven Entwicklungsphase in der Geschichte der Bundesrepublik: S. Katterle, Jenseits der Sozialen Marktwirtschaft? Zurück in die Vergangenheit oder ordnungspolitische Innovation, in: ders., Alternativen zur neoliberalen Wende. Wirtschaftspolitik in der sozialstaatlichen Demokratie, Bochum 1989, Kapitel 2; S. Katterle, Soziale Marktwirtschaft auf dem Prüfstand, in: Evangelische Sozialakademie Friedewald (Hg.), Soziale Marktwirtschaft im Widerstreit von Anspruch und Wirklichkeit, Friedewalder Texte 3/1991; S. Katterle, Marktwirtschaft und Ethik, Fakultät für Wirtschaftswissenschaften der Universität Bielefeld, Diskussionspapier 302 (1995); K. G. Zinn, Soziale Marktwirtschaft. Idee, Entwicklung und Politik der bundesdeutschen Wirtschaftsordnung, Mannheim–Leipzig 1992.

3 Die Bezeichnung «Konterrevolution» drückt treffend das Selbstverständnis prominenter

rismus gegen *welfare culture* und Sozialstaat insbesondere in den anglo-amerikanischen Ländern eine geistig-moralische Wende und einen Umbruch von Traditionen der Sozialreform und des sozialorientierten Interventionismus bewirkt hat. Diese von den Ländern des Neo-amerikanischen Kapitalismus ausgehende und dort am weitesten fortgeschrittene Konterrevolution hat auch Weltanschauung und Politik in den Ländern des Rheinischen Kapitalismus nachhaltig verändert.

II. Dritte Wege zwischen Kapitalismus und Kommunismus

Wir müssen uns erinnern, daß es nach dem Zweiten Weltkrieg bis weit in die siebziger Jahre hinein einen breiten Konsens der gesellschaftlichen Kräfte (einschließlich der sozial-konservativen und sozial-liberalen bürgerlichen Schichten) gab, daß die Marktwirtschaft bewußt sozial gesteuert und durch die regulierenden Institutionen einer verantwortlichen Gesellschaft eingebettet werden müsse. Bei allem legitimen Streit darüber, worin soziale Gerechtigkeit besteht und wie sie im Spannungsverhältnis zu anderen Werten zu gewichten ist, ist doch der sozialstaatliche Auftrag unseres Grundgesetzes Ausdruck eines übergeordneten Konsenses, daß die Demokratie und ihre Wirtschaftsordnung zugleich an sozialer Gerechtigkeit orientiert sein müssen, damit sie die Glaubwürdigkeit gewinnen können, die zu ihrer Stabilität nötig ist.[4] Die Vision eines Dritten Weges oder Dritter Wege «zwischen Kapitalismus und Kommunismus» wurde ja zur Leitidee bürgerlicher Sozialreform, deren geschichtliche Wurzeln weit hinter die Nazi-Diktatur zurückreichen, und diese Vision stand auch am Beginn der Sozialen Marktwirtschaft in Westdeutschland.[5]

ökonomischer Wortführer und Agitatoren der neoliberalen Wende aus; siehe M. Friedman, Die Gegenrevolution in der Geldtheorie, in: P. Kalmbach (Hg.), Der neue Monetarismus, München 1973, 47–69, wo Friedman die Arbeiten der neoliberalen Chicagoer Schule ausdrücklich als Gegenrevolution zur Keynes'schen Revolution bezeichnet.

4 Vgl. H. Joas, Was hält die Bundesrepublik zusammen?, in F. Hengsbach, M. Möhring-Hesse (Hg.), Eure Armut kotzt mich an! Solidarität in der Krise, Frankfurt/Main 1995, 80f.

5 Siehe R. vom Bruch (Hg.), Weder Kommunismus noch Kapitalismus. Bürgerliche Sozialreform in Deutschland vom Vormärz bis zur Ära Adenauer, München 1985; A. Rüstow, Zwischen Kapitalismus und Kommunismus: Ordo. Jahrbuch für die Ordnung von Wirtschaft und Gesellschaft, Band 2 (1949).

Deshalb war die Zeit des sogenannten «Wirtschaftswunders» in Westdeutschland – die vielfach als Referenzperiode der Sozialen Marktwirtschaft herangezogen wird – zugleich eine Zeit bedeutender Sozialreformen, von den Gesetzen zur Demokratisierung der Betriebs- und Unternehmensverfassung bis zur Einführung der dynamischen Altersrente. Der Wirtschaftsethiker Arthur Rich hat die damals eingeleiteten sozialstaatlichen Reformen als «markante Zeichen eines sozialen Wandels» gewürdigt, «der entschieden wegführt von der spezifisch kapitalistischen Gestalt der Marktwirtschaft mit ihrer konfrontativen Dominanz der Kapitalinteressen»[6].

An diesen sozialstaatlichen Wertekonsens, der Verfassungsrang besitzt, zu erinnern und die Verpflichtung zu sozialstaatlicher Bändigung des Kapitalismus einzufordern, ist angebracht in einer Zeit, «in der nicht nur der Umbau, sondern sogar der Abbau des Wohlfahrtsstaats immer lauter gefordert wird»[7].

Die Angst und die Aggressivität der Anhänger eines marktradikalen Neoliberalismus richteten sich in den Jahrzehnten nach dem Zweiten Weltkrieg weniger gegen den sogenannten «real existierenden Sozialismus» der Zentralplanwirtschaften des Sowjetimperiums. Diese ordnungspolitische Alternative war in westlichen Gesellschaften nie mehrheitsfähig und hätte – wie in den osteuropäischen Ländern – nur durch militärische Eroberung oktroyiert werden können. Angst und Aggressivität richteten sich gerade gegen die Visionen und die konkretisierende Praxis solcher Dritten Wege, insbesondere gegen das auf diesem Weg am weitesten fortgeschrittene «Modell Schweden»[8]. Selbst vielen marktradikalen Gegnern einer Evolution von *welfare culture* und Sozialstaat erschien eine schleichende Systemveränderung zum demokratischen Sozialismus[9] zwar verhängnisvoll, aber historisch unumkehrbar.

6 A. Rich, Wirtschaftsethik, Band II: Marktwirtschaft, Planwirtschaft, Weltwirtschaft aus sozialethischer Sicht, Gütersloh 1990, 275f.

7 Joas: Was hält die Bundesrepublik zusammen?, a.a.O. 73; siehe auch R. Reifenrath, Rechtsstaat – Sozialstaat: Frankfurter Rundschau, Nr. 25/1996, 3.

8 Siehe darüber z. B. S. R. Graubard (Hg.), Die Leidenschaft für Gleichheit und Gerechtigkeit. Essays über den nordischen Wohlfahrtsstaat, Baden-Baden 1988.

9 Siehe dazu S. Katterle, Sozialismus. Fakultät für Wirtschaftswissenschaften der Universität Bielefeld, Diskussionspapier 271 (1993), gekürzte Fassung in: Lexikon der Wirtschaftsethik (Hg. G. Enderle, K. Homann u. a.), Freiburg 1993; ferner S. Katterle, Eduard Heimanns Beitrag zur Neuorientierung der Wirtschaftsordnung, in: ders., Alternativen zur neoliberalen Wende, a.a.O., Kapitel 3.

Die damals verbreitete Einsicht, daß die entwickelten nationalen Wirtschaftssysteme des Nordens einer institutionell vielgestaltigen *regulatory culture* zur sozialkulturellen Einbettung des Marktes bedürfen, daß also der Wettbewerbsmarkt keine perfekte Institution ist, die allein das Gemeinwohl hervorbringen könnte, ging einher mit der Bereitschaft, über internationale Regulierungen der Waren- und der Finanzströme für eine förderliche Entwicklung der Länder des Südens nachzudenken und zu verhandeln. Der breite Diskurs über eine neue Weltwirtschaftsordnung in den sechziger und siebziger Jahren, an dem die Kirchen mit bedeutenden Dokumenten teilgenommen haben[10], gibt eindrucksvoll Zeugnis für eine damals verbreitete Bereitschaft zu einsichtiger Selbstbegrenzung und für einen Aufbruch zur solidarischen Gestaltung einer menschenwürdigen Zukunft für die *eine* Welt. Ebensowenig wie freie Arbeitsmärkte bei strukturell ungleicher Verhandlungsmacht der Vertragsparteien gerechte Arbeitsverträge hervorbringen, darf die Entwicklung der Wirtschaftsbeziehungen zwischen den als Anbietern wie als Nachfragern überlegenen Ländern des Nordens und den Ländern des Südens freien Waren- und Finanzmärkten überlassen bleiben. Die Enzyklika *Populorum progressio* formulierte im Jahr 1967 prägnant diese alte Tradition kirchlicher Sozialethik und ihre Fortschreibung für die Gegenwart: «Noch immer gilt die Lehre Leos XIII. in *Rerum novarum*: Wenn die Positionen der Vertragsparteien allzu ungleich sind, dann garantiert die Zustimmung der Partner noch nicht die Vertragsgerechtigkeit ... Was von der Gerechtigkeit des individuellen Lohns gilt, gilt auch von internationalen Verträgen: Wirtschaftsverkehr kann nicht mehr allein auf die Gesetze des freien uneingeschränkten Wettbewerbs gegründet sein, der nur zu oft zu einer Wirtschaftsdiktatur führt.» (*Populorum progressio*, Nr. 59).

III. Die geistig-moralische Wende zum Neoliberalismus

Die zum Teil dramatische Schwächung der sozialen Bewegung und die Erschöpfung ihres Kampfes für eine neue Wirtschafts- und

10 Siehe S. Katterle, «Für eine mit den Armen solidarische Kirche». Die ökonomischen Aspekte des Dokuments der Kommission für kirchlichen Entwicklungsdienst des Weltkirchenrats, in: ders., Alternativen zur neoliberalen Wende, a.a.O., Kapitel 14.

Gesellschaftsordnung «mit größerer Gleichheit in der Freiheit» (Eduard Heimann) in allen Ländern des Nordens ist mithin eine von vielen – auch von mir – nicht erwartete historische Entwicklung. Gewiß gab es große Gelehrte – Karl Marx, Max Weber –, die die Totalisierung des Marktes und – damit verbunden – die perfekte Marktkonditionierung der Akteure im Kapitalismus für unausweichlich gehalten haben. Es gab und gibt andere Sozialökonomen – die sozialistischen Fabier in England, die konservativen deutschen Kathedersozialisten, die sozial-liberalen amerikanischen Institutionalisten, nicht zuletzt die Väter der Sozialen Marktwirtschaft in Deutschland –, die sehr wohl eine dem Markt widergelagerte Gesellschaftspolitik als möglich und wünschenswert angesehen und entsprechende Programme der Sozialreform konzipiert und ihre Umsetzung wissenschaftlich beraten haben.

Es fällt nicht in meine Kompetenz, eine Erklärung der historischen Wende zu versuchen. Man wird die Ursache in Veränderungen der Mentalitäten, der gesellschaftlich vorherrschenden Denkgewohnheiten und Wertorientierungen suchen müssen, wie sie z.B. Robert N. Bellah u. a. in ihrer Untersuchung über den Wandel von Charakter und Gesellschaft in den USA – zentriert auf die weißen Mittelschichtamerikaner – aufgezeigt haben.[11] Die Autoren beschreiben einen heute repräsentativen Charaktertyp als konkurrenzbewußt, markterfolgsorientiert, unnachgiebig und frei von moralischen und sozialen Bindungen. Die in der Arbeitswelt und im Marktwettbewerb gelernte instrumentale Orientierung an einem ökonomischen Effizienzbegriff ohne mitmenschlich-partizipative und ohne mitgeschöpflich-ökologische Dimension werde mehr und mehr auf alle öffentlichen und privaten Lebensbereiche übertragen.

Robert Bellah u. a. stellen fest, daß dieser utilitaristische Individualismus in unübersehbare Schwierigkeiten führt, weil subtile Bindungen zwischen den Menschen – ihre „soziale Ökologie“ – zerstört werden, so daß die Individuen vereinsamen und schließlich mit dem Gefühl der Sinnlosigkeit zurückbleiben. Sie vermuten, daß vielleicht nur die bürgerlich-republikanischen und die in der biblischen religiösen Tradition wurzelnden Formen des Individualismus fähig sind, die Identität der Person zu bewahren und das öffentliche wie das private Leben zu bereichern, weil diese Formen der

11 R. N. Bellah, R. Madsen u. a., Gewohnheiten des Herzens. Individualismus und Gemeinsinn in der amerikanischen Gesellschaft, Köln 1987.

Persönlichkeitsbildung die Person in Beziehung zu einem größeren Ganzen setzen, einer Gemeinschaft und einer Tradition. In der Ablehnung und Bekämpfung der desolidarisierenden, opportunistischen Einstellung des «Managertyps» durch viele Bürgerbewegungen äußere sich sowohl Protest gegen die geltende Wirtschafts- und Sozialordnung als auch Erinnerung an die fortdauernde Bedeutung der biblischen und republikanischen moralischen Traditionen.

In der alten Bundesrepublik stellte z. B. Helge Pross am Beginn der achtziger Jahre einen für Deutschland historisch neuen «Individualismus der Selbstbezogenheit» fest, der «außer bei Minderheiten nicht durch explizite Vorstellungen von einer übergeordneten Verpflichtung und einer gemeinsamen Verantwortung ausbalanciert»[12] wird. Die moralische Basis einer verantwortlichen Gesellschaft und ihrer Sozialen Marktwirtschaft erodierte. Das führte bei neoliberalen Vertretern meiner Profession zur offenen Absage an die Idee der Sozialen Marktwirtschaft überhaupt, der von Anfang an, gleichsam als Geburtsfehler, eine große Schwäche angehaftet habe, nämlich ihr Adjektiv «sozial». Die Väter der Sozialen Marktwirtschaft hätten dieser Konzeption «eine besondere, jenseits der sonst praktizierten kapitalistischen Wirtschaftsmethode angesiedelte moralische Qualität» zumessen wollen; das seien «orakelnde Verheißungen» gewesen.[13]

Mit der Verwerfung der besonderen moralischen Qualität der Sozialen Marktwirtschaft werden auch die personalen moralischen Ressourcen für obsolet gehalten, auf denen diese Ordnung basiert. Die Wortführer des ökonomischen *mainstream* betätigen sich damit als Promotoren der Veränderung der Wirklichkeit durch Erziehung der Akteure zur Selbstsucht gemäß dem Menschenbild des *homo oeconomicus*.

IV. Homo oeconomicus oder homo culturalis

Hinter dieser Alternative – sozial gleichgültige Hegemonie des Marktes, wie sie unter der intellektuellen Führung des marktradi-

12 H. Pross, Wertdefizit und Integration. Der neue Individualismus in der Bundesrepublik: Hamburger Jahrbuch für Wirtschafts- und Gesellschaftspolitik 27 (1982) 148.

13 A. Gutowski, R. Merklein, Arbeit und Soziales im Rahmen einer marktwirtschaftlichen Ordnung: Hamburger Jahrbuch für Wirtschafts- und Gesellschaftspolitik 30 (1985) 50; dazu

kalen Neoliberalismus im Neo-amerikanischen Kapitalismus realisiert wird, versus sozial verantwortliche Einbettung des Marktes in das Ensemble der Institutionen einer verantwortlichen Gesellschaft, wie sie zur Sozialen Marktwirtschaft und den anderen Ordnungen des Rheinischen Kapitalismus gehört – stehen zwei ontologische Grundmuster (Paradigmen) von Mensch und Gesellschaft. Diese zwei paradigmatisch verschiedenen Weltsichten drücken sich auch in einem lange tradierten Schisma der ökonomischen Wissenschaft aus.

Die eine Sichtweise geht von einem sozial isolierten Individuum aus, das, monothematisch motiviert, ausschließlich mit dem Ziel eigennütziger Vorteilssuche handelt und Kontakte mit anderen Individuen nur zum Zweck der Bedürfnisbefriedigung über marktvermittelte Interaktionen aufnimmt. Die Nutzenfunktion eines solchen Individuums ist unabhängig von Bedürfnissen und Befindlichkeiten anderer Akteure, die es ja nicht kennt und nicht kennen will, und mit denen es nur über anonyme Marktsignale interagiert. Dieses Menschenbild ist als *homo oeconomicus* (*economic man*) bekannt geworden; es ist die Grundfigur des marktradikalen Wirtschaftsliberalismus und der neoklassischen Ökonomik.

Das konkurrierende Paradigma zeichnet eine in Prozessen sozialisatorischer Persönlichkeitsbildung enkulturierte, deshalb polythematisch motivierte Person, den *homo culturalis* (*institutional man*). Dieser hat neben dem eigennützigen Motiv auch die Fähigkeit und Bereitschaft, an der Situation anderer (Gruppen von) Menschen Anteil zu nehmen und Mitgefühl für deren Empfindungen und billige Bedürfnisse zu entwickeln. Dieses soziale Motiv befähigt den Akteur zu Rollendistanz, ermöglicht ihm eine kritische Reflexion der eigenen Affekte, insbesondere eine Mäßigung und Läuterung seiner egoistischen Affekte. Dieses Akteurbild schließt, wie Arthur Rich schreibt, «in sich ein den mitmenschlichen Umgang mit dem Du wie mit dem Ich», dialogisch-kommunitäres Leben im Gegensatz zu den Extremismen von selbstsüchtigem oder selbstlosem Verhalten.[14] Das Akteurbild des *homo culturalis* liegt – explizit oder im-

die Kritik von H. Lampert, A. Bossert, Die Soziale Marktwirtschaft – eine theoretisch unzulänglich fundierte ordnungspolitische Konzeption?: Hamburger Jahrbuch für Wirtschafts- und Gesellschaftspolitik 32 (1987).

14 A. Rich, Wirtschaftsethik. Grundlagen in theologischer Perspektive, Gütersloh 1984, 193; siehe auch H. Kaiser, Eigennutz, Gemeinwohl, Solidarität. Zur anthropologischen Grundlegung der Wirtschaft: Zeitschrift für Evangelische Ethik 37 (1993).

plizit – den heute heterodoxen Strömungen der Ökonomik zugrunde: dem Institutionalismus, dem Post-Keynesianismus, den *Social Economics*, den *Radical Economics* und – nicht zuletzt – der Ordnungstheorie der Sozialen Marktwirtschaft.

Weil der *homo culturalis* als *multiple self* für seine Personwerdung und Persönlichkeitsentfaltung einer Vielfalt von Institutionen bedarf, haben die Wirtschaftssysteme des Rheinischen Kapitalismus als gemischte Ordnungen neben der Institution des Wettbewerbsmarktes vielgestaltige kooperative und (dezentralisierte) staatliche Institutionen entwickelt, die den Markt in sozialkulturell gewünschter Weise einbetten.[15] Diese Institutionen führen unterschiedliche Interessengruppen zusammen und veranlassen sie, sich über eine gemeinsam vertretbare Problemsicht zu verständigen und gemeinsam umsetzbare Maßnahmen zur Problembearbeitung zu planen. «The subtleties of ‹Rhenish› capitalism elude the familiar categories of the mainstream Anglo-American economic tradition»[16]. Es handelt sich um eine subtile Symbiose von Wettbewerb und Kooperation in vernetzten Interessengeflechten, gestützt durch vielfältige korporatistische und quasi-korporatistische Institutionen und Einstellungen.

Diese *regulatory culture* des Rheinischen Kapitalismus – von englischen und amerikanischen Beobachtern noch in der jüngsten Zeit mit großer Aufmerksamkeit studiert und mit erkennbarer Sympathie beschrieben – hat durch die neoliberale Konterrevolution erhebliche Einbußen erlitten. Institutionen, in denen vertretbare Kompromisse erarbeitet, in denen Konflikte verständigungsorientiert bearbeitet werden, haben an Bindungskraft verloren und werden vielfach offen attackiert. Institutionen mit hoch entwickelter Verhandlungskultur, die für die Herstellung des sozialen Ausgleichs eine fundamentale Bedeutung haben und das ökonomische System glaubwürdig gemacht und damit zu seiner Leistungsfähigkeit beigetragen haben – wie das Tarifvertragssystem, die betriebliche Mitbestimmung oder die Arbeitsmarktpolitik –, werden als nicht marktkonform und deshalb ineffizient abgelehnt. Die neoliberale Kampfparole «Mehr

15 Siehe dazu S: Katterle, Markt und Regulierung in der gemischten Wirtschaft, in: L. F. Neumann, F. Schulz-Nieswandt (Hg.), Sozialpolitik und öffentliche Wirtschaft, Berlin 1995, 115–137.

16 C. Crouch, D. Marquand, Introduction, in: dies. (Eds.), Ethics and Markets. Co-operation and Competition within Capitalist Economies, Oxford 1993, 1.

Markt – weniger Staat!» richtete sich ja keineswegs nur gegen den regulierenden Staat, sondern nicht minder gegen die vielfältigen intermediären Regulierungsinstitutionen zwischen Markt und Staat.[17]

V. Die regressive Entwicklung der Sozialen Marktwirtschaft

Die Veränderung der vorherrschenden Haltungen führte auch in der Bundesrepublik zur Schwächung und partiellen Aufkündigung eines ordnungspolitischen Grundkonsenses, auf dessen Basis Regierung, Bundesbank, Wirtschaftsverbände und Gewerkschaften zuvor immer wieder fähig und bereit gewesen waren, über Interessengegensätze hinaus und durch Interessenkonflikte hindurch eine Verständigung über konkrete Gemeinwohlziele und über konzertierte Aktionen, mit denen diese Ziele angestrebt wurden, zu suchen.

Ich will diese Phase regressiver Entwicklung und zunehmender Steuerungsdefizite der Sozialen Marktwirtschaft schlaglichtartig an Beispielen aufzeigen:

1) An erster Stelle, sowohl nach dem zeitlichen Beginn wie nach dem Gewicht des Beitrags zur Transformation des Wirtschaftsstils, muß die Kooperationsverweigerung der Bundesbank genannt werden, die seit der Krise der siebziger Jahre im Zeichen monetaristischen Denkens einen Kooperationsbedarf verneint und sich zum Zuchtmeister der Nation (und der anderen Länder des Europäischen Währungssystems) aufgeworfen hat. Mehr und mehr haben sich die Währungshüter die gefährliche platonische Rolle der Philosophen auf dem Königsthron angemaßt. Im Rückblick auf die Wirtschaftskrisen der siebziger und der achtziger Jahre hat Rüdiger Pohl einmal gesagt: «... daß die Geldpolitik mit den übrigen Politikbereichen in kritischen Konjunkturphasen nicht abgestimmt war ... hat die Beschäftigungsprobleme mit verursacht, unter denen wir ... leiden»[18]. Diese Aussage muß heute im Hinblick auf das Verhal-

17 Siehe R. Blum, Mehr Markt – Problemlösung oder Flucht aus der politischen Verantwortung?, in: R. Blum, M. Steiner (Hg.), Aktuelle Probleme der Marktwirtschaft in gesamt- und einzelwirtschaftlicher Sicht, Berlin 1984, 13–23.

18 R. Pohl, Hat sich das Bundesbankgesetz bewährt?, in: C. Köhler, R. Pohl, Hat sich das Bundesbankgesetz bewährt? (Vorträge vor dem Gesprächskreis Politik und Wissenschaft des Forschungsinstituts der Friedrich-Ebert-Stiftung), Bonn 1985, 28f. Siehe auch H.-J.

ten der Bundesbank in der jüngsten Wirtschaftskrise 1992/93 bekräftigt werden. Wie schon früher hat die Bundesbank auch in den neunziger Jahren die sich abzeichnende Rezession durch einen Geldangebotsschock vertieft und verlängert.

2) In der zweiten Hälfte der siebziger Jahre brachte die Bundesregierung noch ein mittelfristig geplantes und strukturpolitisch gezieltes Zukunftsinvestitionsprogramm auf den Weg. Dieses Programm wurde zwar von der Bundesbank aus dem eben genannten Grund geldpolitisch nicht begleitet. Dennoch bewirkte es eine Stabilisierung unternehmerischer Erwartungen und Mobilisierung von Produktion und Beschäftigung für weitgesteckte gesellschaftliche Ziele. In der Krise Anfang der achtziger Jahre war die in der Agonie der sozial-liberalen Regierungskoalition bereits neoliberal gewendete Wirtschaftspolitik nicht mehr bereit, eine derartige konzertierte Aktion zu organisieren. Damals zerbrach der soziale Konsens über ein korporatistisch vereinbartes makroökonomisches Steuerungskonzept.

Diese beschäftigungspolitische Verweigerung der Wirtschafts- und Finanzpolitik bedeutete die Wende zum Neoliberalismus mit seinem Vertrauen auf die Selbstheilungskräfte des Marktes, das Müller-Armack angesichts der historischen Erfahrung immer als unvertretbar bezeichnet hatte. In der Behauptung der Ineffektivität der Wirtschaftspolitik (insbesondere der Konjunkturpolitik und der Strukturpolitik), in der Forderung genereller Deregulierung von Märkten (nicht zuletzt des Arbeitsmarktes und des Wohnungsmarktes) kehrte die Apotheose des Marktes wieder, die Alexander Rüstow einst als wirtschaftsliberalen «Unbedingtheitsaberglauben» bekämpft hatte.[19]

3) Die Politik der produktivitätsorientierten Arbeitszeitverkürzungen zur Umverteilung von Arbeit und Einkommen zwischen Beschäftigten und Arbeitslosen kam Ende der siebziger bzw. Anfang der achtziger Jahre nahezu zum Stillstand, weil die Arbeitgeberverbände die 40-Stunden-Woche zum tarifpolitischen Tabu erklärt hatten. Erst in einem der heftigsten Arbeitskämpfe in der Geschichte der Bundesrepublik im Jahr 1984, den die Gewerkschaften angesichts der Verweigerung der anderen Tarifvertragspartei

Krupp, Die Koordination von Geld-, Finanz- und Einkommenspolitik als Aufgabe der Wirtschaftspolitik: Wirtschaftsdienst, 74 (1994) 208–216.

19 A. Rüstow, Das Versagen des Wirtschaftsliberalismus, 2. Aufl. Düsseldorf 1950, 48.

nicht nur als Arbeitszeitkonflikt führen konnten, sondern als Kampf um Anerkennung schlechthin führen mußten, konnte diese Blockade durchbrochen werden.[20] Etwa ein Drittel des Beschäftigungsanstiegs in der anschließenden Phase konjunktureller Erholung wird auf die damals durchgesetzten Arbeitszeitverkürzungen zurückgeführt.

4) Das Problem der Massenarbeitslosigkeit wurde aus der wissenschaftlichen Diskussion wie aus der öffentlichen Debatte weithin verdrängt. In der wissenschaftlichen Diskussion geschah dies mit Hilfe neoklassischer Konzepte, wie Friedmans «natürlicher» Arbeitslosigkeit oder Stiglers Sucharbeitslosigkeit, die Arbeitslosigkeit als ökonomisches und politisches Problem eskamotieren, weil ja die Arbeitslosigkeit aufgrund der individuellen Präferenzen und rationaler Nutzenkalküle des *homo oeconomicus* freiwillig gewählt wird und vermehrt gewählt wird, wenn sozialstaatliche und korporatistische Regulierungen des Arbeitsmarkts den Suchprozeß bzw. den Müßiggang subventionieren. «Das Verhältnis des Menschen zur Arbeit, die Folgen von Arbeitslosigkeit für den Einzelnen sind aus dem Fokus der deutschen Nationalökonomie verschwunden», bilanziert Harald Scherf.[21]

In der öffentlichen Debatte wurde Arbeitslosigkeit vielfach als schicksalhaftes Geschehen wahrgenommen, das in die Kategorie nicht lösbarer Probleme eingeordnet wurde; anderen erschien Arbeitslosigkeit als Problem bedauernswerter, an ihrer Situation aber auch nicht ganz unschuldiger Minderheiten, denen zugemutet wurde, sich zu bescheiden und sich in die Zeit zu schicken. Daß mit unschöner Regelmäßigkeit in jeder Krise mit dem Anstieg der Arbeitslosigkeit die Lohnersatzleistungen (Arbeitslosengeld, Arbeitslosenhilfe) und das Unterhaltsgeld für Teilnehmer an Fortbildungs- und Umschulungsmaßnahmen gekürzt werden (zuletzt im Jahr 1994), fällt in der Öffentlichkeit kaum noch auf. Joachim Klaus resümierte diese fortschreitende Privatisierung des Beschäftigungsrisikos in den vorherrschenden Denkgewohnheiten: «Die Gewöhnung und innergesellschaftliche Anpassung an die Massenarbeits-

20 Siehe S. Katterle, Arbeitszeitverkürzung – ein beschäftigungspolitisches Instrument, in: ders., Alternativen zur neoliberalen Wende, a.a.O., Kapitel 9.

21 H. Scherf, Bemerkungen zur politischen Ökonomie des Beschäftigungsproblems, in: W. Vogt (Hg.), Politische Ökonomie heute, Regensburg 1988, 60; siehe auch S. Katterle, Arbeitslosigkeit – ökonomische und sozialethische Aspekte; sowie ders., Arbeitslosigkeit – Schicksal oder politisches Versäumnis?, in: Alternativen zur neoliberalen Wende, a.a.O., Kapitel 8 und 11.

losigkeit stellt die eigentliche institutionelle Veränderung dar, im Sinne eines ‹habits› der Gesellschaft für das letzte Viertel des 20. Jahrhunderts»[22].

5) Folge der beschäftigungspolitischen Verweigerung der wirtschaftspolitischen Akteure und Folge der mehrheitlich resignierenden Hinnahme dieser Verweigerung durch die Bevölkerung war die hohe und anhaltende Arbeitslosigkeit. Wir haben inzwischen die dritte Flutwelle des Anwachsens der Arbeitslosigkeit in der Bundesrepublik erlebt (vgl. *Abbildungen 1a/1b, S. 64*). In der Krise der siebziger Jahre stieg die Anzahl der jahresdurchschnittlich registrierten Arbeitslosen von knapp 0,3 Mio. im Jahr 1973 (das bedeutete bei einer Arbeitslosenquote von 1,2 v. H. faktisch Vollbeschäftigung) auf 0,6 Mio. 1974 und auf 1,1 Mio. im Jahr 1975. Die Krise Anfang der achtziger Jahre setzte bei einer Arbeitslosigkeit von 0,9 Mio. im Jahr 1980 (Arbeitslosenquote 3,6 v. H.) ein und führte zu einem Anstieg auf 1,3 Mio. 1981, 1,8 Mio. 1982 und fast 2,3 Mio. im Jahr 1983. Erst am Ende der achtziger Jahre bildete sich die Arbeitslosigkeit langsam zurück. In der Krise der neunziger Jahre registrieren wir in den alten Bundesländern ausgehend von 1,8 Mio. Arbeitslosen 1992 (Arbeitslosenquote 6,5 v. H.) einen Anstieg auf 2,3 Mio. 1993 und auf gut 2,5 Mio. 1994. In den neuen Bundesländern wurde die Arbeitslosigkeit durch umfangreiche arbeitsmarktpolitische Maßnahmen bei einem Bestand von gut 1,1 Mio. und einer Quote von fast 16 v. H. stabilisiert.

Weil berufliche Qualifikationen und habitualisierte Arbeitsdispositionen bei längerfristiger Arbeitslosigkeit gemindert werden (bzw. von arbeitslosen jungen Menschen kaum erworben werden) und weil die Beschäftiger den Arbeitslosen vielfach geminderte Leistungsbereitschaft zuschreiben, wird die in Krisenjahren aufgebaute Arbeitslosigkeit in Phasen konjunktureller Erholung nur zögernd und nur teilweise wieder abgebaut. Deshalb treten wir in jede neue Krise mit einem höheren Bestand an Arbeitslosen ein.

Dabei steigt das Risiko langfristiger (d. h. länger als ein Jahr anhaltender) Arbeitslosigkeit bei den Arbeitslosen der höheren Altersgruppen rasch an (vgl. *Abbildung 2, S. 65*). Die letzte verfügbare Erhebung vom September 1994 zeigt, daß bei den jüngeren Alters-

22 J. Klaus, Institutionelle Veränderungen als Folge von Beschäftigungskrisen, in: H. Scherf (Hg.), Beschäftigungsprobleme hochentwickelter Volkswirtschaften (Schriften des Vereins für Socialpolitik, NF 178), Berlin 1989, 212.

gruppen (unter 25 Jahre und 25 bis unter 30 Jahre) der Anteil der langfristig Arbeitslosen am Gesamtbestand noch relativ niedrig ist, während bei den höheren Altersgruppen dieser Anteil rasch ansteigt und bei den Altersgruppen von 55 bis unter 60 und von 60 bis unter 65 Jahre über 50 v. H. liegt.

6) Folge der beschäftigungspolitischen Verweigerung der Wirtschafts- und Finanzpolitik war auch die Einschränkung der Wohlfahrtsproduktion meritorisch-öffentlicher Güter, die hier am Beispiel des sozialen Wohnungsbaus demonstriert werden soll. Weil sie auch im Wohnungssektor den Marktkräften vertraute, zog sich die konservativ-liberale Bundesregierung 1983 völlig aus dem sozialen Mietwohnungsbau zurück. Dagegen wurde luxuriöses Wohnungseigentum Wohlhabender großzügig mit Steuerverzichten subventioniert. An die Stelle der Förderung bedarfsgerechten Wohnens («Recht auf Wohnung» als Ziel sozialstaatlicher Politik) trat die steuerliche Förderung der Vermögensbildung bei Immobilien- und Eigenheimeigentümern, wovon jene am meisten profitieren, die am meisten verdienen.

Die vom Bundesbauministerium immer wieder verheißenen «Durchsickerungseffekte», durch die auch das Angebot für die von akutem Wohnungsmangel und drückender Wohnungsnot betroffenen Menschen verbessert werden sollte, lassen sich nicht nachweisen. Sie können auch in einem gespaltenen Markt nicht erwartet werden, in dem Vermieter bestimmte Wohnungen eher leer stehen lassen und steuerlich absetzbare Verluste aus Vermietung hinnehmen, als daß sie diese Wohnungen an diskriminierte Nachfrager (z. B. Gastarbeiterfamilien, junge Familien mit kleinen Kindern, Alleinerziehende, Arbeitslose u. a.) abgeben. Nur ein sozialer Mietwohnungsbau, der auf die Integration dieser diskriminierten Gruppen gezielt ist, kann deren Wohnungsversorgung verbessern.

Abbildung 3 (S. 66) zeigt den Einbruch des sozialen Wohnungsbaus in den achtziger Jahren, insbesondere des klassischen ersten Förderwegs für den sozialen Mietwohnungsbau. Der Anstieg seit 1989 geht in erheblichem Maß auf den neu eingeführten dritten Förderweg zurück, der bekanntlich nur unangemessen kurze Bindungsfristen vorsieht und sich weniger an die bedarfswirtschaftlich disponierenden Wohnungsgenossenschaften und kommunalen Wohnungsunternehmen wendet, sondern an erwerbswirtschaftlich disponierende Privatinvestoren. Diese kurzen Bindungsfristen des dritten Förderweges sichern für die Mieter kein langfristiges Recht auf Wohnen, auf Heimat, auf Immobilität. Folge dieser Deregulierung am Wohnungsmarkt war natürlich die Explosion der Mieten, die heute noch nicht an ihr Ende gekommen ist (vgl. *Abbildung 4, S. 67*). Seit 1983 steigen die Wohnungsmieten deutlich rascher an als der Index der Lebenshaltungskosten insgesamt.

Durch diese Entwicklung ist eine neue Gruppe von «Wohnungsarmen» in der Bundesrepublik entstanden. Die Ausrede des Bundesbauministeriums, diese Mietenexplosion sei durch den nicht vorhersehbaren Zustrom von Aussiedlern verursacht, ist unglaubwürdig, weil die Mietenexplosion ja viel früher als dieser Zustrom eingesetzt hat. Ursache war die neoliberale Wende auch in der Wohnungspolitik im Angesicht einer demographischen Welle geburtenstarker Altersjahrgänge, die Ende der siebziger bzw. Anfang der achtziger Jahre auf den Arbeits- und Ausbildungsmarkt und – vorhersehbar! – einige Jahre später auf den Wohnungsmarkt drängten.

7) Die Arbeitslosigkeit und die Wirtschafts- und Finanzpolitik bewirkten gemeinsam eine massive Verschiebung der Einkommensverteilung. Während der achtziger Jahre fiel die «Lohnquote», d. h. der Anteil aller Einkommen aus abhängiger Arbeit am Volkseinkommen, während der Anteil der Gewinn- und Vermögenseinkommen («Profitquote») entsprechend anstieg. Es entstand eine wachsende Schieflage der Einkommensverteilung. Infolge der steuerpolitischen Begünstigung der Gewinn- und Vermögenseinkommen[23] klafft diese disparitäre Entwicklung bei den Nettoeinkommen noch stärker als bei den Bruttoeinkommen.

Abbildung 5 (S. 68) zeigt die Entwicklung der Brutto- und der Nettolohnquote seit den fünfziger Jahren.[24] Bereinigt man diese Quoten, die wegen des im Zeitablauf zunehmenden Anteils der Unselbständigen an der Gesamtzahl der Erwerbstätigen plausiblerweise einen ansteigenden Trend zeigen, auf das konstant gehaltene Verhältnis von unselbständig zu selbständig Erwerbstätigen eines Basisjahres, so erhält man die beschäftigtenstrukturbereinigten Lohnquoten als groben Indikator für die Verteilung der Einkommen zwischen Kapital und Arbeit vor bzw. nach Abzug der direkten Steu-

23 Siehe «Steuerentlastung 1986/90 und Steuerbelastung 1991: Umverteilung der Einkommen von unten nach oben»: DIW-Wochenbericht 14/1991.

24 Vgl. W. Glastetter, G. Högemann, R. Marquardt, Die wirtschaftliche Entwicklung in der Bundesrepublik Deutschland 1950–1989, Frankfurt/Main 1991, 100–110.

ern und Sozialabgaben. Diese bereinigten Quoten bewegten sich von den fünfziger Jahren bis Anfang der achtziger Jahre mit den üblichen konjunkturellen Schwankungen um einen Trend, der einen langfristig wenig veränderten Anteil der Einkommen aus abhängiger Arbeit anzeigt. Anfang der achtziger Jahre tritt jedoch ein Trendbruch auf und die bereinigte Lohnquote fällt – brutto wie netto – über die Jahre der konjunkturellen Erholung auf einen in der Geschichte der Bundesrepublik bisher nicht gekannten historischen Tiefstand. Bei der Nettolohnquote zeigt dieser Fall einen geradezu dramatischen Verlauf. Es hat in der Tat eine «Gewinnexplosion» stattgefunden.

Das Bild einer Gewinnexplosion in den achtziger Jahren bestätigt auch die in *Abbildung 6 (S. 69)* gezeigte Darstellung der Verteilung der verfügbaren Einkommen – das sind die Nettoerwerbs- und -vermögenseinkommen zuzüglich der Transfereinkommen (Wohngeld, Kindergeld, Arbeitslosengeld oder -hilfe, Sozialversicherungsrenten u. a.) – für die Haushaltsgruppen der Selbständigen, der Arbeitnehmer (Angestellte, Arbeiter, Beamte) und der Nichterwerbstätigen (Arbeitslose, Rentner, Pensionäre und übrige). Alle Untersuchungen, die hierzu mit verschiedenen Methoden gemacht wurden, zeigen, daß «die Einkommen der Selbständigen allen anderen Haushaltsgruppen ‹davonlaufen›», so daß sich «eine zunehmende soziale Polarisierung» vollzieht.[25]

8) Höhepunkt einer Entwicklung, die die Lehren aus der Geschichte der Sozialen Marktwirtschaft in den Wind geschlagen und Soziale Marktwirtschaft mehr und mehr «zum bloßen Schlagwort für die tatsächlich von den Unionsparteien betriebene oder angestrebte Wirtschaftspolitik» gemacht hat, wie der Wirtschaftsethiker Walter Kerber kritisiert,[26] war vielleicht die leichtfertige Euphorie, mit der die ökonomische Transformation Ostdeutschlands in Gang gesetzt wurde. Die Schocktherapie anstelle gradualistischer

25 C. Schäfer: Soziale Polarisierung bei Einkommen und Vermögen: WSI-Mitteilungen, 48 (1995) 620.

26 W. Kerber, Die Soziale Marktwirtschaft im Licht der Sozialethik, in: J. Klaus, P. Klemmer (Hg.), Wirtschaftliche Strukturprobleme und soziale Fragen, Berlin 1988, 18. Arthur Rich kritisiert, daß «man im heute gängigen Sprachgebrauch weitherum nicht nur den regulierten Kapitalismus, sondern auch die deregulierte freie Marktwirtschaft mit der sozialen in eins setzen kann. Letzteres ist allerdings ein verbaler Mißbrauch und steht in klarem Gegensatz zur Genese der Sozialen Marktwirtschaft ... Was sich heute als Soziale Marktwirtschaft präsentiert, kann jedenfalls nur bedingt als solche bezeichnet werden». Rich, Wirtschaftsethik, Band II, a.a.O. 275.

Öffnung der Märkte entsprach so wenig dem programmatischen Interventionismus der Erhard-Zeit wie die Ablehnung einer aktiven Sanierungs- und Strukturpolitik.[27] Alexander Rüstow hatte einst – übrigens in ausdrücklicher Anlehnung an Adam Smith – dargelegt, daß der Übergang zur Handelsfreiheit nur gradualistisch erfolgen dürfe, damit die Betroffenen «Zeit und Möglichkeit zu einer schrittweisen Anpassung erhalten»[28]. Das durchaus regierungsnah arbeitende Kuratorium Unteilbares Deutschland und sein Forschungsbeirat für Fragen der Wiedervereinigung hatten einst Konzepte zur Transformation des ökonomischen Systems der DDR im Fall einer Vereinigung entwickelt, die dieser Erkenntnis Rechnung trugen. Im Jahr 1967 hatte der damalige Vorsitzende des Kuratoriums, der CDU-Politiker Johann B. Gradl, in einer programmatischen Rede erklärt:

> Das Leitbild einer freiheitlich-demokratischen Ordnung und die Ablehnung des Prinzips der Zwangswirtschaft bedeuten nicht, daß notwendig alle Einrichtungen des wirtschaftlichen und sozialen Lebens im kommunistisch beherrschten Teil Deutschlands geändert oder gar beseitigt werden sollen ... Die Frage des Eigentums an Produktionsmitteln ist ebenso wichtig wie schwierig ... Es gibt heute viele Formen öffentlichen, gemischtwirtschaftlichen und privaten Eigentums sowie die Mitbestimmung. Die Möglichkeit einer Weiterführung «Volkseigener Betriebe» und Landwirtschaftlicher Produktionsgenossenschaften hat der Forschungsbeirat in seinen Überlegungen vorgesehen.[29]

Als der Kairos der Vereinigung sich tatsächlich ereignete, waren diese differenzierten Einsichten und Konzepte, die durchaus der intelligenten Regulierungstradition der Sozialen Marktwirtschaft entsprachen, von einem bornierten Privatisierungsdogma verdrängt.[30]

27 Siehe dazu S. Katterle, Erwartungen und Gestaltungsprinzipien im Transformationsprozeß, in: H. A. Henkel, I. Nahnsen, H. Romahn (Hg.), Gestaltungsprinzipien im Transformationsprozeß, Regensburg 1995, 3–20; R. Blum, Theorie und Praxis des Übergangs zur marktwirtschaftlichen Ordnung in den ehemals sozialistischen Ländern, in: H. Reimann, H.-P. Müller (Hg.), Probleme moderner Gesellschaften, Opladen 1994, 3–21.

28 Rüstow: Das Versagen des Wirtschaftsliberalismus, a.a.O. 95.

29 J. B. Gradl: Rede auf der Plenarsitzung des Forschungsbeirates für Fragen der Wiedervereinigung Deutschlands am 3. 7. 1967, in Bulletin des Presse- und Informationsamtes der Bundesregierung, Nr. 70/1967, hier zitiert nach R. Schwarz, Chaos oder Ordnung? Einsichten in die ökonomische Literatur zur Transformationsforschung, Marburg 1995, 32.

30 Siehe Gesellschaft für öffentliche Wirtschaft (Hg.), Privatisierungsdogma widerspricht Sozialer Marktwirtschaft. Stellungnahme des Wissenschaftlichen Beirats der Gesellschaft für öffentliche Wirtschaft (Beiträge zur öffentlichen Wirtschaft, 13), Berlin 1994.

Sowohl in ihrem Verhalten angesichts der Wirtschaftskrisen im Westen wie in ihrem Verhalten bei der Systemtransformation im Osten hat die Wirtschaftspolitik wesentliche Traditionen der Sozialen Marktwirtschaft aufgegeben und sich im Vollzug ihrer neoklassisch-angebotspolitischen Orientierung dem Typ einer «freien» Marktwirtschaft angenähert.

Bei diesem «Wettlauf in die Vergangenheit»[31] ist das «Prinzip des sozialen Ausgleichs» (Müller-Armack), das den irenischen – friedenstiftenden, weil den sozialen Ausgleich schaffenden – Charakter des Leitbildes «Soziale Marktwirtschaft» ausmacht, weithin verloren gegangen. Dieses «Prinzip des sozialen Ausgleichs» ist integrierender Bestandteil der ordnungspolitischen Konzeption der Sozialen Marktwirtschaft. Es bedeutet also keineswegs bloß ein Bündel sozialpolitischer Einzelmaßnahmen. Es hat auch keineswegs nur verteilungspolitische Implikationen. Es erstreckt sich z. B. auf die Mitzuständigkeit sozialstaatlicher Politik für die Teilnahme arbeitsfähiger und -williger Personen an einer als sinnvoll erlebbaren und gesellschaftlich geachteten Erwerbsarbeit («Recht auf Arbeit» als Ziel sozialstaatlicher Politik); auf die Beeinflussung der Zusammensetzung des Sozialprodukts durch meritorisch-öffentliche Güterproduktion (von Kindergartenplätzen bis zum sozialen Wohnungsbau); auf die sozialverträgliche Gestaltung des Strukturwandels, verbunden mit einer Umsteuerung des Entwicklungspfades auf historisch neue ökologische Herausforderungen durch staatlich moderierte konzertierte Aktionen. Diese sinngebenden Dimensionen einer dem Menschenbild des *homo culturalis* gemäßen Wohlstandsentwicklung,[32] die durch eine bewußt soziale und ökologische Steuerung des Marktes hergestellt werden müßten, werden heute weithin dem zur totalen Institution vergötzten Markt geopfert.

31 So überschrieb der Leiter des Instituts für Arbeitsmarkt- und Berufsforschung (IAB), Dieter Mertens, einen Artikel in: Der Spiegel, Nr. 19/1985, wieder abgedruckt in: Wirtschaft – Arbeit – Beruf – Bildung. Schriften und Vorträge von Dieter Mertens, hg. von F. Buttler, L. Reyher (Beitr. AB 110), Nürnberg 1991, 50–54.

32. Siehe dazu W. Elsner, S. Katterle, Was braucht der Mensch? Zum Begriff der Qualität des Lebens, in: Handbuch der Christlichen Ethik (Hg. A. Herz, W. Korff u. a.), Band 2, Neuausgabe Freiburg 1993, 397–416; H. P. Widmaier, Ch. Wichert, Kultur- und demokratietheoretische Begründung sozialer Bedürfnisse, in: K. Grenzdörffer, A. Biesecker u. a. (Hg.), Neue Bewertungen in der Ökonomie, Pfaffenweiler 1995. Zu den hier thematisierten Dimensionen der Wohlstandsentwicklung siehe schon: G. Weisser, Wirtschaft (zuerst 1956 im «Handbuch der Soziologie»), Neuausgabe mit einer Einführung von Th. Thiemeyer, Göttingen 1989, 79–84.

Abbildung 1a: Entwicklung der Arbeitslosigkeit 1973–1994

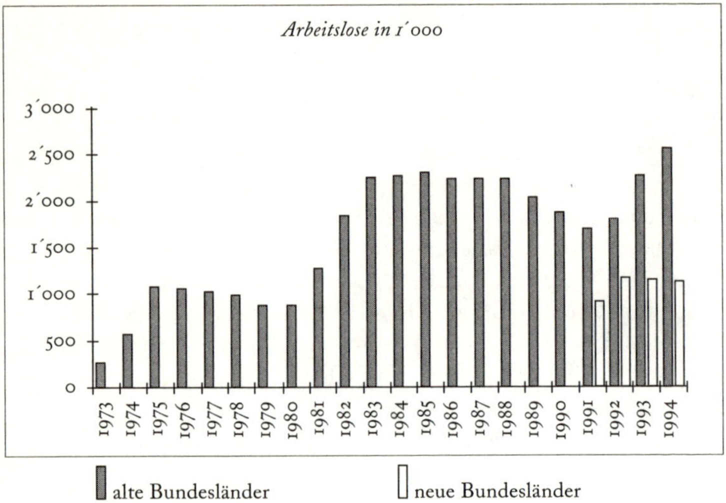

Abbildung 1b: Entwicklung der Arbeitslosenquote

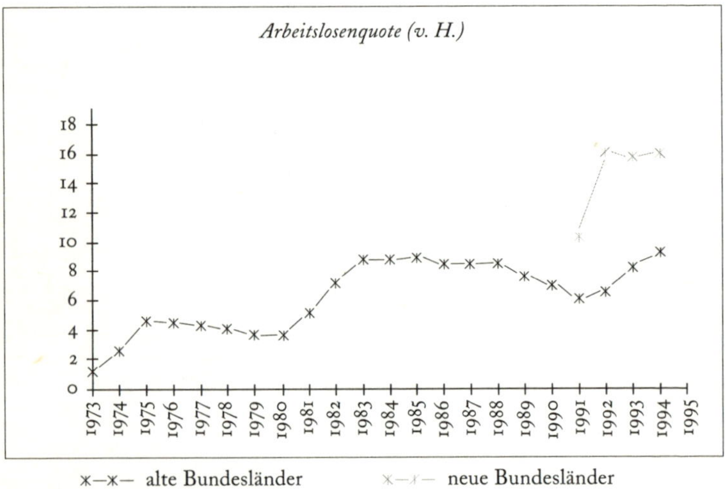

Abbildung 2: Langzeitarbeitslose und ihr Anteil an allen Arbeitslosen, September 1994, nach Altersgruppen absolut und prozentual (Bundesgebiet West)

Altersgruppen	Bestand an Arbeitslosen insgesamt	darunter 1 Jahr oder länger arbeitslos (absolut)	darunter 1 Jahr oder länger arbeitslos (in %)
<25 Jahre	325´595	28´332	8.7
25 – 30 Jahre	317´712	58´951	18.7
30 – 35 Jahre	322´301	81´926	25.4
35 – 40 Jahre	267´268	79´515	29.8
40 – 45 Jahre	231´324	75´463	32.6
45 – 50 Jahre	201´432	75´782	37.6
50 – 55 Jahre	264´956	118´004	44.5
55 – 60 Jahre	434´876	229´947	52.9
60 – 65 Jahre	87´002	49´644	57.1

Quelle: Bundesanstalt für Arbeit, Arbeitsmarkt 1994, Nürnberg 1995 117 (Tabelle 6).

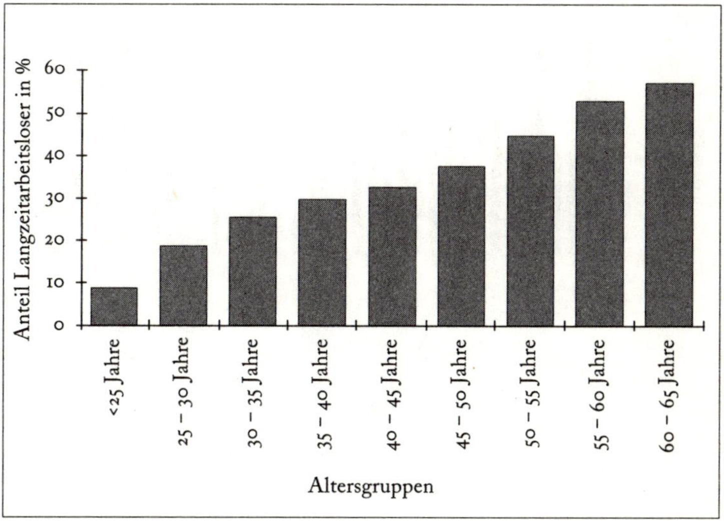

Abbildung 3: Geförderte Wohnungen im sozialen Wohnungsbau 1981–1992 insgesamt und nach Förderwegen

Jahr	insgesamt	1. Förderweg	2. Förderweg	3. Förderweg	Eigentumswhg. und von Eig. genutzte Whg.
1981	92'902	48'253	44'649		46'762
1982	98'886	55'480	43'406		40'215
1983	104'083	49'113	54'970		45'035
1984	80'408	37'574	42'834		40'450
1985	68'952	37'916	31'036		38'714
1986	52'066	29'797	22'269		35'421
1987	40'668	23'741	16'927		27'969
1988	38'886	22'959	15'927		26'201
1989	65'153	33'812	15'341	16'000	25'999
1990	90'704	38'064	18'064	34'214	29'159
1991	90'162	40'355	14'498	35'309	28'056
1992	87'221	39'018	20'136	28'067	30'205

Quelle: Statistisches Bundesamt, Fachserie 5, Reihe 2, Bewilligungen im sozialen Wohnungsbau, September 1087, Februar 1993, März 1994.

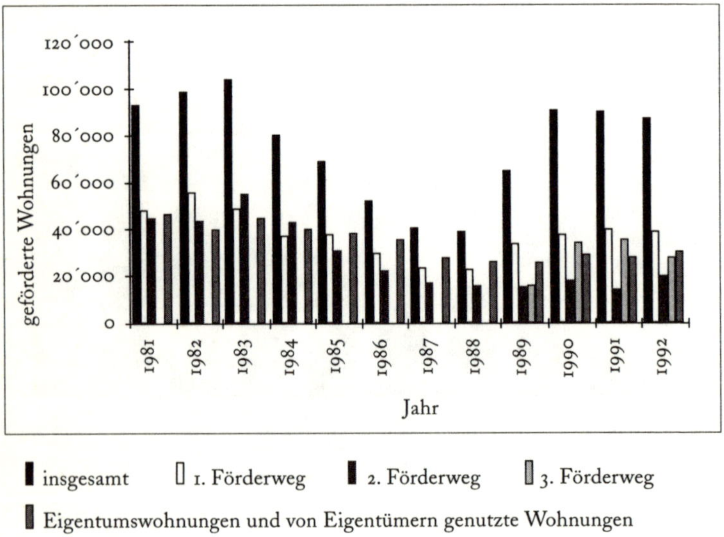

Abbildung 4: Entwicklung der Preisindizes der Lebenshaltungskosten und Wohnungsmieten aller privaten Haushalte von 1980–1993 (1980 = 100, Jahresdurchschnittswerte)

Jahr	Lebenshaltungskosten	Wohnungsmiete
1980	100.0	100.0
1981	106.3	104.5
1982	111.8	109.8
1983	115.6	115.6
1984	118.4	120.1
1985	120.8	123.8
1986	120.7	126.0
1987	120.9	128.0
1988	122.5	130.7
1989	125.9	134.7
1990	129.2	139.2
1991	133.7	145.2
1992	139.0	153.2
1993	144.8	162.3

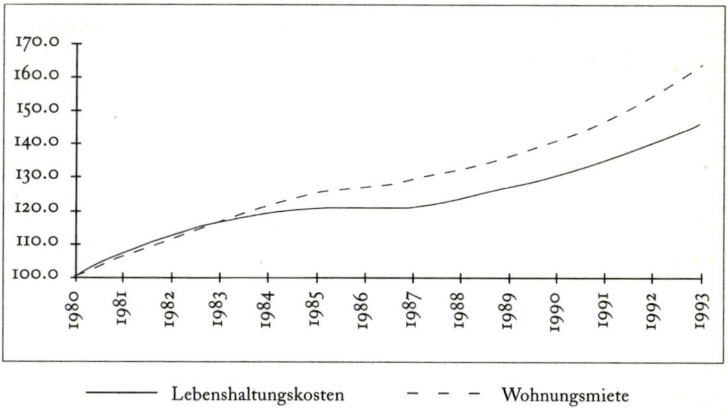

Abbildung 5a: Bruttolohnquote (Bruttoeinkommen aus unselbständiger Arbeit), Anteile am Volkseinkommen in v. H.

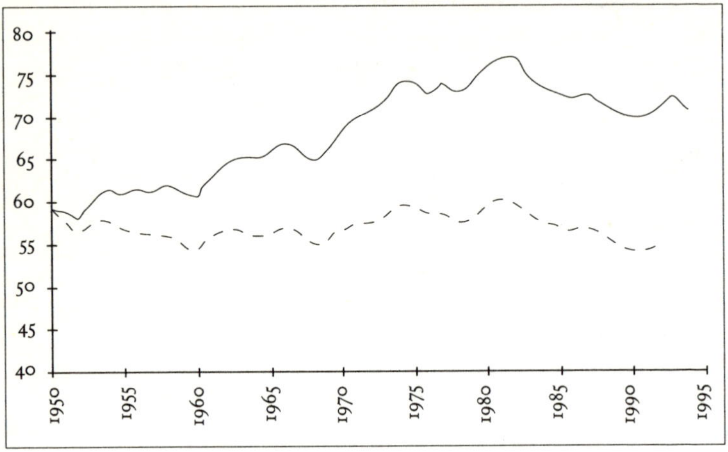

——— unbereinigt — — — bereinigt

Abbildung 5b: Nettolohnquote (Nettoeinkommen aus unselbständiger Arbeit), Anteile am Volkseinkommen in v. H.

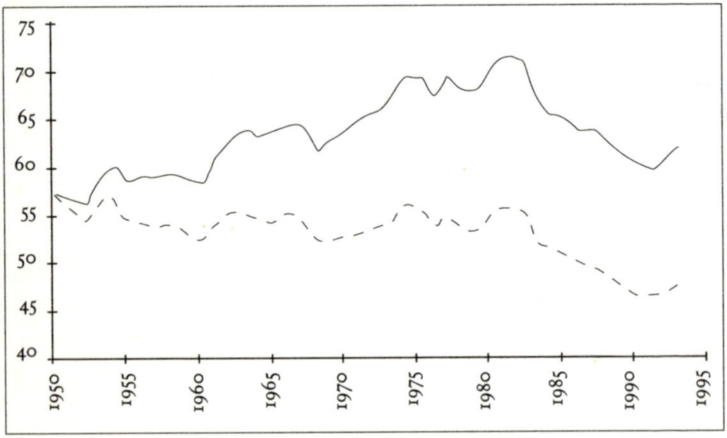

——— unbereinigt — — — bereinigt

Quelle: Glastetter, Högemann, Die wirtschaftliche Entwicklung in der Bundesrepublik Deutschland 1950–1989, 104, 109; eigene Berechnungen.

Abbildung 6: Verfügbares Einkommen je Privathaushalt in Westdeutschland nach zusammengefaßten Haushaltsgruppen

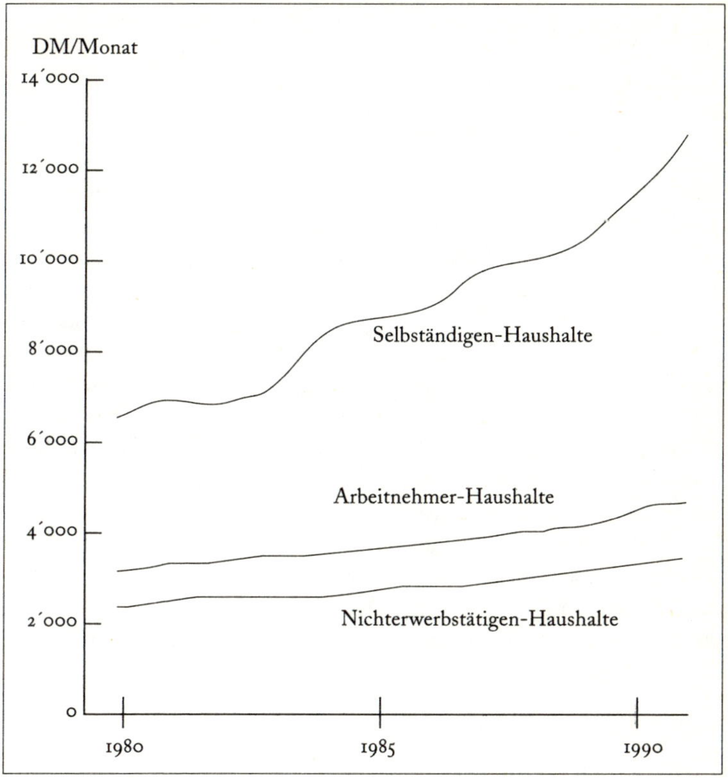

Quelle: DIW 1993.

Franz Segbers

WIDER DEN GÖTZEN MARKT – ATHEN UND JERUSALEM IM ERBE

Wir sind Zeitzeugen: Wir erleben den Niedergang zweier bedeutender humanistischer Traditionen, die von der Würde des Menschen sprechen und einen Traum von Gerechtigkeit auf dieser Erde haben. Die Würde des Menschen konnte verletzt werden, Menschen konnten unter Ungerechtigkeit leiden und mit Füßen getreten werden oder der blinden Macht des Marktes unterworfen werden. Und das geschah und geschieht bis heute. Aber die Gesellschaft hatte trotz alledem und bislang noch eine Vorstellung davon, daß diese Beleidigungen und Beschädigungen des Menschen so nicht bleiben dürfen. Deshalb gab es eine Vorstellung davon, daß das, was ist, nicht das ist, was einzig möglich ist. Man konnte so dem erlittenen Unrecht das Recht absprechen. Es gab eine humanistische Würdetradition im Sozialismus wie im Christentum, die der Beschädigung und Ungerechtigkeit in den Weg trat und von der Hoffnung sprach, daß es anders sein kann und anders werden muß.

I. Christentum und Sozialismus in der Krise

Wir sehen: Christentum und Sozialismus befinden sich in einer großen Krise. Der «real existierende Sozialismus» ist zerfallen – undramatisch, fast banal ging der Zusammenbruch vor sich. Und den Kirchen laufen die Menschen davon. Die Zeitungen melden seit Jahren und mit einem deutlichen Schub seit 1989/1990 eine massive Austrittsbewegung aus den Kirchen. Jährlich treten so viel Menschen aus den Kirchen in Deutschland aus, wie 1989 der DDR den Rücken gekehrt hatten. Ich will den eigenen Anteil von Kirchen und Sozialismus an diesem Niedergang nicht unterschlagen. Verstümmelt und verraten haben beide ihre Ideen. Verwundet sind sie deshalb beide. Tragisch für die Geschichte ist jedoch in besonderem Maße, daß sich beide humanistischen Würdetraditionen gegenseitig beschädigt haben. Doch immerhin und trotz alledem war es so, daß die Utopie, die mit dem Sozialismus verbunden war, wenigstens gelegentlich die Realität des Sozialismus störte und die Vision des Reiches Gottes gleichermaßen für die Christen eine gefährliche Erinnerung war und einen angepaßten Religionsbetrieb störte. Rosa Luxemburg und Karl Liebknecht, Oscar Romero und Dietrich Bonhoeffer oder ein Franz von Assisi waren nie ganz tot. Sie traten dem real existierenden Sozialismus und dem real existierenden Christentum in den Weg.[1]

Seit dem Zerfall des «real existierenden Sozialismus» 1989/90 kann man in jeder Zeitung, die etwas auf sich hält, vom «Ende des utopischen Zeitalters»[2] lesen. Die Utopien hätten sich moralisch und politisch so blamiert, daß sie endgültig am Ende seien. Doch diese Visionen und Utopien der beiden großen und nur zu oft verratenen Würdetraditionen Europas brechen nicht einfach nur zusammen, sie werden aktiv bekämpft. Man will sie diskriminieren und eliminieren. Christentum und Sozialismus haben trotz aller Beschädigungen ihrer Utopie diesen Traum von Gerechtigkeit wach gehalten. Trotz allem: Christentum und Sozialismus waren immer auch Orte geblieben, wo man den Traum von Gerechtigkeit nährte. Die Kritik an den Kirchen hat sich seit dem Zusammenbruch des real existierenden Sozialismus zu einer hämischen Kritik gewandelt. Es ist so, als wolle man sich nun, nachdem der real existierende Sozialismus zusammengebrochen ist, nicht mehr sagen lassen, daß Solidarität, Achtung der Würde eines jeden Menschen, besonders aber der Getretenen, eine Orientierung für politisches Handeln abgibt. Mit der institutionellen Krise, in die Christentum und Kirche wie auch der Sozialismus gekommen sind, geraten aber auch die Lernorte für Gerechtigkeit und Freiheit für alle in die Krise. Eine Gesellschaft, die nicht mehr mit der Geschichte vom Barmherzigen Samariter aufwächst, verarmt an Leidensfähigkeit und einer Spiritualität der Barmherzigkeit, die Ressourcen der Solidarität freizusetzen vermag und nach einer Gesellschaft Ausschau hält, in der niemand mehr «unter die Räuber fällt» (Lk 10,30).

1 Vgl. dazu F. Steffensky, Wie ernähren wir unsere Träume? Über den Zusammenhang von Spiritualität und Gerechtigkeit, in: K. Füssel, D. Sölle, F. Steffensky (Hg.), Die Sowohl-als-auch-Falle. Eine theologische Kritik des Postmodernismus, Luzern 1993, 96ff.

2 J. Fest, Der zerstörte Traum. Vom Ende des utopischen Zeitalters, Berlin 1991.

Wer einen Traum von Gerechtigkeit und Freiheit für alle, einen Traum von der Würde eines jeden Menschen in das Geschäft der Politik einbringt, dem hält man wie Wolfram Engels, der verstorbene Herausgeber des größten deutschen Wirtschaftsmagazins, der «WirtschaftsWoche», vor, «Moral als politische Waffe»[3] zu nutzen. «Die ethische Debatte ist ärgerlich.» So lautet dann das Urteil, das nichts anderes als einer traumlosen Gesellschaft Recht verschaffen will. Recht bekommt nur die Gegenwart. Nichts anderes läßt sich erhoffen. Für nichts anderes gilt es nunmehr einzustehen. Der Traum von Gerechtigkeit wird als mangelndes Realitätsbewußtsein diskreditiert. In einem Leitartikel zur Jahreswende konnte man von R. Leicht in «Die Zeit» anerkennend lesen, daß «sich die normative Kraft des Faktischen mit Macht in den Vordergrund drängt ... Gegen die harte Wirklichkeit läßt sich keine Politik betreiben – es sei denn um den Preis geplatzter Illusionen.»[4] Eine Politik aber, die Utopie als die einzig mögliche Spielart von Realismus begreift und deswegen auf die Gerechtigkeit und die Würde des Menschen achtet, wird als Illusion diskreditiert. P. Koslowski verfaßte für die vierte Auflage seines Buches «Ethik des Kapitalismus» 1991 ein neues Vorwort, denn die Revolution des Jahres 1989/90 habe das Begriffsfeld «Kapitalismus» verwandelt: «Die bisher als selbstverständlich vorausgesetzte pejorative Bedeutung des Begriffs Kapitalismus gilt nicht mehr.»[5]

Doch die Realität sieht anders aus. Die Leute wissen es und geben auch den Politikern Denkzettel. Am Tage nach der Oktoberwahl in Berlin 1995 kommentierte die «Süddeutsche Zeitung» das Wahlergebnis mit dem Wahlsieg der PDS:

> Als der Kommunismus starb, muß jemand der SPD erzählt haben, jetzt sei auch der Kapitalismus nicht mehr so gefährlich, und sie haben das im Ernst geglaubt ... Da lachen die Reichen und wählen CDU. Da weinen die Armen und wählen PDS. Da staunen die Idealisten und wählen die Grünen.[6]

Die Versprechungen der Marktwirtschaft gehen ins Leere. Nie gab es traurigere Sieger.

3 W. Engels, Moral als politische Waffe: WirtschaftsWoche, Nr. 52 vom 18. 12. 1992, 126.
4 R. Leicht, Unter dem Diktat der Wirklichkeit: Die Zeit, Nr. 1 vom 29. 12. 1995, 1.
5 P. Koslowski, Ethik des Kapitalismus, Tübingen, 4. Aufl. 1991, 10.
6 Das Streiflicht: Süddeutsche Zeitung vom 24. 10. 1995, 1.

Nach dem Zusammenbruch des Sozialismus verkündete man das Ende aller Utopie – doch nur um eine andere Utopie, unangefochten durch Alternativen, etablieren zu können. Diese Utopie des Marktes tarnt sich als Realismus. Sie verkündet Wohlfahrt, wenn denn nur Privatisierung, Deregulierung, Abbau des Sozialstaates hingenommen werden. Für die Opfer dieser wirtschaftspolitischen Konzepte hat diese Utopie des Marktes eine Zukunftsvertröstung parat. Wird getan, was der globale Markt fordert, dann wird den Opfern von heute für morgen eine blühende Zukunft verheißen. Soziale Gerechtigkeit in der Gestalt von sozialen Standards oder eines Sozialstaats macht diese Utopie deshalb als Standortnachteil aus. Der Neoliberalismus trägt eine Verheißung in sich: Der Wirtschaft und uns allen gehe es dann besser, wenn denn nur die sozialen Sicherheitssysteme, der Sozialstaat oder soziale Standards gesenkt würden. Er diffamiert diese als Privilegien, kaschiert aber nur, daß auf diesem Weg Gerechtigkeit als Orientierung wirtschaftlichen Handelns überhaupt beseitigt werden soll. Gerechtigkeit wird zu einer Kostenfrage. Rechnen sich Humanität und Gerechtigkeit? Das ist die Frage, die der Neoliberalismus stellt. Diese Frage unterstellt, daß weniger Gerechtigkeit für die Wirtschaft mehr Wohlfahrt für die Menschen hervorbringt. Wenn es der Wirtschaft besser gehen soll, dann muß in Kauf genommen werden, daß es Menschen wenigstens kurzfristig schlechter geht. Dieses Opfer belohnt der Markt später durch blühende Landschaften.

Die Interessen der Menschen und der Gesellschaft gehen nicht mit denen der Wirtschaft überein. Im Januar 1996 erreichte die Arbeitslosenquote in Deutschland eine Rekordmarke. Am Tag darauf meldete der Börsenbericht in der «Frankfurter Rundschau» auch eine Höchstmarke in der Aktienkursdotierung und eine Senkung der Zinsen:

> An den hiesigen Finanzmärkten ging es gestern aufwärts. Händler machten unter anderem den jüngsten Anstieg der Arbeitslosenzahlen und dadurch verstärkte Zinshoffnungen für die teils kräftigen Kursgewinne bei Dividendenwerten und Anleihen verantwortlich. Der Deutsche Aktienindex (DAX) stieg ... höher als je zuvor ... In das Zinsszenario paßten auch die höheren Arbeitslosenzahlen.[7]

7 Neue Höchstmarke, Börsenbericht: Frankfurter Rundschau, Nr. 8 vom 10. 1. 1996, 13.

Höhere Arbeitslosenquoten belohnt der Markt; die Kurse steigen, wenn die soziale Gerechtigkeit fällt. Soziale Sicherheit oder ein Arbeitsplatz, ein Recht auf Arbeit sind soziale Errungenschaften und zugleich auch eine Gestalt der Humanität in einer Gesellschaft. Diese Humanität ist unteilbar und steht allen zu. Die Utopie des Marktes kennt diesen Begriff von Humanität und Gerechtigkeit nicht. Ein Handeln, das an Humanität und sozialer Gerechtigkeit orientiert ist, ist ihm gleichgültig. Anderes aber wird belohnt: eine betriebswirtschaftlich verkürzte Sicht von wirtschaftlicher Vernunft, die keine Rücksicht zu nehmen braucht auf das, was der ganzen Gesellschaft dient und nützt.

III. Athen und Jerusalem: Freiheit und Gerechtigkeit

Der Berliner Bischof W. Huber nannte auf einer Konferenz von Kirchen und Gewerkschaften «Gerechtigkeit ... einen Schlüsselbegriff christlicher Orientierung»[8]. Gerechtigkeit ist ein roter Faden, der die ganze Bibel durchzieht. Am Anfang der Bibel steht der Auszug der unterdrückten Hebräer aus dem Sklavenhaus Ägypten. Diese Grunderfahrung begründet eine Würdetradition, die Europas Geschichte nachhaltig prägte. In der jüdisch-christlichen Tradition hat die Utopie den Namen Gerechtigkeit, besonders für die Getretenen, Schwachen und Armen. «Christlicher Glaube lebt aus einer Parteinahme für die Schwachen.»[9] Europas Entwicklung geht auf Traditionslinien zurück, die «nach Jerusalem und Athen»[10] zurückreichen; so charakterisierte der im Hitler-Faschismus emigrierte religiöse Sozialist A. Lowe die beiden Ursprungstraditionen Europas: Freiheit und Gerechtigkeit. Aus seinem biblischen Erbe heraus versteht sich das Christentum als eine Religion, «die im Namen ihrer Sendung *Freiheit und Gerechtigkeit für alle*»[11] zur Geltung zu

8 W. Huber, Ein neues Kapitel im Verhältnis von Kirchen und Gewerkschaften, in: F. von Auer, F. Segbers (Hg.), Markt und Menschlichkeit. Kirchliche und gewerkschaftliche Beiträge zur Erneuerung der Sozialen Marktwirtschaft, Reinbek 1995, 84.

9 W. Huber, Die Krone der Schöpfung ist nicht der Mensch, sondern der Sabbat. Wirtschaftsethische Einsichten aus der Perspektive evangelischer Ethik: Frankfurter Rundschau, Nr. 6 vom 8. 1. 1996, 12.

10 A. Lowe, Zur Ortsbestimmung der Gegenwart, in: H. Hegemann, H. D. Kurz, Beschäftigung, Verteilung und Konjunktur. Zur politischen Ökonomik der modernen Gesellschaft. Festschrift für Adolph Lowe, Bremen 1984, 33.

11 J. B. Metz, F. X. Kaufmann, Zukunftsfähigkeit. Suchbewegungen im Christentum, Freiburg 1987, 118.

bringen sucht. In der Diskussion um einen Markt, der sich durch kein staatliches Handeln behindert sehen will, stehen die Traditionslinien, die auf Jerusalem und Athen zurückgehen, zur Disposition. «Jerusalem» steht für eine Traditionslinie, die zu Gerechtigkeit verpflichtet, «Athen» für eine republikanisch-demokratische Ordnung. «Athen und Jerusalem» haben ein Gesellschaftsbild vor Augen, das sich weigert, Staatsbürger als Sozialfälle abzuschreiben. Sie setzen vielmehr eine Suche nach einer demokratischen und sozialen Gesellschaftsordnung in Gang, die allen ein Leben in Freiheit und Gerechtigkeit ermöglichen will. In seiner Gegenwartsdiagnose bemerkt J. Habermas, daß diese «historisch prägenden Traditionen des Abendlandes», die «aus dem Geiste Athens und dem Erbe Israels»[12] hervorgegangen sind, nun dem Vergessen preisgegeben werden.

Seit «Athen und Jerusalem» wußte das europäische Abendland, daß Gerechtigkeit mit Rechtsordnungen zu tun hat, wie Augustinus ausführt: «Ohne Gerechtigkeit sind die Staaten nichts als große Räuberbanden.»[13] Was hier Augustinus über die staatliche Ordnung sagt, gilt auch für die Ordnung der Ökonomie. Sozialethisch erträglich ist deshalb nur ein vom Staat sozial gebändigter Kapitalismus. Doch das Ziel besteht nach O. von Nell-Breuning, dem großen Mann der Katholischen Soziallehre, darin, «einen Schritt über das, was wir heute sozial temperierten Kapitalismus nennen, hinaus zu tun»[14].

Eine rein ökonomistische Utopie, die sich keinem humanistischen Ziel verpflichtet weiß, beerbt eine Utopie, die die kulturelle Entwicklung Europas seit ihren Ursprüngen geprägt hat. Bestehen kann diese ökonomistische Utopie aber nur, wenn die humanistische Utopie der Würdetraditionen Europas beseitigt ist. Sie spricht euphemistisch von Modernisierung und meint eine Rationalisierung, die nach der Logik des Kapitals doch nur Massenarbeitslosigkeit schafft. Massenarbeitslosigkeit wird offen bei M. Friedman als «natürliche Arbeitslosenrate» verklärt. Was seit geraumer Zeit als «Individualisierung» angepriesen wird, erweist sich ökologisch als Weltkrieg gegen die Natur, sozial als Ellenbogen, wirtschaftlich als perspektivelose Freiheit, die im Weltmaßstab mit der Ausgrenzung

12 J. Habermas, Israel und Athen: Orientierung 57 (1993) 244.242.

13 Augustinus, De Civitate Dei, 4, CCLXLVII.

14 O. von Nell-Breuning, Mitbestimmung – wer mit wem?, Freiburg 1969, 65.

von Millionen von Menschen bezahlt wird. Diese Utopie ist keine Vision, die ein gutes Leben in Freiheit und Gerechtigkeit für alle vor Augen hat.

Gerechtigkeit wird von Freiheit abgespalten und liegt nicht mehr in der Verantwortung des Menschen. Gerechtigkeit zu schaffen, die Sorge darum, daß Menschen von der blinden Macht des Marktes nicht entwürdigt werden, liegt nicht mehr in der Verantwortung des Menschen. Der marktradikale Neoliberalismus kennt eine Verantwortung zur Gerechtigkeit nicht mehr. F. A. von Hayek nennt den Begriff der sozialen Gerechtigkeit für eine Marktwirtschaft «völlig sinnlos» und warnt vor den Folgen, «die die Propagierung der sogenannten sozialen Gerechtigkeit für unser Moralgefühl mit sich gebracht hat»[15]. Statt dessen gilt für ihn eine andere ethisch bedeutsame Perspektive: «Ungleichheit ist nicht bedauerlich, sondern höchst erfreulich. Sie ist einfach nötig.» Was der Markt hervorbringt, nennt er Gerechtigkeit und hat damit vom Ansatz her die Orientierung an Gerechtigkeit beseitigt. Der jahrtausendealte Traum von Gerechtigkeit, den Europa seinem jüdischen und christlichem Ursprung verdankt, ist erledigt.

Die Idee einer universalen Freiheit wird in eine Freiheit zu einem universalen Wettbewerb als Motor der Wohlfahrt verkehrt. Industrienationen jagen dann wie Exportfirmen nach Standortvorteilen. Ein Konkurrenzfieber wird entfesselt und schlägt sich nieder in der Rede von einem «Währungskrieg», «Wirtschaftskrieg» oder «Autokrieg». Zwischenstaatliche Kriege werden beerbt von Wirtschaftskriegen. Im Namen der Freiheit und mit dem Versprechen der Wohlfahrt wird ein Konkurrenzklima entfacht, das zwischen Nationen, Betrieben, Regionen herrscht und sich als Konkurrenz bis hinein in die Betriebe zwischen den Angehörigen der Belegschaften fortsetzt. Freiheit spricht der Neoliberalismus zwar als einen Zentralwert allen zu, übersieht jedoch, daß der Gebrauch der Freiheit an die Voraussetzung von Gerechtigkeit gebunden ist. So bleibt auch Freiheit abstrakt und faktisch nur dem, der über Kapital verfügt.

Wer Freiheit und Gerechtigkeit beseitigt, der schafft letztlich auch den Menschen ab. Der Prophet des neoliberalen Marktradikalismus, Milton Friedman, löst den Menschen aus jeder Verantwor-

15 F. A. von Hayek, Interview. Ungleichheit ist nötig: WirtschaftsWoche, Nr. 11 vom 6. 3. 1981, 38.

tung für das wirtschaftliche Geschehen, wenn er sagt: «Die wirtschaftenden Personen sind letztlich nichts anderes als Marionetten der Gesetze des Marktes.»[16] Die wirtschaftlich handelnden Personen werden Marionetten genannt, deshalb sind sie gleichsam ethisch entlastet von den Folgen ihres Tuns. Nicht die Menschen sind Subjekte, sondern der Markt. Die Personenwürde verschiebt sich vom Menschen auf den Markt. Der Markt wird zu einer handelnden Figur erhoben. Die Menschen jedoch werden ethisch entlastet. Terminologisch gibt es nur noch Opfer. Doch diese Redeweise verschleiert nur, daß es die Täter sind, die zu Opfern erklärt werden. Diese Marktgläubigkeit setzt die, die in den Markt zugunsten der Schwächeren eingreifen wollen, auf die Anklagebank. Der Markt ist unfehlbar. Er kennt keine Fehler und Schwächen. Kommt es zu sozialen Schieflagen, zu Arbeitslosigkeit, Wohnungsnot oder Armut so sind diese notwendig hinzunehmende Begleitumstände der ökonomischen Modernisierung – oder aber sie sind durch jene verursacht, die meinen, aus ethischen oder politischen Gründen den Markt korrigieren zu sollen.

Ethik hat in diesem Denken allenfalls in einer ethisch bedeutsamen Rahmenordnung – wie in der Sozialen Marktwirtschaft – ihren Platz, im Bereich des wirtschaftlichen Handelns gibt es dagegen keinen Raum für Ethik. Diese Marktutopie macht unempfindlich gegenüber dem Aufschrei des Leidens an ungerechten und entwürdigenden Verhältnissen wie auch nach dem Verlangen nach einer universalen Gerechtigkeit. Der Präsident des Bundesverbandes der Deutschen Industrie (BDI), Hans-Olaf Henke, immunisiert die Marktwirtschaft gegen jedwede Infragestellung im Namen der Ethik, da «die Marktwirtschaft an sich moralisch ist und daß sie es nicht dadurch wird, daß man sozialpolitische Argumente reinbringt»[17]. In diesem Urteil dokumentiert sich ein ökonomischer Fundamentalismus, der zugleich auch vom Menschen einen Fatalismus abverlangt. F. A. von Hayek, nobelpreisgeehrter Ökonom des Neoliberalismus, fordert deshalb vom Menschen «eine Demut gegenüber den Vorgängen des Marktes»[18]. Demut aber ist ein sittlich-religiöser Begriff, der eine ehrfurchtsvolle Haltung des Menschen gegenüber Gott

16 Zit. in: B. Blohm, Unterm Strich nicht genug. Die Gesetze des Marktes verlieren als ökonomische Leitideen an Faszination: Die Zeit, Nr. 15 vom 7. 4. 1989.

17 Zit. in: Frankfurter Allgemeine Zeitung vom 13. 1. 1995.

18 F. A. von Hayek, Individualismus und Wirtschaftsordnung, Zürich 1952, 47.

meint. Marktwirtschaft wird so zu einem Götzen. Sie fordert unbedingtes Vertrauen, Gläubigkeit und Demut. Wenn Menschen sich nur dem Markt gegenüber in Demut verhalten, dann werden sie belohnt von dem gerechten, effizienten und humanen Markt – eben wie von einem «guten Gott».

Ein freiheits- und gerechtigkeitssuchender Universalismus wird just zu der Zeit verabschiedet, die eine Globalisierung der Märkte auf ihre Fahne geschrieben hat und diesem Projekt der Globalisierung soziale Standards in den Industriestaaten opfert und sie in anderen Staaten erst gar nicht entstehen läßt. Marktwirtschaftliche Konkurrenz und ein Spiel der Kräfte von Angebot und Nachfrage waren ursprünglich konzipiert als Instrumente marktwirtschaftlicher Politik und eingebunden in eine politische Rahmenordnung. Diese Instrumente haben sich zu wirtschaftlichen Zielen verkehrt. Die Gesellschaft gerät dadurch unter die herrenlose Macht wirtschaftlicher Mechanismen, die keine humanistischen Ziele mehr kennen.

IV. Soziale Gerechtigkeit unter Druck

Das politische und ökonomische Projekt des Kapitalismus zeigt: Nicht der Ost-West- oder Nord-Süd-Gegensatz ist das vorrangige Problem weltweit, in Europa oder im wiedervereinigten Deutschland. Das vorrangige Problem sind vielmehr die zunehmende Armut, Arbeitslosigkeit, der Abbau von Arbeitsplätzen. Ganze Regionen veröden und werden deindustrialisiert. Betriebe wandern aus auf der Suche nach billigeren Standorten und nach Standorten mit geringeren Umweltschutzauflagen. Eine Konkurrenzspirale, die nach unten zeigt, ist losgetreten. Wer sich auf diese Logik einläßt, akzeptiert, daß auf Dauer einfache Arbeit in Frankfurt nicht teurer bezahlt werden kann als in Kalkutta. Unter diesen Umständen ist kein Sozialstaat zu retten, aber auch keine Demokratie. Am Ende steht eine globale Apartheid, wie sie schon jetzt in den Reichenvierteln in den Ländern des Südens zu sehen ist: eine kleine, immer reicher werdende Oberschicht, bewacht von Leibwächtern, die aufgrund der allgemeinen Armut froh sind, einen Job als Maschinenpistolenposten am Eingang der Insel der Reichen zu haben. Die von der Logik des Kapitals Ausgegrenzten stehen den Reichen als Dienstboten zu Diensten. Die Dienstbotenklasse erlebt eine Wiedergeburt. Die Wirtschaft kann dann boomen und Aufschwünge verzeichnen. Gesamtgesellschaftlich ist diese ökonomisch erfolgreiche Wirtschaft aber immer mehr ohne Bedeutung, wenn die Gesellschaft den Traum von Gerechtigkeit und Freiheit für alle aufgegeben hat. Die einen fliegen als Opfer ganz aus dem Wirtschaftsprozeß heraus, die anderen geraten – wie in den USA – trotz Arbeit in Armut. Sie sind die *working poor.* Über Verarmung, Ausgrenzung und Arbeitslosigkeit entsteht auch in Deutschland seit der Wiedervereinigung eine andere deutsche Einheit.

Doch Unmut und Widerstand nehmen bereits zu und fanden in Europa eine erste Entladung in den Streiks vom Spätherbst 1995 in Frankreich, die sich am Abbau des Sozialsystems entzündeten. H. Emmanuelli, ehemaliger Parteichef der Sozialisten in Frankreich, sah einen Zusammenhang zwischen dem Druck auf das Sozialsystem und der Globalisierung der Märkte. «Unter einem gewissen Aspekt ist die derzeitige soziale Bewegung die erste Revolte gegen die Internationalisierung der Wirtschaft.»[19] Gegen den Wettbewerbsdruck auf das Sozialsystem fragte der französische Soziologe P. Bourdieu: «Sollen wir uns Hongkong anpassen?»[20] Die veröffentlichte Meinung machte in der Streikbewegung einen Kampf zur Sicherung von Privilegien aus. P. Bourdieu hielt dagegen, daß nicht für Privilegien sondern für die Sicherung von Errungenschaften gestreikt werde. Internationale Konkurrenz gefährde das Sozialsystem, denn man lasse in Hongkong oder anderen Ländern Kinder arbeiten, wie Europa das im 19. Jahrhundert getan habe. «Die Frage lautet jetzt also: Sollen wir uns diesen Ländern anpassen? Oder soll man sich nicht auf europäischer Ebene zusammenschließen, um gegen Hongkong zu kämpfen, ohne die sozialen Errungenschaften zu verlieren? In der Tat: Wir haben das *Privileg* sozialer Errungenschaften in Europa.» Der Streik in Frankreich war der erste Streik gegen den Götzen Markt.

V. Christliche und sozialistische Utopien

Vor dreißig Jahren veranstaltete die Paulusgesellschaft 1965 in Salzburg die erste Dialogtagung von Christen und Marxisten. Gegen-

19 Zit. in: Handelsblatt vom 11. 12. 1995, 2.
20 Süddeutsche Zeitung vom 28. 12. 1995.

stand dieser Konferenz war ein Thema, das immer noch und nunmehr unter veränderten Voraussetzungen auf der Tagesordnung steht. Damals gab es noch einen real existierenden Sozialismus; die westlichen kapitalistischen Länder befanden sich in einer Reformphase; der Kapitalismus trat noch nicht in marktradikaler, neoliberaler Gestalt auf; der Kapitalismus verstand sich nicht als Religion. K. Rahner referierte über «Marxistische Utopie und christliche Zukunft des Menschen»[21]. Für J. B. Metz ging es in dieser Auseinandersetzung zwischen Christen und Marxisten um einen «Dialog über die Ehrenrettung des Menschen» und ein «Ringen um den Menschen»[22]. Er nahm das Christentum in Pflicht, «sich mit den großen politisch-sozialen Utopien auseinanderzusetzen, mit den aus unserer modernen Gesellschaft reifenden Verheißungen eines universalen Friedens und einer universalen Gerechtigkeit»[23]. Diese Auseinandersetzung ist mit dem Ende des real existierenden Sozialismus nicht erledigt. Vielmehr ist sie nun nur um so dringlicher geworden, denn Utopien haben nach dem Theologen K. Rahner ihren humanen Grund darin, daß Menschen «sich wichtig nehmen ... und [der Mensch] sich in seiner je unvertretbaren Einmaligkeit, Freiheit und Würde»[24] erfährt. Utopien sind nicht das Eigengut von Weltanschauungen. K. Rahner versteht Utopien als etwas, das mit der Existenz des Menschen verbunden ist. Utopien gehören zum Menschsein dazu. Wer deshalb eine Gesellschaft ohne Utopie aufbauen will, der verkennt den Menschen.

VI. Religion des Kapitalismus

Der Markt gibt sich als eine Instanz aus, vor dem sich jedes Knie zu beugen habe. W. Engels nennt den Markt ein «kulturtragendes Prinzip unserer Gesellschaft»[25]. Christliche Ethik kann sich mit dieser Aufgabenbestimmung nicht abfinden. Der Markt ist vielmehr ein Mittel zum Zweck; Ökonomie soll dem Leben dienen. Wo diese

21 R. Garaudy, J. B. Metz, K. Rahner, Der Dialog oder ändert sich das Verhältnis zwischen Katholizismus und Marxismus?, Reinbek 1966.

22 J. B. Metz, Nachwort, in: Garaudy, Metz, Rahner, Der Dialog 137.

23 Metz, Nachwort 138.

24 K. Rahner, Marxistische Utopie und christliche Zukunft des Menschen, in: Garaudy, Metz, Rahner, Der Dialog 21.

25 Engels, Moral als politische Waffe 126.

Unterscheidung fehlt, gerät das, was Mittel sein soll, zum Zweck, und der Zweck der Wirtschaft, nämlich der Mensch, läuft Gefahr, in seinen Lebensbedürfnissen zum Mittel zu werden. Der Wirtschaftsethiker A. Rich dringt auf diese Unterscheidung, die klärt, daß die Wirtschaft «nicht sich selbst, nicht der Entfaltung ihrer eigenen Möglichkeiten zu dienen, sondern sich in den Dienst der Wohlfahrtsförderung aller zu stellen»[26] hat. Fehlt diese Unterscheidung und wird der Markt zu einem «kulturtragenden Prinzip» erhöht, dann sind die Fragen nach Wahrheit und Gerechtigkeit vom Ansatz her beseitigt. Sie geben keine Perspektive oder handlungsleitende Orientierung mehr ab. W. Engels:

> Dem Wettbewerbsprinzip unterliegen nicht nur Erkenntnisse, sondern auch Parteien oder Forschungsinstitute. Der Markt wird ebenso wie die Macht, der Glaube oder die Wahrheit im Wettbewerb gewonnen.[27]

Ein neuer Totalitarismus, den liberale Politiker und Wissenschaftler zuvor immer im Osten ausgemacht hatten, übernimmt die Weltherrschaft.

Dieser neue Totalitarismus bedarf nicht allein einer politischen und ethischen Beurteilung. Der Markt bringt eine moderne Form von Religion hervor, nämlich eine Religion der Ware. Das ist der Grund, weshalb Christen sich zu Wort melden. Besonders lateinamerikanische Befreiungstheologen haben immer wieder darauf hingewiesen, daß es diese Religion des Marktes ist, die eine Form des Götzendienstes hervorbringt. F. Hinkelammert sieht das Anliegen seines Buches «Götze Markt» «im Aufdecken einer impliziten oder expliziten 'Rede über Gott' in der Ökonomie»[28]. Der Kapitalismus nennt sich eine Religion. Norbert Bolz und David Bosshart sprechen in ihrem Buch «KULT-Marketing» von den neuen Göttern des Marktes.

> Der Kapitalismus im Stadium gesättigter Konsummärkte wird zur ultimativen «letzten Religion» dieser Welt. Der Kapitalismus im Stadium gesättigter Märkte hat die Kraft, Waren ins Zentrum des menschlichen Begehrens zu stellen. Er verbürgt die integrale Übernahme der *religiösen Funktionen* ... Die Schöpfergötter des kapitalistischen Konsummarktes produzieren

26 A. Rich, Wirtschaftsethik, Bd. 2, Gütersloh 1990, 140.
27 Engels, Moral als politische Waffe 126.
28 H. Assmann, F. Hinkelammert, Götze Markt, Düsseldorf 1992, 10.

endlos und bringen ihre neuesten Kreationen auf die Umlaufbahn der Sehnsüchte der Konsumentenseelen.[29]

Die Religion des Marktes tritt nach 1989/90 mit einem alleinseligmachenden Anspruch auf und duldet keine anderen Götter neben sich:

> Der Kapitalismus *selbst* ist zur Religion geworden. *Die Waren selbst werden zur stärksten aller Religionen* ... Kurz: Dem Kapitalismus gelingt es, die Waren zu unseren Göttern zu erheben.[30]

Diese Religion des Kapitalismus hat auch ihre Gottesdienste, sie tritt als eine «reine Kultreligion» auf. Religion eignet sich als Marketingstrategie:

> Der Kult der kapitalistischen Religion dauert permanent an; jeder Tag ist ein Festtag des Warenfetischismus.[31]

Hier sprechen keine Kritiker des Kapitalismus. Das ist Originalton seiner Apologeten. Sie bestätigen K. Marx, der im «Kommunistischen Manifest» konstatierte, «alles Heilige wird entweiht»[32]. Sie erklären Marx zwar für tot, bedienen sich aber der Begriffe seiner Kritik des Kapitalismus. Die Fetischismuskritik von Marx wird zu einer Anleitung zum Fetischismusglauben pervertiert. Man lernt von Marx, um den Kapitalismus zu legitimieren.

Die westlichen Gesellschaften verstehen sich als säkular. Religion scheint nicht einmal mehr Privatsache zu sein. Das säkulare Selbstbild jedoch verdeckt, vor wem diese Gesellschaft faktisch die Knie beugt. Das heutige Christentum kennt eine Religionskritik. Die politisch und gesellschaftlich bedeutsame Frage ist nicht die, ob es Gott gibt oder es ihn nicht gibt. Die religionskritische Frage ist, wer als Gott verehrt wird. Die biblische Religionsgeschichte läßt sich lesen als eine Geschichte des Ringens um eine Entscheidung, wer Gott ist und wer die falschen Götter sind. An diese Tradition wird das Christentum anschließen müssen, um Kräfte gegen die Religion des Marktes zu mobilisieren. Nur so kann sie selber entfalten, daß Religion nicht einfach ideologischer Überbau über eine

29 N. Bolz, D. Bosshart, KULT-Marketing. Die neuen Götter des Marktes, Düsseldorf 1995, 22f.
30 Bolz, Bosshart, KULT-Marketing 248.
31 Bolz, Bosshart, KULT-Marketing 223.
32 K. Marx, F. Engels, Manifest der kommunistischen Partei, Berlin, 32. Aufl. 1970, 46.

bestimmte Gesellschaftsordnung ist oder willkommene Verschleierung politischer Machtinteressen. Umgekehrt: Religion erfüllt eine immens politische Bedeutung, wenn sie zwischen Gott und den Göttern zu unterscheiden weiß. Nach biblischem Verständnis gehört zum Wesen der Götter, daß sie Unfreiheit, Tod und Ungerechtigkeit hervorbringen, Menschen als Opfer fordern und Menschen täuschen. «Der grausame Neoliberalismus hat eine Diktatur des Marktes errichtet, dessen Gott der US-Dollar ist. Er hat unseren Kontinent in ein Pulverfaß verwandelt.»[33] Die Unterscheidung zwischen Gott und den Göttern klärt, ob Menschen vor falschen Göttern ihre Knie beugen. Vor wem eine Gesellschaft die Knie beugt, ist eine Angelegenheit, die im wahrsten Sinne des Wortes über Leben und Tod entscheidet. Humanität, universale Gerechtigkeit und universaler Friede stehen auf dem Spiel. Die Rede vom Götzen Markt klärt auf und macht sichtbar, ist also nicht Opium, das betäubt und ruhig stellen will.

Die Religion des Marktes ist ein Glaube an einen Gott, der bereit ist, Menschen um des Wohlergehens der Wirtschaft zu opfern. Darin zeigt sich die zutiefst inhumane Religion des Marktes. Deshalb ist er ein Glaube an einen falschen Gott, ein Götzenglaube. Das Menschenopfer kann sehr verschiedene Gesichter annehmen. Die volkswirtschaftlichen Bilanzen stimmen, und gesellschaftlich tut sich eine Kluft zwischen Arm und Reich auf. Menschen werden betriebswirtschaftlich für überflüssig erklärt und deshalb geopfert. Der immer effizientere Einsatz von Kapital und die immer radikalere Konzentration von Geldverwertung bedeuten, daß immer weniger Menschen Anteil am Reichtum haben und immer mehr Menschen ausgegrenzt werden – als überflüssige Masse, die sich betriebswirtschaftlich nicht mehr rechnet.

Dieses wirtschaftliche System kostet Opfer, auch Menschenopfer. Ganze Kontinente – wie Afrika – überläßt man dem Hunger und dem Tod; ganze Regionen – wie Teile der neuen Bundesländer – werden abgeschrieben, ohne Aussicht, daß die derzeitige Misere ein Übergangsstadium darstellt. Man braucht deren Bewohner nicht mehr. Sie sind volkswirtschaftlich überflüssige Menschen. Der Hamburger Regierungschef Henning Voscherau nennt dies einen «marktwirtschaftlichen Kannibalismus»[34]:

33 Bischof Roberto Luckert, Bischof in Venezuela, zit. in: Frankfurter Rundschau, Nr. 120 vom 24. 5. 1995, 5.

34 Interview in: Süddeutsche Zeitung, Nr. 254 vom 4./5. 11. 1995, 10.

Wir müssen den Sozialstaat, die Demokratie retten vor diesem globalen Kannibalismus ohne Regeln, ohne Kontrolle, ohne Verantwortung. Dieser Kannibalismus frißt Einzelschicksale, Lebensordnungen und Demokratien.

VII. Ressourcen der Humanität

Was für eine Gesellschaft wünschen wir? Die Beantwortung dieser Frage ist zu wichtig, als daß man sie dem Markt überlassen dürfte. Christen und Sozialisten sind gefordert, ihre je eigenen Wurzeln der Würdetraditionen für das Projekt einer humanistisch verantworteten Zukunft einzubringen. Diese Sorge um die Humanität verbindet über weltanschauliche Unterschiede hinweg. Die Ressourcen der Humanität hat Dietrich Bonhoeffer, der Theologe und Widerstandskämpfer gegen den Hitler-Faschismus, für die Christen so formuliert:

> Trachte nach dem, was auf Erden ist! Daran entscheidet sich heute Gewaltiges, ob wir Christen Kraft genug haben, der Welt zu bezeugen, daß wir keine Träumer und Wolkenwandler sind. Daß wir nicht die Dinge kommen und gehen lassen, wie sie nun einmal sind. Daß unser Glaube wirklich nicht das Opium ist, das uns zufrieden sein läßt inmitten einer ungerechten Welt. Sondern daß wir, gerade weil wir trachten nach dem, was droben ist, nur um so hartnäckiger und zielbewußter protestieren auf dieser Erde.[35]

Reinhard Höppner, zur DDR-Zeit Präses der Synode der Evangelischen Landeskirche Anhalts, jetzt Ministerpräsident von Sachsen-Anhalt, brachte das Anliegen kürzlich in einem Interview so zum Ausdruck:

> Das Thema Sozialismus, im guten Sinne des Wortes verstanden als eine Suche nach einem gerechten Zusammenleben der Menschen, ist eben nicht mit dem Zusammenbruch des real existierenden Sozialismus erledigt. Das muß doch weitergehen.[36]

Unsere Gesellschaft braucht eine Reformbewegung, die der ökonomistischen Marktutopie eine andere, eine humanistische Utopie entgegensetzt. Die wirtschaftliche und politische Wiedervereinigung

35 D. Bonhoeffer, Predigt zu Kolosser 3,1–4 (1932), in: Dietrich Bonhoeffer, Werke, Bd. 11, Ökumene, Universität, Pfarramt 1931–1932, hrsg. von E. Amelung und Chr. Strohm, Gütersloh 1994, 446.

36 Interview mit R. Höppner, in: Die Zeit, Nr. 50 vom 8. 12. 1995, 7.

sollte deshalb auch als Chance für ein Bündnis genutzt werden, nämlich für ein Bündnis der humanistischen, christlichen und sozialistischen Würdetraditionen, das der Globalisierung der Märkte eine andere Globalisierung entgegensetzt: die Globalisierung der Gerechtigkeit und der Würde für einen jeden.

Franz J. Hinkelammert

DETERMINISMUS UND FREIHEIT

Zur Autonomie des solidarischen Subjekts in einer Welt der «Sachzwänge»

Von Sachzwängen regiert scheinen wir uns in der Geschichte zu bewegen wie die Marionetten der Augsburger Puppenkiste. Zu früheren Zeiten an den Fäden eines allmächtigen Gottes hängend treiben uns nun die Fäden des allmächtigen Sachzwangs um. Ein Beispiel dafür aus meinem Fach der Ökonomie ist die öffentliche Debatte um den Wirtschaftsstandort Deutschland: Der Sachzwang Globalisierung des Marktes erzwingt die Wettbewerbsfähigkeit des Standortes Deutschland. Der Sachzwang Wettbewerbsfähigkeit nötigt dazu, die Produktionskosten zu senken. Die Senkung der Produktionskosten sind vor allem über den Abbau der Belastungen der Unternehmen einzuschränken. Der teure Sozialstaat fesselt die Marktkräfte. Die Marktkräfte aber müssen frei sein. Das ist der Sachzwang des Marktes.

Friedrich von Hayek führt uns direkt in die Problematik des Marktes und in die Kapitalismuskritik mit folgender Bemerkung ein:

> Ich bin damit einverstanden, daß jeder Irrtum dem Fortschritt des Wissens dient, und Marx ist offensichtlich reiner Irrtum ...
> Marx wußte nichts von der Signalfunktion des Preissystems. Er war unfähig zu verstehen, wie ein Prozeß selektiver Evolution eine selbstgesteuerte Ordnung hervorbringen kann.[1]

Ein solches Wort enthüllt uns nichts über Marx, sondern nur etwas über Hayek selbst. Wenn Hayek behauptet «Marx ist offensichtlich reiner Irrtum», dann irrt er sich gewaltig, und zwar nicht nur gegenüber Marx. Eine solche Aussage wäre in jedem Falle falsch, ganz gleich, über welchen Denker sie getroffen würde.

1 Interview von Diego Pizano (ohne Datum und Ort; dem Inhalt nach wurde es zwischen 1981 und 1989 gemacht).

Hayek behauptet außerdem, das zentrale Problem von Marx sei es, nicht begreifen zu können, «wie ein Prozeß selektiver Evolution eine selbstgesteuerte Ordnung hervorbringen kann». Mit dieser Bemerkung aber gibt er zu erkennen, daß er Marx überhaupt nicht verstanden hat.

Das gesamte denkerische Bemühen von Karl Marx zielt geradezu darauf, zu erklären, wie der Prozeß selektiver Evolution eine selbstgesteuerte Ordnung hervorbringt, um dann zu analysieren, um welche Art von Ordnung es sich dabei handelt. Alle Marxsche Analyse dreht sich gerade um das Problem, von dem Hayek behauptet, daß es bei Marx gar nicht vorkommt. Offensichtlich kennt Hayek Marx nicht.

Das Problem von Marx, das zugleich auch Hayek betrifft, ist immer noch unser Problem. Es beherrscht seit Adam Smith das Wirtschaftsdenken. Es wird uns durch die Wirklichkeit des kapitalistischen Systems aufgezwungen. Alles wirtschaftlich-soziale Denken der Moderne kreist um dieses Problem.

Warum sollten wir denn dann noch an Marx anknüpfen? Den entscheidenden Grund für die Notwendigkeit, daß wir uns mit Marx auseinandersetzen sollten, sehe ich darin, daß Marx auf das Problem der selbstgesteuerten Ordnung eine Antwort gibt, die sich von der Antwort der bürgerlichen Tradition erheblich unterscheidet. Was Karl Marx zu diesem Problem sagt, gewinnt heute wieder eine geradezu unerhörte Aktualität. Es geht mir hier und jetzt nicht darum, Marx gegen seine Verächter zu verteidigen oder gar zu rechtfertigen. Mir liegt vielmehr daran, seine Lösungsvorstellung im heutigen Kontext neu zu reflektieren, und zwar deshalb, weil wir auf seine Vorarbeiten für die Suche nach der Lösung unserer heutigen Probleme nicht verzichten können. Diesen Versuch einer Neureflexion will ich in drei Schritten vornehmen: Erstens werde ich die herrschende Ordnung als das Ergebnis einer Unordnung reflektieren, sodann über die Ethik nachdenken, die sich aus dieser Unordnung ergibt, um schließlich drittens einige Universalkriterien des Handelns aufzuzeigen.

I. Die Ordnung, die ein Ergebnis der Unordnung ist

Spätestens seit David Hume greift die Überzeugung um sich, daß alles menschliche Handeln fragmentarisch ist. Hume behauptet, das Problem des menschlichen Handelns sei nicht der Egoismus im moralischen Sinne, sondern der fragmentarische Charakter, der alles menschliche Handeln bestimmt. Das fragmentarische Handeln des Menschen gibt zu verstehen, daß der Mensch keine apriorische Ordnung als gegeben annehmen kann. *A priori* ist er vielmehr einer Unordnung ausgeliefert. Folglich haben wir zu klären, wie Ordnung überhaupt geschaffen werden kann, wenn das Handeln *a priori* fragmentarisch ist.

Hier stoßen wir auf ein zentrales Problem des entstehenden Kapitalismus. Dieser beseitigt den Feudalismus und verzichtet bewußt darauf, eine andere wirtschaftlich soziale Ordnung zu begründen und zu entwerfen. Zwar entsteht dennoch eine solche Ordnung, aber sie ist nicht mehr durch intentionales Handeln konstituiert.

David Hume und besonders die schottische Moralphilosophie fördern daher ein Denken, das sich mit den nicht-intentionalen Effekten des menschlichen Handelns beschäftigt. Zunächst deutet man die gesellschaftliche Ordnung als eine prästabilisierte Ordnung. Dann aber, seit Adam Smith, kommt man mehr und mehr zu der Überzeugung, daß die Ordnung aus dem fragmentarischen Handeln selbst entsteht, und zwar als Ergebnis von nicht-intentionalen Effekten. Das ist der Grund, warum Smith von einer «unsichtbaren Hand» spricht, welche die gesellschaftliche Ordnung bewirkt. Die These von Adam Smith führt dazu, den Markt als selbstgesteuerten Mechanismus, als «Marktautomatismus» zu beschreiben. Sofern im Markt all die fragmentarischen Handlungen der Einzelnen zusammenfließen, bringt der Automatismus des Marktes – das heißt: seine Fähigkeit zur Selbststeuerung – eine wirtschaftlich-soziale Ordnung hervor. Diese Ordnung muß daher nicht politisch durchgesetzt oder hervorgebracht werden. Die Funktion der Politik besteht vielmehr nur darin, dafür zu sorgen, daß die fragmentarisch orientierten Einzelinteressen geregelt aufeinander stoßen, damit auf nicht-intentionale Weise eine wirtschaftlich-soziale Ordnung entsteht. Folglich haben sich die Einzelinteressen in den Markt zu integrieren und auf dem Markt zu artikulieren. Die Sicherung des Zusammenspiels der Einzelinteressen leistet das bürgerliche Recht. Es sichert eine Rechtsordnung, innerhalb derer eine wirtschaftlich-soziale Ordnung als Ergebnis der nicht-intentionalen Effekte des intentionalen fragmentarischen Handelns entstehen kann. Die wirtschaftlich-soziale Ordnung wird also nicht durch gezieltes politisches Handeln hervorgebracht. Sie ist vielmehr das Ergebnis der politischen Sicherung einer Marktordnung, innerhalb derer aus dem Konflikt – das heißt der Konkurrenz – von fragmentarischen Einzelinteressen die wirtschaftlich-soziale Ordnung hervorgeht. Aus diesem Grunde genügt es, wenn das Recht ein formales Recht ist. Die wirtschaftlich-soziale Ordnung aber kann einer «Eigengesetzlichkeit» folgen. Es entsteht auf der einen Seite die Staatsräson, auf der anderen die Markträson.

Unter solchen Erkenntnisvoraussetzungen entwickelt Karl Marx sein Denken. Grundsätzlich teilen auch wir noch mit ihm die gleiche Erkenntnislage. Wie aus fragmentarischen Eigeninteressen, die im Wettbewerb aufeinanderstoßen, eine wirtschaftlich-soziale Ordnung entstehen kann, das ist auch für uns heute die entscheidende Frage, die wir zu beantworten haben.

Marx betrachtet diese Frage vor allem unter zwei miteinander verbundenen Gesichtspunkten. Auf der einen Seite geht es um die Mechanismen, durch welche eine gesellschaftliche Ordnung hergestellt wird. Auf der andern Seite geht es darum, festzustellen, welche Art von Ordnung aus dem Zusammenstoß der fragmentarischen Eigeninteressen überhaupt hervorgehen kann. Marx leistet also genau das Gegenteil von dem, was Hayek in dem zu Anfang wiedergegebenen Zitat behauptet. Das Problem einer durch den Markt hervorgebrachten Ordnung ist überhaupt das Zentralproblem von Marx.

Den Mechanismus, durch den die wirtschaftlich-soziale Ordnung der bürgerlichen Gesellschaft entsteht, bezeichnet Marx als Gesetz. Marx spricht von Gesetzen, die sich «hinter dem Rücken» der Handelnden durchsetzen. Diese Gesetze der wirtschaftlich-sozialen Ordnung stehen zwar in keinem Gesetzbuch, sind aber Folgen des bürgerlichen Rechts. Die Gesetze sind der Ausdruck von nicht-intentionalen Effekten des intentionalen Handelns. Die Gesetze wirken auf den Handelnden selbst zurück und üben auf ihn einen Zwang aus. Im strikten Sinne handelt es sich um Sachzwänge, die ihrerseits dazu zwingen, jene Ordnung anzuerkennen, die durch diese Gesetze bestimmt ist. Es handelt sich um Zwangsgesetze, die effektiv dazu verurteilen, sich ihnen unterzuordnen. Diese Verurteilung aber ist von anderer Art als die Verurteilung wegen Vergehens gegen das bürgerliche Recht. Wer sich gegen das bürgerliche Recht vergeht, sieht sich der Justizverwaltung gegenüber, die ihn zu Gefängnis oder auch zum Tode verurteilen kann. Wer sich aber gegen die Gesetze vergeht, die sich hinter dem Rücken der Handelnden durchsetzen, verliert seine Existenzbedingungen. Auch diese Gesetze verurteilen also zum Tode. Aber das Todesurteil wird nicht durch irgendeinen Justizapparat ausgesprochen, sondern folgt aus der Wirklichkeit selbst. Das Todesurteil ist das Ergebnis der Situation und nicht der positive oder negative Urteilsspruch einer juristischen Instanz. Der Weltmarkt ist das Weltgericht. Marx zitiert in diesem Zusammenhang Shakespeare: «Ihr nehmt mir mein Leben, wenn ihr die Mittel nehmt, wodurch ich lebe.»

Marx analysiert also die sich selbst regulierende Ordnung des Marktes, das Ergebnis des Marktautomatismus, jene Ordnung, die als nicht-intentionaler Effekt des intentionalen Handelns entsteht und die durch Gesetze beherrscht wird, welche selbst nicht-intentionale Effekte des Handelns sind. Aus den im Markt entstehenden Sachzwängen ergibt sich diese Ordnung von selbst. Marx drückt dies auf folgende Weise aus:

> Die freie Konkurrenz macht die immanenten Gesetze der kapitalistischen Produktion dem einzelnen Kapitalisten gegenüber als äußerliches Zwangsgesetz geltend.[2]

Aber der Markt bringt nicht nur Zwangsgesetze hervor, der Markt und sein Entstehen selbst sind die Folgen eines Zwangsgesetzes:

> Das bloß atomistische Verhalten der Menschen in ihrem gesellschaftlichen Produktionsprozeß und daher die von ihrer Kontrolle und ihrem bewußten individuellen Tun unabhängige, sachliche Gestalt ihrer eigenen Produktionsverhältnisse erscheinen zunächst darin, daß ihre Arbeitsprodukte allgemein die Warenform annehmen.[3]

Indem sich die Handelnden atomistisch – also fragmentarisch – verhalten, schaffen sie unvermeidlich die «allgemeine Warenform», das heißt den Markt. Und indem sie sich im Markt verhalten, schaf-

2 K. Marx, Das Kapital I, MEW, Bd. 23, 286.
3 Marx, op. cit. 107f.

fen die Handelnden jene Gesetze, die sich hinter ihrem Rücken durchsetzen. Das eine folgt aus dem anderen. Und beide Unvermeidlichkeiten haben ihre Grundlage in den nicht-intentionalen Effekten des intentionalen Handelns. Das bürgerliche Recht schafft nicht das atomistische Individuum, sondern bestätigt und legalisiert es.

So entsteht nach Karl Marx der Sachzwang Markt, und innerhalb des Marktes wirken sich die Gesetze, die sich hinter dem Rükken der Handelnden durchsetzen, als Sachzwänge aus. Da man sich den Sachzwängen unterwirft, entsteht eine Ordnung, deren Gesetze eben diese Sachzwänge sind. Dies ist dann der sich selbst regulierende Markt. Er gehorcht Gesetzen, die sich als nicht-intentionale Effekte aus dem Handeln ergeben, das im Markt geschieht.[4]

Marx analysiert diese so entstehende Ordnung und fragt nach deren Konsequenzen. Er bestreitet also nicht, daß der Markt eine Ordnung hervorbringt, sondern fragt nach den Konsequenzen, die eine durch den Markt hervorgebrachte Ordnung hat.

Seine Antwort lautet, daß die durch den Marktautomatismus hervorgebrachte Ordnung die Tendenz hat, die Grundlagen des menschlichen Lebens selbst zu zerstören. Heutzutage kann man häufig den Satz hören: Zwei Gefahren bedrängen die Menschheit – die Unordnung ... und die Ordnung. Marx sieht die Gefahr vor allem in der Ordnung, und zwar in der Ordnung, die aus Reaktionen gegen die Unordnung entsteht. Das ist für ihn die kapitalistische Ordnung. Marx faßt diese Gefahr folgendermaßen zusammen:

> Die kapitalistische Produktion entwickelt daher nur die Technik und Kombination des gesellschaftlichen Produktionsprozesses, indem sie zugleich die Springquellen allen Reichtums untergräbt: die Erde und den Arbeiter.[5]

Die Ordnung selbst kann sich zerstörerisch auswirken, wenn sie den Stoffwechsel zwischen Mensch und Natur unterbricht.

Der Mensch ist ein Naturwesen, das durch den Stoffwechsel mit der Natur lebt. Den Stoffwechsel zu unterbrechen, dies bedeutet

4 Elmar Altvater ist einer der wenigen Wissenschaftler, die diese Beziehungen analysieren. Vgl. E. Altvater, Die Zukunft des Marktes. Ein Essay über die Regulation von Geld und Natur nach dem Scheitern des «real existierenden Sozialismus», Münster 1991. E. Altvater, Sachzwang Weltmarkt. Verschuldungskrise, blockierte Industrialisation, ökologische Gefährdung – der Fall Brasilien, Hamburg 1987.

5 Marx, op.cit. I, 528–530.

den Tod des Menschen. Die Orientierung an Marktkriterien aber abstrahiert nicht nur von diesem Lebenszusammenhang, sondern droht geradezu mit seiner Unterbrechung und macht aus dieser Drohung ihr wesentliches Ordnungskriterium. Diese Drohung muß effektiv sein, um die Ordnung sichern zu können[6].

Nach Marx ergibt sich also ein dreifacher Sachzwang. Er äußert sich jeweils in Gesetzen, die sich hinter dem Rücken des Handelnden aufzwingen. Da sind einmal die Warenbeziehungen; sie zwingen sich dem atomistisch Handelnden auf, weil sie allein die Möglichkeit schaffen, die Arbeitsteilung zu koordinieren. Zum andern lassen diese Warenbeziehungen Gesetze entstehen, die ein nicht-intentionaler Effekt des fragmentarischen Handelns in diesem Markt sind und die die wirtschaftlich-soziale Ordnung hervorbringen. Zum dritten aber bringt diese Ordnung wiederum nicht-intentionale Effekte hervor, die die Quellen des Reichtums und damit die Quellen des Lebens – sowohl die des Menschen als auch die der Natur – untergraben. Die Ordnung wirkt zerstörerisch, weil sie an abstrakten Effizienzkriterien orientiert ist, die wegen ihrer globalisierenden Tendenz alle Beschränkungen aufheben.[7]

Die Ordnung, die sich auf diese nicht-intentionaler Weise ergibt, ist folglich selbst eine Unordnung. Diesen von Marx analysierten Zerstörungsprozeß hat man später unter dem Namen des «Verelendungsgesetzes» zusammengefaßt. Eine solche Bezeichnung hat das Problem verengt, weil sie den Prozeß der Naturzerstörung beiseiteließ und durch den Ausdruck «Verelendung» das menschli-

6 «Entscheidender Antrieb für alles Wirtschaftshandeln ist unter verkehrswirtschaftlichen Bedingungen normalerweise 1. für die Nichtbesitzenden: a) der Zwang des Risikos völliger Unversorgtheit für sich selbst *und* für diejenigen persönlichen 'Angehörigen' (Kinder, Frauen, eventuell Eltern), deren Versorgung der Einzelne typisch übernimmt ...» aus: M. Weber, Wirtschaft und Gesellschaft, Tübingen 1972, §14, 60.

7 «... die gesellschaftliche Teilung der Arbeit stellt unabhängige Warenproduzenten einander gegenüber, die keine andre Autorität anerkennen als die der *Konkurrenz*, den Zwang, den der Druck ihrer wechselseitigen Interessen auf sie ausübt, wie auch im Tierreich das bellum omnium contra omnes (der Krieg aller gegen alle) die Existenzbedingungen aller Arten mehr oder minder erhält.» K. Marx, Das Kapital, MEW, Bd. 23, 374. Diese Gleichsetzung der Marktordnung und der Evolutionsordnung ist wahrscheinlich falsch. Die Marktordung als Ordnung durch die Unordnung ist zerstörerisch, weil ihr ein Effizienzkriterium unterliegt, das der Evolutionsordnung fremd ist. Effizienzkriterien – in der Sprache von Marx: Kriterien der abstrakten Arbeit – beziehen sich jeweils auf die Totalität aller Fakten und haben eine globalisierende Tendenz. Diese Globalisierung aller Entscheidungen erst macht aus der Ordnung durch die Unordnung eine alleszerstörende Ordnung. Dieser Schluß jedenfalls ergibt sich aus einer solchen Evolutionstheorie wie der von Maturana. Vgl. H. R. Maturana, F. J. Varela, Der Baum der Erkenntnis. Die biologischen Wurzeln des menschlichen Erkennens, München 1991.

che Problem ohne Grund auf ein materielles Problem reduzierte. Trotz dieser Kritik an der unzureichenden Formulierung gibt die Bezeichnung «Verelendungsgesetz» den Marxschen Gedanken der Gesetzmäßigkeit richtig wieder. Aber Marx hat solche Gesetzmäßigkeiten nicht als Naturgesetze verstanden, sondern als gesetzmäßige Prozesse, die auf nicht-intentionalen Effekten des menschlichen intentionalen Handelns beruhen. Diese Bedeutung allerdings wird durch die Formulierung «Verelendungsgesetz» praktisch unterschlagen.

Dieses Problem von Ordnungen, die in sich die Tendenz zur Unordnung, d. h. zur Selbstzerstörung, enthalten, haben in der heutigen Diskussion gerade die Naturwissenschaften wiederentdeckt. Dort wird die Ordnung ebenfalls als ein Produkt der Unordnung angesehen. Aber die Naturwissenschaften erkennen, daß die Ordnung wiederum ebenfalls die Tendenz zur Selbstzerstörung in sich birgt, die sich als wachsende Entropie bemerkbar macht. Die sich durchsetzende Ordnung läßt die Entropie wachsen. Sie tendiert zu einer Ordnung, die schließlich kein Leben mehr zuläßt. In solchen Termini können wir die Marxsche Theorie der selbstregulierenden Ordnung treffend zum Ausdruck bringen: Die selbstregulierende Marktordnung ist eine entropische Ordnung, die sich der Tendenz nach selbst aufhebt. Tatsächlich entsteht ja auch die naturwissenschaftliche Theorie des zweiten thermodynamischen Gesetzes im gleichen Zeitraum (in den sechziger Jahren des 19. Jahrhunderts), in dem auch Marx seine Theorie von der entropischen Tendenz der selbstregulierenden Ordnung des kapitalistischen Marktes vollendet. Marx erkennt die auf Sachzwängen basierende Ordnung als ein sich selbst zerstörendes Prinzip.

Erst im Kontext dieser Analyse der nicht-intentionalen Effekte des Handelns wird verständlich, was man nach Marx als «historischen Determinismus» bezeichnet hat. Es handelt sich dabei keineswegs um Geschichtsgesetze nach der Art, wie in den klassischen Naturwissenschaften Naturgesetze formuliert werden. Es handelt sich vielmehr um Gesetze, die sich hinter dem Rücken der Handelnden durchsetzen und die Geschichte antreiben. Diese Gesetze sind Tendenzen der Geschichte, die sich nach Art von Sachzwängen durchsetzen. Auch diese Geschichtsgesetze sind nicht-intentionale Effekte des intentionalen Handelns in der Geschichte. Dieser so verstandene «historische Determinismus» läßt sich bereits vor

Marx in der klassischen bürgerlichen Ökonomie ausmachen. Die bürgerliche Ökonomie versteht die Geschichte als einen Prozeß, der mit innerer Notwendigkeit zur Konstitution der bürgerlichen Gesellschaft führt. Der gleiche historische Determinismus läßt sich auch im heutigen bürgerlichen Denken feststellen. Das heutige bürgerliche Denken erklärt, daß der Zusammenbruch des historischen Sozialismus notwendig war. Weil der historische Sozialismus seine Produktionsprobleme nicht lösen und daher mit dem Kapitalismus nicht wettbewerbsfähig werden konnte, ergab sich eine innere Notwendigkeit – eine Art Sachzwang – des Zusammenbruchs. Marx dagegen glaubt, daß eben solche Kräfte im Kapitalismus wirksam seien. Da der Kapitalismus eine Ordnung darstellt, die durch Reaktionen auf die Unordnung entsteht, ist er eine entropische Ordnung. Da diese Ordnung die Existenz der Menschheit untergräbt und bedroht, ergibt sich für Marx die Notwendigkeit, diese Ordnung zu überwinden. Will die Menschheit sich ihrer Existenz versichern, muß sie diese Ordnung verändern. Daher versteht Marx die Erkenntnis dieses «Gesetzes» als einen Aufruf zu geschichtsmächtigem Handeln des Menschen.[8] Die Erkenntnis eines «Naturgesetzes» ruft dagegen nicht zum Handeln in der Geschichte auf. Üblicherweise wird der Determinismus als Lehre von der kausalen Vorbestimmtheit allen Geschehens definiert. Eine solche Definition läßt sich auf die Theorie der Sachzwänge im Geschichtsablauf nicht anwenden. Sie stellt also auf keinen Fall einen Determinismus dieser Art dar.

II. Die politische Ethik der Ordnung, die ein Ergebnis der Unordnung ist

Das bürgerliche Individuum entsteht im Namen einer autonomen Ethik. Es ist die Ethik des selbstverantwortlichen Individuums, das Eigentümer ist und sich zu anderen Menschen als Eigentümern

8 In der von BUND und Misereor herausgegebenen Studie «Zukunftsfähiges Deutschland» heißt es: «Das 21. Jahrhundert wird das Jahrhundert der Umwelt sein, so oder so, als Jahrhundert der ökologischen Katastrophen oder als Jahrhundert der ökologischen Wende.» In: Zukunftsfähiges Deutschland: ein Beitrag zu einer global nachhaltigen Entwicklung, hrsg. von BUND, Misereor, Basel 1996, 22. Hier wird eine Notwendigkeit für die Zukunft abgeleitet in einem Sinn, der durchaus mit dem Marxschen Terminus «Gesetz» vergleichbar ist.

verhält. Daher der Stolz der bürgerlichen Gesellschaft, die sich als freie Welt versteht. Jeder ist für sich selbst verantwortlich und bestimmt sich als selbstverantwortliches Individuum. Im bürgerlichen Recht – aber ebenso im Kantschen kategorischen Imperativ – ist dieses autonome Individuum festgeschrieben. Es gehört zum bürgerlichen Selbstbewußtsein, die bürgerliche Gesellschaft als höchste Stufe der moralischen Entwicklung der Menschheit einzustufen. Noch Habermas tut dies mit seinen Kohlberg nachempfundenen Entwicklungsstadien.

Die Marxsche Kritik an dieser politischen Ethik setzt bei der Kritik der bürgerlichen Ordnung an. Marx führt sie im Rahmen seiner Fetischismustheorie durch. Marx unterscheidet zwischen den Gesetzen der bürgerlichen Ordnung und den Gesetzen des bürgerlichen Rechts, die das autonome Individuum bestimmen. Aus dem Handeln der autonomen Individuen gehen erst auf nicht-intentionale Weise jene Gesetze hervor, die die bürgerliche, wirtschaftlich-soziale Ordnung bestimmen. Es sind die Gesetze, die sich hinter dem Rücken der Handelnden durchsetzen und daher «Zwangsgesetze» (Sachzwänge) darstellen. Damit das bürgerliche Individuum seine Autonomie behaupten kann, muß es sich diesen Gesetzen als Sachzwängen unterwerfen. Um es als Paradox zu formulieren, könnten wir also sagen, das bürgerliche Individuum muß auf seine Autonomie verzichten, um sie zu erhalten. Die Gesamtheit dieser Gesetze, die sich hinter dem Rücken der Handelnden durchsetzen, nennt Marx das Wertgesetz.

> ... setzt sich das innere Gesetz nur durch vermittelst ihrer Konkurrenz, ihres wechselseitigen Drucks aufeinander, wodurch sich die Abweichungen gegenseitig aufheben. Nur als inneres Gesetz, den einzelnen Agenten gegenüber als blindes Naturgesetz, wirkt hier das Gesetz des Werts und setzt das gesellschaftliche Gleichgewicht der Produktion inmitten ihrer zufälligen Fluktuationen durch.[9]

So ist das bürgerliche Individuum kein bloß autonomes Individuum, sondern in seiner Autonomie einer heteronomen Ethik unterworfen. Diese heteronome Ethik des autonomen Individuums befindet sich daher in einem ständigen Widerspruch zu seiner Autonomie.

9 Marx, op.cit. III, MEW, Bd.25, 887.

Diese heteronome Ethik des autonomen Individuums gehorcht den Gesetzen, die das handelnde (und produzierende) Individuum auf nicht-intentionale Weise selbst hervorbringt. Aber sie treten ihm als Zwangsgesetze gegenüber, denen es sich unterwerfen muß, um autonomes Individuum zu bleiben:

> Die freie Konkurrenz macht die immanenten Gesetze der kapitalistischen Produktion dem einzelnen Kapitalisten gegenüber als äußerliches Zwangsgesetz geltend.[10]

Hier entsteht also eine Ethik, die allen Autonomieansprüchen zuwiderläuft. Diese Ethik verlangt, die nicht-intentionalen Konsequenzen der im Medium des Marktes entstehenden wirtschaftlich-sozialen Ordnung als notwendige Gesetze der Geschichte zu akzeptieren. Die bürgerliche Gesellschaft macht aus ihnen metaphysische Geschichtsgesetze. Als solche werden sie zum Inhalt der Ethik, weil sich der Mensch ihnen zu unterwerfen hat. Wettbewerbsfähigkeit zum Beispiel (und in diesem Sinne die «Effizienz») wird in den obersten Wert alles menschlichen Handelns verwandelt. Das ergibt sich aus den Zwangsgesetzen dieser Ordnung. So wird im Namen der Autonomie des Individuums gerade dieses Individuum einem ihm fremden Willen unterworfen, der dennoch nicht der Wille eines anderen ist. Es ist der Wille des autonomen Individuums selbst, der ihm als fremder Wille gegenübertritt und seine Autonomie zerstört. Infolgedessen etablieren sich dann auch Arbeitslosigkeit, Ausschluß der Bevölkerung, Verelendung, Unterentwicklung und Naturzerstörung als Gesetze, denen niemand widerstehen darf oder zumindest nur in den Grenzen dieser Ordnung selbst. Der Kantsche kategorische Imperativ begründet nicht etwa die Selbstbestimmung des Subjekts, sondern seine Fremdbestimmung. Die Aufklärung, in deren Namen Kant spricht, wird durch Kant nicht vollendet. Für Marx steht daher ihre Verwirklichung noch aus.

Der fremde Wille dem das Individuum unterworfen wird, ist nicht einfach der Wille der andern, sondern stets zugleich auch der eigene Wille, der dem Individuum als fremder Wille gegenübertritt. Die nicht-intentionalen Gesetze, die vom Individuum hervorgebracht werden, wenden sich gegen es.

10 Marx, op.cit. I, MEW, Bd.23, 286.

Diese Einsicht bringt Marx dazu, seine politische Ethik als eine Ethik der Selbstbestimmung des Willens zu formulieren. Insofern bewegt auch Marx sich durchaus in der Kantschen Tradition, obwohl er ihr zugleich widerspricht. Marx stellt die Frage: Wie kann eine autonome Willensbestimmung stattfinden, wenn doch das autonome Individuum nicht-intentionale Gesetze hervorbringt, die sich hinter seinem Rücken durchsetzen und denen es sich als einer heteronomen Autorität der Ethik unterwerfen muß?

Von dieser Frage aus entdeckt Marx das Problem der Freiheit als einer Selbstbestimmung gegenüber diesen nicht-intendierten Gesetzen.

> Wird gesagt, daß nicht allgemeine Überproduktion, sondern Disproportion innerhalb der verschiedenen Produktionszweige stattfinde, so heißt dies weiter nichts, als daß innerhalb der kapitalistischen Produktion die Proportionalität der einzelnen Produktionszweige sich als beständiger Prozeß aus der Disproportionalität darstellt, indem hier der Zusammenhang der gesamten Produktion als blindes Gesetz den Produktionsagenten sich aufzwingt, nicht als von ihrem assoziierten Verstand begriffenes und damit beherrschtes Gesetz den Produktionsprozeß ihrer gemeinsamen Kontrolle unterwirft.[11]

Marx will die nicht-intentionalen, blinden Gesetze aufgelöst wissen, d. h. sie sollen dem Individuum nicht mehr als ein fremder Wille gegenübertreten. Die Auflösung dieser Zwangsgesetze kann aber nur durch solidarisches Handeln geschehen. Marx sagt, nur wenn diese blinden Gesetze vom «assoziierten Verstande begriffen» und der «gemeinsamen Kontrolle» unterworfen werden, hören sie auf, sich dem Menschen aufzuzwingen.

Dazu bedarf es aber nach Marx ebenso der Erkenntnis, daß die Gesetze, die sich hinter dem Rücken der Handelnden durchsetzen, durchaus auf Notwendigkeiten beruhen. Diese Gesetze auflösen heißt daher nicht die Notwendigkeiten, die sich in ihnen ausdrükken, zum Verschwinden bringen. Die Freiheit bedeutet bei Marx vielmehr, in ein freies Verhältnis zu den Notwendigkeiten einzutreten, so daß sich die Notwendigkeiten nicht als zerstörerischer fremder Wille auswirken.

Mit einigen Beispielen will ich verdeutlichen, was Marx meint. Wenn in der DDR das Volkseinkommen pro Kopf kleiner ist als in

11 Marx, op.cit. III, MEW, Bd. 25, 267.

der BRD, dann verfügt man dort eben über weniger Güter und produziert bei niedrigerer Arbeitsproduktivität. Das ist notwendig so. Insofern aber diese Notwendigkeit sich als fremder Wille, also als Produkt versachlichter Produktionsverhältnisse, durchsetzt, kommt ein Prozeß von wirtschaftlichen und sozialen Katastrophen in Gang, wie er sich faktisch ereignet hat. Diese Katastrophen sind jedoch keine zwangsläufigen Folgen der zugrundeliegenden Notwendigkeit. Sie ergeben sich vielmehr aus den wirtschaftlich-sozialen Beziehungen (Produktionsverhältnissen), innerhalb derer sich diese Notwendigkeit ausdrückt. Aus niedrigerer Arbeitsproduktivität folgt nicht mit Notwendigkeit der Zusammenbruch der gesamten Industrieproduktion, und aus einem niedrigeren Pro-Kopf-Einkommen folgt nicht mit Notwendigkeit, daß die große Mehrheit verarmt und eine Minderheit sich bereichert.

Beide Katastrophen haben vielmehr zur Voraussetzung, daß die Notwendigkeit sich als fremder Wille auswirkt, nämlich als ein Gesetz, das sich hinter dem Rücken der Handelnden aufzwingt.

Es handelt sich also tatsächlich um Gesetzmäßigkeiten, nicht etwa nur um Tendenzen oder Prognosen. Aber diese Gesetzmäßigkeit sind keine Naturgesetze, die man nicht ändern kann. Hayek wird dieser Unterscheidung nicht gerecht, wenn er in dem bereits zitierten Interview Marx unterstellt, er mache «Voraussagen, die ganz klar sein Denksystem widerlegen»[12]. Die Gesetze, die sich hinter dem Rücken der Handelnden durchsetzen, sind Produkte der Handelnden. Sofern die Handelnden sich als autonome Individuen verhalten, bringen sie diese Gesetze hervor. Sie können solche Gesetzmäßigkeiten nicht vermeiden, solange sie sich als solche autonome Individuen verhalten. Sie haben aber zweifellos die Möglichkeit, diese Gesetze aufzulösen und sich ihren Notwendigkeiten gegenüber frei zu verhalten, indem sie ihre Autonomie als freie und solidarische Subjekte in Anspruch nehmen. Um ein solches Gesetz handelt es sich auch bei dem sogenannten «Verelendungsgesetz» von Marx. Das Verelendungsgesetz stellt keine gewagten Prognosen auf, sondern macht auf eine unvermeidliche Gesetzmäßigkeit für den Fall aufmerksam, daß alle Menschen sich nur als autonome Individuen verhalten dürfen und nicht solidarisch handeln können. Im Reformkapitalismus bestimmter Länder und in den Ländern

12 Vgl. Pizano, op.cit. 45.

des historischen Sozialismus hat das «Verelendungsgesetz» andere Auswirkungen gehabt als heute wieder unter der Herrschaft des globalisierten Marktes, der ganze Völker ausschließt und ins Elend stürzt. Der Reformkapitalismus und der historische Sozialismus haben das «Verelendungsgesetz» nicht außer Kraft gesetzt, sondern sich ihm gegenüber anders verhalten, als der globalisierte Markt es heute tut. Man kann sich eben zu den Notwendigkeiten auf unterschiedliche Weise verhalten; dann bringt dieses Verhalten eben auch unterschiedliche Konsequenzen hervor. Verhält man sich zur Notwendigkeit im Sinne von autonomen Individuen, dann folgen daraus jene Gesetze, die sich hinter dem Rücken der Handelnden durchsetzen. Verhält man sich jedoch der Notwendigkeit gegenüber im Sinne von autonomen Subjekten, die durch ihre Solidarität autonom werden, dann bestimmt man in Freiheit darüber, wie die Notwendigkeiten sich auswirken können. Das jeweilige Verhalten impliziert auch jeweils unterschiedliche Konsequenzen für das Demokratieverständnis. Demokratie kann fremdbestimmt werden, sofern man sie den blinden Gesetzen des freien Marktes unterwirft, wie dies heute weitgehend der Fall ist. Demokratie kann aber auch zum Ort der Freiheit werden, an dem die solidarischen Subjekte jene Gesetze auflösen, die sich hinter dem Rücken der Handelnden durchsetzen. Durch eine so verstandene Demokratie wird Freiheit gegenüber der Notwendigkeit möglich.

Freiheit besteht letztlich darin, die Notwendigkeiten so zu gestalten, daß die Integration des Menschen als Naturwesen in den Stoffwechselkreislauf von Mensch und Natur gewahrt bleibt. Den Stoffwechsel zwischen Mensch und Natur zu bewahren – das hat Friedrich Engels als wirtschaftlich «letzte Instanz» allen gesellschaftlichen Lebens bezeichnet.[13]

III. Die apriorische Ordnung und die universalen Kriterien des Handelns

Nicht in seiner Kapitalismusanalyse liegt das Problem der Theorie von Karl Marx, sondern in seiner Vorstellung von der Alternative.

13 Brief F. Engels an J. Bloch (21./22. Sept. 1890): «Nach materialistischer Geschichtsauffassung ist das in letzter Instanz bestimmende Moment in der Geschichte die Produktion und Reproduktion des wirklichen Lebens. Mehr hat weder Marx noch ich je behauptet.»

Die Marxsche Kapitalismusanalyse ist die einzige, die realistisch ist. Sie hat vor allem einen Vorteil, den wir heute viel besser erkennen als früher: Sie ist nicht deterministisch. Alle anderen Theorien des Kapitalismus sind deterministisch, vor allem die neoklassische und die neoliberale Kapitalismusanalyse, obwohl sie doch von Marx hätten lernen können, weil Marx sich bereits mit den Vorläufern der deterministischen Vorstellungen des wirtschaftlichen Marktgleichgewichts auseinandersetzt.

Das Problem verhält sich also völlig anders, als Hayek es darstellt. Es ist Marx, der auf realistische Weise theoretisch erklären kann, welche Ordnung sich ergibt, wenn die Menschen als autonome Individuen handeln. Marx zeigt auch die Mechanismen auf, durch die diese Ordnung entsteht. Es ist vielmehr Hayek, der uns die Theorie schuldig bleibt, das Entstehen einer solchen Ordnung zu erklären. Hayek kommt über die Behauptung, daß es eine solche Ordnung gibt, nie hinaus. Selbst bei Max Weber können wir darüber sehr viel mehr lesen als bei Hayek. Sofern Max Weber das Entstehen der Ordnung zu erklären sucht, verwendet er Termini, die denen von Karl Marx viel ähnlicher sind als jenen von Friedrich Hayek. Diese Feststellung bringt uns zu einer weiteren Erkenntnis. Eine realistische Kapitalismusanalyse muß notwendig zur Kapitalismuskritik werden. Die realistische Analyse des Kapitalismus weist nach, wie problematisch dessen Ordnung ist. Diese Erkenntnis kann uns vielleicht auch begreiflich machen, warum gerade Hayek sich als unfähig erweist, eine Theorie für das Entstehen der kapitalistischen Gesellschaftsordnung aufzustellen. Er bleibt der kapitalistischen Gesellschaft dogmatisch verhaftet.[14]

Ausgehend von der theoretischen Physik, in der deterministische Erfahrungsmodelle galten, haben die Erfahrungswissenschaften gerade in den vergangenen Jahrzehnten eine radikale Kritik solcher Determinismen entwickelt. In der Physik wirkte sich bis zu dieser Zeit die Vorstellung des Laplaceschen Dämons aus, die eine Determinierung aller Einzelphänomene zur Voraussetzung hat. In diesem Sinne meinte auch noch Einstein «Gott würfelt nicht». Man setzte eine «im Prinzip» erkennbare determinierte Ordnung voraus.

14 «Dennoch bleiben selbst die besten ihrer [der klassischen Ökonomie] Wortführer, wie es vom bürgerlichen Standpunkt nicht anders möglich ist, mehr oder weniger in der von ihnen kritisch aufgelösten Welt des Scheins befangen, und fallen daher alle mehr oder weniger in Inkonsequenzen, Halbheiten und ungelöste Widersprüche.» Marx, op.cit., MEW, Bd. 25, 838.

Diesen Determinismus der Physik übertrugen Walras/Pareto auf die Wirtschaftswissenschaften, so daß spätestens seit der neoklassischen Wirtschaftstheorie das Marktgleichgewicht als deterministisches Gleichgewicht aufgefaßt wurde. Diesen Determinismus können wir als einen systemischen Determinismus bezeichnen, um ihn vom sogenannten historischen Determinismus zu unterscheiden.
Der systemische Determinismus des Preissystems bezeichnet den Preis als ein Signal, als ein Informationsmittel über die Tendenz zum Gleichgewicht. Aber der Preis übermittelt keine Informationen, der Preis selbst ist vielmehr die Information. Daß der Preis eine bestimmte Höhe hat, das ist die Information. Aber der Preis selbst gibt keine Informationen weiter, sondern stellt eine Drohung (oder auch ein Versprechen) dar. Wenn ich einen Weg gehe und ein bissiger Hund versperrt ihn mir, kann ich nicht weitergehen. Aber der bissige Hund ist kein Signal, sondern stellt selbst die Drohung und daher das Hindernis dar. Gäbe es ein Warnschild mit der Aufschrift: «Vorsicht, bissiger Hund!», so wäre dieses Warnschild ein Signal. Es signalisiert eine mögliche Bedrohung. Mit den Preisen verhält es sich ganz ähnlich. Wenn der Preis steigt und ich nicht kaufen kann, dann ist der Preis mit dem bissigen Hund zu vergleichen: Er versperrt mir den Weg. Der Preis ist nicht das Signal für ein Hindernis auf dem Weg, sondern ist selbst das Hindernis. Um dieses Hindernis zu überwinden, muß man, wie Marx sagt, einen «salto mortale» veranstalten. Es ist unvermeidlich, einen Umweg zu suchen. Finde ich keinen Umweg, bin ich verloren. Aber der Preis sagt nichts darüber aus, warum das Hindernis entstand oder wo ein Umweg zu finden ist. Deshalb ist der Preis etwas Reales und nicht das Signal für eine Realität. Der Preis ist dem bissigen Hund vergleichbar und nicht dem Warnschild. Der Preis ist gewissermaßen der Schlüssel zur Realität, insofern alle Realität dem Preis unterworfen ist.
Doch die Realität wird durch den Preis zugleich auch verdreht. Wenn der Präsident der USA erkrankt, fällt die Börse von New York. Die Krankheit des Präsidenten verändert sich in ein Signal, das die Wahrscheinlichkeit anzeigt, die Börse werde fallen. Die wirkliche Welt verwandelt sich in eine Welt von Signalen, die etwas über das einzig Reale in dieser Welt, das die Preise sind, anzeigen. Über eine solche Verdrehung der Realität spricht Marx in seiner Fetischismustheorie.
Marx bestreitet – wie ich glaube, zu Recht –, daß der Preis ein Si-

gnal ist. Auch Max Weber versteht den Preis noch nicht als Signal, sondern als «Kampfpreis». Die aprioristische und deterministische Konzeption der Tendenz zum Gleichgewicht hingegen muß den Preis als Signal auffassen, das den Weg zum Gleichgewicht weist. Damit bestätigt sie jedoch nur die ideologisch von ihr gemachte Voraussetzung der Tendenz zum Gleichgewicht, aber verliert die Möglichkeit, die kapitalistische Ordnung erklären zu können.

Seit den dreißiger Jahren – insbesondere von Morgenstern an – wird diese deterministische Gleichgewichtsauffassung in den Wirtschaftswissenschaften kritisiert.[15] Die Kritik hat allerdings so gut wie keine Auswirkungen gehabt. Die Ideo-Logik war stärker als die Logik, so daß die Determinismuskritik weitgehend auf die Naturwissenschaften beschränkt blieb.

Die Marxsche Kapitalismusanalyse hingegen kann nicht deterministisch vorgehen, da sie die Ordnung als Reaktion auf Unordnungen und das Gleichgewicht aus Reaktionen auf Ungleichgewichte erklärt. Schon Marx entwickelt also eine Ordnungsvorstellung, wie sie seit den sechziger Jahren in der heutigen Physik auftaucht und häufig als Chaostheorie bezeichnet wird. Die Formulierungen, mit denen diese Physik arbeitet, stimmen häufig sogar wörtlich mit den Formulierungen überein, die Marx – oder auch Engels – bei ihrer Analyse der kapitalistischen Ordnung verwenden.[16]

15 Vgl. O. Morgenstern, Vollkommene Voraussicht und wirtschaftliches Gleichgewicht, in: H. Albert (Hg.), Theorie und Realität, Tübingen, 1964.

16 Vgl. J. Gleich, Chaos – die Ordnung des Universums. Vorstoß in Grenzbereiche der modernen Physik, München 1990: «... entdeckten Wissenschaftler im Westen oft unter Aufbietung allen Scharfsinns Erkenntnisse aufs neue, die in der sowjetischen Literatur bereits bekannt waren. Das Aufkommen der Chaostheorie in den Vereinigten Staaten und Europa inspirierte eine beeindruckende Zahl gleichzeitiger Forschungsarbeiten in der Sowjetunion; andererseits führte es auch zu erheblichem Erstaunen, denn viele Aspekte der neuen Wissenschaft wurden in Moskau als nicht mehr ganz so neu empfunden. Sowjetische Mathematiker und Physiker verfügten bereits über eine ansehnliche Chaosforschung, die auf die Studien N. Kolmogorovs aus den fünfziger Jahren zurückreichte» (113). In der Sowjetunion «sammelten Sinai und andere rasch ein hochkarätiges Team von Physikern um sich, das sein Zentrum in Gorki hatte. In den letzten Jahren legten einige westliche Chaosexperten großen Wert darauf, regelmäßig in die Sowjetunion zu reisen, um sich auf dem laufenden zu halten ...» (115; der Autor weist hin auf Feigenbaum und Cvitanoviç, Anm. 23, 123). Die Ordnungstheorie von Marx ist vielleicht auf einem sehr merkwürdigen Weg zurückgekommen. Da sie in den Wirtschafts- und Sozialwissenschaften offensichtlich viel zu kritisch ist – das gilt sowohl für die Sowjetunion wie für die USA –, taucht sie in der theoretischen Physik auf, die ein Gebiet ist, das scheinbar nicht ideologisch relevant ist. Daß sie von der Sowjetunion ausgeht, könnte gerade bedeuten, daß sie einen sehr direkten Ursprung in der Marxschen Kapitalismusanalyse hat, die den sowjetischen Forschern, im Unterschied zu den US-Forschern, sicher bekannt ist, auch wenn sie nicht notwendigerweise selbst Marxisten sind.

Zwei Elemente sind wohl für die Verwandtschaft zwischen beiden Denkrichtungen entscheidend. Erstens: die Erklärung, daß es eine Ordnung gibt, die sich als Reaktion auf die Unordnung darstellt. Zweitens: die Erklärung, daß die Preise sich aus der Marktanarchie ergeben (die mit dem vergleichbar wäre, was die heutige Physik als Turbulenzen bezeichnet). Turbulenzen lassen sich nicht deterministisch erklären. Aber man kann die Variationsspielräume dieser Turbulenzen beschreiben. Die Marxsche Preistheorie geht von der Marktanarchie aus. Sie behauptet nicht, spezifische Preise erklären zu können. Sie beschreibt vielmehr den Markt im Sinne einer Turbulenz, von der sich ausschließlich Variationsspielräume aussagen lassen. Solche Variationsspielräume analysiert Marx in bezug auf den Lohn, den Zins, den Gewinn usw. Der Lohn kann nur schwanken zwischen dem Existenzminimum und einer Größe, bei der die Lohnhöhe dem Volkseinkommen gleich ist. Der Zins kann langfristig nicht höher sein als die Wachstumsrate der Arbeitsproduktivität. Der Gewinn kann nur kleiner als der Mehrwert sein, folglich den Mehrwert nie übersteigen usw. Ähnliche Analysen führt Marx bezüglich der relativen Preise durch. In jedem Fall versteht Marx die Bewegungen des Marktes ähnlich wie die Turbulenzen. So wie sich bei Turbulenzen höchstens Variationsspielräume ausmachen lassen, so hat man auch keine Möglichkeit, die spezifische Preisbewegung deterministisch zu erklären. Marx arbeitet hier eine Erklärungstradition weiter aus, die in Ansätzen bereits bei David Ricardo zu finden ist.[17]

17 In bezug auf die Chaostheorie sagt Gleich: «Es gab gewisse Grundmuster, aber durchsetzt von Störungen: eine geordnete Unordnung» (27). «Er nahm eine unterschwellige geometrische Struktur wahr – eine Ordnung, die sich nur als Zufälligkeit *maskierte*» (3); «ein System, das Chaos und Stabilität zugleich aufwies» (75). «Das System ist deterministisch, aber man kann nicht vorhersagen, was es als nächstes tun wird» (349); «... herrschte der Zufall mit seiner eigenen Ordnung» (349); «geordnete Unordnung» (370); «deterministisches Chaos» (377); «Strukturen des Chaos» (414); «inmitten von Chaos jene verblüffende geometrische Regelmäßigkeit» (421); «... daß solche Instabilitäten den universalen Gesetzen von Chaos gehorchen» (432) Alles dies sind Formeln, die den von Marx und Engels in ihrer Kapitalismusanalyse benutzten weitgehend entsprechen. Auch folgendes gehört zu dieser Geschichte: «Stephen Smale, einer der Begründer der Chaostheorie im Westen, nahm 1966 am Internationalen Mathematikerkongreß in Moskau teil, wo er die Fields-Medaille in Empfang nahm, «die höchste Auszeichnung seines Fachs» (71). «Nach seiner Rückkehr nach Kalifornien entzog ihm die Nationale Wissenschaftsstiftung sein Forschungsstipendium» (71). Aber es ist vor allem Prigogine, der den Gedanken von Marx weiterführt, wonach eine solche aus der Unordnung entstehende Ordnung entropisch ist und daher zur Auflösung tendiert. Vgl. I. Prigogine, I. Stengers, Dialog mit der Natur. Neue Wege naturwissenschaftlichen Denkens, München–Zürich 1990 (La nouvelle alliance – Métamorphose de la science, Paris 1979). I. Prigogine, Vom Sein zum Werden. Zeit und Komplexität in

Grundlage dieser Analyse ist die Arbeitswertlehre. Sie ist daher unverzichtbar, sofern man solche Variationsrahmen erklären will. Denn der Variationsspielraum von Preisen kann nicht in Preisen erklärt werden. Das wäre ein tautologischer Zirkel. Vielmehr ist ein den Preisen gegenüber invariables Bezugssystem notwendig, das die Preisbewegungen zu beschreiben erlaubt. Dieses Bezugssystem findet Marx im Anschluß an Ricardo in der Lebenszeit des Menschen, die durch den Markt auf die Arbeitszeit reduziert wird. Die Arbeitszeit ist das quantitative Maß des Wertes, von dem aus die quantitativen Preisbewegungen analysiert werden. Unter dem Gesichtspunkt eines deterministischen Gleichgewichtsmodells allerdings, wie es die neoklassische Wirtschaftstheorie entwickelt, hat diese Art von Arbeitswertlehre scheinbar keine Aussagekraft.
Diese Hinweise mögen genügen, um zu erklären, warum die auf die bürgerliche Gesellschaft fixierten Wirtschaftswissenschaften die Kritik deterministischer Systeme, die in den Erfahrungswissenschaften an Bedeutung gewann, weitgehend nicht zur Kenntnis nahmen. Hayek gehört zwar zu den wenigen, die diese Kritik berücksichtigen, aber er überspielt sie verbal. Er ersetzt die Argumentation der Neoklassik mit ihrer deterministisch begründeten Tendenz zum Gleichgewicht nur durch eine einfache, dogmatische Postulierung eben dieses Gleichgewichts. Das läßt sich mit Hilfe des folgenden Zitates verstehen:

> Zu zeigen, daß in diesem Sinne die spontanen Handlungen der Individuen unter Bedingungen, die wir beschreiben können, eine Verteilung der Mittel herbeiführen, die so aufgefaßt werden kann, *als ob* sie einem einheitlichen Plan gemäß gemacht worden wäre, obwohl sie niemand geplant hat, scheint mir tatsächlich eine Antwort für das Problem zu sein, das manchmal metaphorisch als das Problem der *kollektiven Vernunft* bezeichnet wurde.[18]

Diese «als ob»-Philosophie kann nicht darüber hinwegtäuschen, daß kein Argument vorliegt, sondern ein einfacher Austausch von Begriffen, der dem Problem des Determinismus nicht entkommt. Auch der «einheitliche Plan», den Hayek hier als Bezugspunkt einführt, ist ein deterministisches Konstrukt. Für die Behauptung aber, daß das Preissystem eine Ordnung hervorbringt, «als ob» es einem ein-

den Naturwissenschaften, München–Zürich 1985 (From Beeing to Becoming – Time and Complexity in Physical Sciences, W.H.Freeman, San Francisco).

18 F. A. Hayek, Individualismus und wirtschaftliche Ordnung, Zürich 1952, 75f.

heitlichen Plan folgt, gibt Hayek nicht ein einziges Argument. Das Zitat beweist aber, daß Hayek glaubt, der Markt setze eine apriorische, deterministische Ordnung durch, auch wenn der Markt selber nicht deterministisch erklärbar ist.

Hayek vermeidet es hier wie stets und überall, die Ordnung der bürgerlichen Gesellschaft aus Reaktionen gegen die Unordnung zu erklären. Übernähme er eine solche Erklärung, dann müßte er auch seine abgeschwächte Behauptung fallen lassen, der Markt weise eine Tendenz zum Gleichgewicht auf. Die Behauptung einer Gleichgewichtstendenz des Marktes ist nichts anderes als eine transzendentale Illusion. Solche transzendentalen Illusionen täuschen ein apriorisches Gleichgewicht vor und machen jede realistische Analyse der gegebenen wirklichen Ordnung unmöglich.

Bis jetzt haben wir aber das Problem der Marxschen Analyse noch nicht offengelegt. Damit müssen wir uns jetzt beschäftigen. Wenn Marx den Kapitalismus als eine Ordnung beschreibt, die durch Reaktion auf die vom selben Kapitalismus hervorgebrachte Unordnung entsteht, entwirft er zweifellos ein realistisches Bild des Kapitalismus. Aber Marx bleibt in der transzendentalen Illusion einer apriorischen, deterministischen Ordnung befangen. Daher entwirft er die Alternative zum Kapitalismus – den Sozialismus bzw. Kommunismus, die Assoziation freier Produzenten bzw. den sozialen Robinson – ebenfalls als deterministische Ordnung. Eine deterministische, apriorische Ordnung soll jene Ordnung ablösen, die durch Reaktionen auf die Unordnung entsteht. Die Marxsche Vorstellung ist folgende: Wenn der Kapitalismus keine apriorische, deterministische Ordnung ist, muß eine Gesellschaft geschaffen werden, die eine solche Ordnung verwirklicht.

> Aber diese *beständige Tendenz* der verschiedenen Produktionssphären, sich *ins Gleichgewicht zu setzen*, bestätigt sich nur als *Reaktion gegen die beständige Aufhebung dieses Gleichgewichts*. Die bei der Teilung der Arbeit in Innern der Werkstatt *a priori* und planmäßig befolgte Regel wirkt bei der Teilung der Arbeit im Innern der Gesellschaft nur *a posteriori* als innre, stumme, im Barometerwechsel der Marktpreise wahrnehmbare, die regellose Willkür der Warenproduzenten überwältigende Naturnotwendigkeit.[19]

Hieraus leitet sich dann die Vorstellung des Sozialismus als einer apriorischen, deterministischen Ordnung ab. Aus dieser Vorstellung

19 K. Marx, Das Kapital, Bd. I, MEW, Bd. 23, 373f.

von Karl Marx ging der sowjetische Sozialismus hervor. Er versuchte, durch den zentralen Plan eine solche deterministische Ordnung zu verwirklichen. Diese Vorstellung ist gescheitert und sollte auch nicht weiter vertreten werden. Damit ist aber die Behauptung Hayeks und anderer Neoliberaler, der Kapitalismus gründe auf einer apriorischen, deterministischen Ordnung, noch nicht aus der Welt. Diese Behauptung wird uns vielmehr mit allen Mitteln heutiger Propaganda aufgezwungen, obwohl sie nicht begründet werden kann und falsch ist. Ihr gegenüber müssen wir uns verhalten.

Wir brauchen Alternativen. Damit wir über Alternativen verfügen, müssen wir Alternativen überhaupt denken können. Zwar genügt es nicht, sie zu denken, aber ohne sie denken zu können, ist überhaupt keine andere Praxis möglich.

Die Suche nach Alternativen heute hat auszugehen von der grundlegenden These, daß es keine apriorische, deterministische Ordnung gibt und geben kann. Daher ist auch die kapitalistische Ordnung keine solche apriorische Ordnung, obwohl die politisch und ökonomisch durchgesetzte Globalisierung des Weltmarktes mit einer entsprechenden Propaganda einhergeht.

Der historische Sozialismus wollte eine andere Welt bauen, die frei ist von Gesetzen, die sich hinter dem Rücken der Handelnden durchsetzen. Engels nannte das «den Sprung aus dem Reich der Notwendigkeit ins Reich der Freiheit». Der Kapitalismus hingegen behauptet, diese andere Welt zu sein. Beide reden vom «Ende der Geschichte» und von metaphysischen Geschichtsgesetzen. Eben deshalb erkennen wir bei unserer Suche nach Alternativen das Problem, diese Welt zu ändern, ohne eine apriorische, «andere Welt» herbeiführen zu wollen. Der historische Sozialismus suchte diese «andere Welt» jenseits aller Warenbeziehungen, der Kapitalismus hingegen sucht sie im totalen Markt.[20]

20 Nietzsche wendet sich gegen die Vorstellung der «wahren Welt», die die Vorstellung einer apriorischen anderen Welt ist: «Schaffen wir die wahre Welt ab»: F. Nietzsche, Werke in drei Bänden, hrsg. von K. Schlechta, München 1982, Bd. III, 737. «... es gibt nur eine Welt, und diese ist falsch, grausam, widersprüchlich, verführerisch, ohne Sinn! Eine so beschaffene Welt ist die wahre Welt»: F. Nietzsche, op. cit., Bd. III, 691f. Aber er folgt der Logik dieser «wahren Welt». Denn jetzt wird ihm «diese Welt» zur «wahren Welt». Das Ende der Geschichte ist nicht mehr etwas, was versprochen wird, sondern etwas, das bereits geschehen ist. Für Nietzsche gibt es daher nichts mehr, das zu ändern wäre, sondern das «Ändernwollen» wird abgeschafft. Diese Abschaffung ist seine «wahre Welt». Es ist das, was der Nazismus zu tun versuchte und was der heutige Kapitalismus tut. Es ist eine Welt, die nicht mehr kritisierbar ist, der gegenüber keine Dissidenz möglich ist. So mündet Nietzsche in die Mediokrität des «letzten Menschen» ein. Es ist aber nicht der «letzte» Mensch,

Aber es geht um eine Freiheit, so handeln zu können, daß in der Gesellschaft alle Platz haben. Dabei handelt es sich nicht um eine apriorische Freiheit von den Gesetzen, die sich hinter dem Rücken der Handelnden durchsetzen, sondern um einen ständigen Konflikt im Ringen darum, daß die Sachzwänge durch solidarisches und assoziatives Handeln aufgelöst werden. Diese apriorische Freiheit wurde im Sozialismus gerade durch die Abschaffung der Warenbeziehungen ausgedrückt. Die Freiheit aber, um die es realistischerweise gehen kann, ist die Freiheit, Warenbeziehungen so zu ordnen, daß der Stoffwechsel zwischen Mensch und Natur nicht unterbrochen wird. Deshalb dürfen weder Mensch noch Natur dem «totalen» Markt verfallen, sie müssen vielmehr in den Gesamtzusammenhang des Lebens wieder integriert werden. Der junge Marx fand dafür einen Ausdruck, den er später so nicht wiederholte: Kommunismus ist die Produktion der Produktionsverhältnisse selbst.[21]

Scheitert das Bemühen um eine Alternative, dann zwingt sich der Kapitalismus mit seiner den Menschen und die Natur zerstörenden Gewalt mit Notwendigkeit wieder auf. Er ist *per se* die Gesellschaft, die sich durch Reaktionen auf die Unordnung ordnet und diese Unterwerfung unter Zwangsgesetze (Sachzwänge) als Freiheit feiert. Alternative Ordnungen, die es jeweils neu zu gestalten gilt, können nur bewußt gesucht werden. Nur bewußt gestaltete Ordnungen können ein autonomes Subjekt sichern helfen, dessen Ethik nicht heteronom ist. Eine solche Ethik ist notwendig eine solidarische Ethik. Und nur eine solidarische Ethik macht das autonome, sich selbst bestimmende Subjekt möglich. Sie schließt allerdings die Bereitschaft und Fähigkeit ein, die Produktionsverhältnisse jeweils so zu gestalten, daß alle in der Gesellschaft Platz haben. Das autonome Subjekt ist kein autonomes Individuum, sondern ein solidarisches Subjekt, das durch seine Solidarität Autonomie ge-

den er ankündigt, sondern allenfalls das «Letzte» an Mensch. Der «letzte Mensch» strunzt als «wahre Welt». Dies ist die sich selbst auflösende Moderne, die sich nicht mehr an Utopien der Hoffnung orientiert, sondern an der Hoffnung darauf, daß es keine Hoffnung mehr gibt.

21 «Kommunismus als Produktion der Verkehrsform selbst»: Marx spricht später nicht mehr von Verkehrsform, sondern von Produktionsverhältnissen. Diese Formulierung des jungen Marx behauptet nicht, «sozialistische Produktionsverhältnisse» bestimmen zu können. Die richtigen Produktionsverhältnisse sind danach immer diejenigen, die es erlauben, dem «kategorischen Imperativ, alle Verhältnisse umzuwerfen, in denen der Mensch ein erniedrigtes, ein geknechtetes, ein verlassenes, ein verächtliches Wesen ist», nachzukommen. *A priori* steht daher nie fest, welche Produktionsverhältnisse dies sind. Aber alle Produktionsverhältnisse sind unter diesem Gesichtspunkt änderbar.

genüber den Gesetzen erringt, die sich hinter dem Rücken der Handelnden durchsetzen.

So ergibt sich ein zirkuläres Denkmodell im Sinne des hermeneutischen Zirkels. Das Individuum bringt als autonomes Individuum Gesetze hervor, die sich hinter seinem Rücken durchsetzen und es fremdbestimmen. Diesen Zwangsgesetzen gegenüber kann es seine Autonomie nur wahren, indem es als autonomes, solidarisches Subjekt diese Zwangsgesetze wieder auflöst. Es ist das gleiche Subjekt, das auf der einen Seite Individuum und auf der andern solidarisches Subjekt ist. Die Beziehung zwischen beiden Teilen haben wir als komplementäre Spannung zu begreifen, die zu vermitteln ist. Sie ist nicht als manichäische Polarität zu deuten, in der die beiden Pole einander widersprechen und die zugunsten eines der Pole aufgehoben werden muß. Die Vorstellung, apriorische, deterministische Ordnungen müßten verwirklicht werden, treibt in diesen zerstörerischen Manichäismus. Die Suche nach Alternativen will dagegen das Verhältnis zwischen dem autonomen Individuum und dem solidarischen Subjekt als Komplementarität erfassen.

Michael Löwy

DER GÖTZE MARKT

DIE KAPITALISMUSKRITIK DER BEFREIUNGSTHEOLOGIE AUS MARXISTISCHER SICHT

Die Befreiungstheologie hat aus marxistischer Sicht eine wichtige Bedeutung, weil sie nicht nur Theologie, sondern Ausdruck einer ungeheuren sozialen Bewegung ist, die Teile der Kirchen, die Basisgemeinden, religiöse Laienbewegungen, Bauern und Arbeiter, Gewerkschaften und zum Teil auch politische Befreiungsbewegungen umfaßt. Ohne die Praxis dieser sozialen Bewegung, die man als Befreiungschristentum bezeichnen könnte, kann man so wichtige Erscheinungen der letzten fünfundzwanzig Jahren wie die Revolutionen in Mittelamerika oder das Entstehen einer neuen Arbeiter- und Bauernbewegung in Brasilien kaum verstehen.

Eine solche Erscheinung wurde weder von Marx noch von Engels vorausgesehen: Beide glaubten, daß die Protest- oder revolutionäre Rolle der Religion zum letzten Mal in der englischen puritanischen Revolution des 17. Jahrhunderts stattgefunden habe. Nach der großen Französischen Revolution von 1789 sei so etwas nicht mehr möglich. Die Entwicklungen in Lateinamerika der letzten dreißig Jahre sind in diesem Zusammenhang eine große Herausforderung für die marxistische Religionstheorie.

Vom marxistischen Standpunkt aus ist die scharfe ethische und religiöse Kapitalismuskritik eines der interessantesten Merkmale der Befreiungstheologie und des Befreiungschristentums. Diese Kritik hat tiefe Wurzeln in der katholischen und lutherischen Kultur, die Max Weber schon scharfsinnig in seiner berühmten «Zwischenbetrachtung» analysierte:

> Geld ist das Abstrakteste und «Unpersönlichste», was es im Menschenleben gibt. Der Kosmos der modernen rationalen kapitalistischen Wirtschaft wurde daher, je mehr er seiner immanenten Eigengesetzlichkeit folgte, de-

sto unzugänglicher für jegliche denkbare Beziehung zu einer religiösen Brüderlichkeitsethik. Und zwar immer mehr, je rationaler und damit unpersönlicher er wurde.[1]

Interessanterweise versteht Weber diesen Gegensatz nicht als einen Gegensatz zwischen Rationalität und Irrationalität, sondern als einen zwischen «formaler und materialer Rationalität».

Um welche «Brüderlichkeitsethik» handelt es sich? Die Frage wird in seiner Wirtschaftsgeschichte beantwortet:

> Die tiefe Abneigung der katholischen und ihr folgend der lutherischen Ethik gegen jede kapitalistische Regung beruht im wesentlichen auf der Scheu vor der Unpersönlichkeit der Beziehungen zwischen den Erwerbskontrahenten innerhalb der kapitalistischen Wirtschaft. Diese Unpersönlichkeit ist es, die der Kirche und ihrem Einfluß der Ethisierung bestimmte menschliche Beziehungen entzieht, und die es ausschließt, daß sie von ihr ethisch reglementiert und durchdrungen werden.[2]

Sicher ist dieser Grund nicht der einzige, aber Webers Hypothese der «tiefen Abneigung» ist ein wichtiger Ansatzpunkt, um die Entwicklungen in Lateinamerika seit 1960 zu begreifen.

Die Kapitalismuskritik der Befreiungstheologie speist sich aus diesen traditionellen religiösen Quellen, aber sie erneuert sie radikal durch: a) die Verbindung der moralischen Position mit einer modernen ökonomischen und von Marx beeinflußten Analyse der Ausbeutung; b) das Ersetzen der Caritas durch die soziale Gerechtigkeit; c) eine Alternative, die nicht rückwärtsgewandt ist – wie die idealisierte patriarchalische Vergangenheit, von der die Kirche noch träumte –, sondern auf eine befreite utopische Zukunft zielt; d) das Begreifen der Armen nicht nur als Opfer des Kapitalismus und Objekte des Mitleids, sondern als Subjekte ihrer eigenen Befreiung.

Der ethisch-religiöse Hintergrund macht erst verständlich, warum man hier einen oft viel radikaleren, unversöhnlicheren und kategorischeren antikapitalistischen Protest findet als bei manchen Strömungen der Linken in Lateinamerika, die noch immer an die fortschrittliche und «anti-feudale» Gesinnung der nationalen Bourgeoise glaubten. Dafür fand diese Haltung eine wichtige Stütze in

1 M. Weber, Die Wirtschaftsethik der Weltreligionen (Zwischenbetrachtung). Gesammelte Aufsätze zur Religionssoziologie, Bd. I, 7. Aufl., Tübingen 1978, 544.

2 M. Weber, Wirtschaftsgeschichte, 3. von J. F. Winckelmann überarb. Aufl., Berlin 1991, 305.

der marxistischen Dependenztheorie der sechziger und siebziger Jahre. Das größte Verdienst der Abhängigkeitstheoretiker (vor allem André Gunder Frank, Theotanio dos Santos und Aníbal Quijano) bestand in ihrem Bruch mit den «desarrollistischen» Illusionen, die den stalinistisch geprägten lateinamerikanischen Marxismus der fünfziger Jahre beherrschten: Sie zeigten, daß die Ursachen des Elends, der Unterentwicklung, der wachsenden Ungleichheiten und der Militärdiktaturen nicht im «Feudalismus» oder in der ungenügenden Modernisierung, sondern in der Struktur des abhängigen Kapitalismus selbst zu finden sind. Folglich könnte nur eine Umwandlung sozialistischen Typs die lateinamerikanischen Völker aus Abhängigkeit und Armut herausreißen. Gewisse Aspekte dieser Analyse haben nicht nur Befreiungstheologen, sondern auch Bischöfe und Bischofskonferenzen, vor allem in Brasilien, beeinflußt.

Zum Beispiel: 1973 veröffentlichten die Bischöfe und die Ordensoberen der Dominikaner, Franziskaner und anderer aus der Region des Zentralwestens Brasiliens ein Dokument mit dem Titel «Der Schrei der Kirchen». Die Schlußfolgerung lautet:

> Man muß den Kapitalismus besiegen: dieser ist das größte Übel, die schwerste Sünde, die verfaulte Wurzel, der Baum, der alle uns bekannten Früchte trägt: Armut, Hunger, Krankheit, Tod ... Darum ist es notwendig, daß über das Privateigentum an den Produktionsmitteln (der Betriebe, des Bodens, des Handels, der Banken) hinausgegangen wird.[3]

Was christliche Tradition und Marxismus in der befreiungstheologischen Kapitalismuskritik miteinander verbindet, kann nicht als reine Verwendung eines wissenschaftlichen Werkzeugs beschrieben werden. Es betrifft, wie Bruno Kern richtig hervorhebt, «das Selbstverständnis von Theologie insgesamt, und nicht etwa nur das interdisziplinäre Gespräch mit den Sozialwissenschaften, von dem die Theologie ansonsten unberührt bleiben könnte»[4]. Es handelt sich um ein viel breiteres und tieferes Verhältnis, das sich mit dem Weberschen Begriff von Wahlverwandtschaft vielleicht besser erklären läßt. Aufgrund wichtiger Sinnaffinitäten können in bestimmten historischen Umständen zwei ganz verschiedene kulturelle Struk-

3 Los Obispos Latinoamericanos entre Medellín y Puebla, San Salvador, Universidad Centro-Americana 1979, 71.

4 B. Kern, Theologie im Horizont des Marxismus. Zur Geschichte der Marxismusrezeption in der lateinamerikanischen Theologie der Befreiung, Mainz 1991, 138.

turen – bei Weber religiöse und ökonomischen Formen – in ein Verhältnis von wechselseitiger Anziehung und Auswahl eintreten, eine dynamische Interaktion, die sogar zu einer Symbiose oder Verschmelzung führen kann.

Im Kraftfeld zwischen Christentum und Marxismus sind unter anderem folgende strukturellen Sinnaffinitäten zu finden :

– der Glaube an transindividuelle Werte – ein Glauben, der sich auf einen Einsatz (im Sinne Pascals) gründet;

– die Ablehnung des bürgerlichen Individualismus als Grundlage für das gesellschaftliche Leben[5];

– der Vorrang der Gemeinschaft, des gemeinschaftlichen Lebens, des gemeinschaftlichen Teilens der Güter;

– die utopische Hoffnung auf ein Reich der Gerechtigkeit, der Freiheit, der Brüderlichkeit.

Sicherlich haben diese Elemente ganz verschiedene Bedeutungen in beiden kulturellen Systemen: An und für sich sind sie kein ausreichender Grund für eine Annäherung. Nur unter bestimmten historischen Umständen, wie sie sich in Lateinamerika seit Ende der fünfziger Jahre entwickelten, konnten sich diese Analogien zu einer aktiven Wahlverwandtschaft entwickeln. So entstand zu Beginn der sechziger Jahre zum ersten Mal in den Schriften der Brasilianischen Christlichen Universitätsjugend (JUC) die Kapitalismuskritik des Befreiungschristentums und zehn Jahre später die Befreiungstheologie.

Seit Ende der siebziger Jahre spielt ein neues Element eine immer wichtigere Rolle in diesen «Wahlverwandtschaftsprozessen»: die Sinnaffinitäten zwischen dem biblischen Kampf gegen die Götzen und der marxistischen Kritik des Warenfetischismus. Die Verbindung von beiden in der Befreiungstheologie ist schon deswegen ermöglicht worden, weil Marx selbst oft biblische Bilder und Begriffe in seine Kapitalismuskritik einführte.

«Baal», «das Goldene Kalb», «Mammon» sind einige dieser «theologischen Metaphern», die Marx im «Kapital» und in anderen ökonomischen Schriften benutzt, um das Wesen des Kapitalismus als

5 Der Marxist Lucien Goldmann verglich den marxistischen und christlichen Glauben, und er verglich das Pascalsche Setzen auf die Existenz Gottes mit dem marxistischen Setzen auf die befreite historische Zukunft: Beide gehen ein Risiko ein, die Gefahr der Niederlage und die Hoffnung auf Erfolg, beide sind ein Glaube, der sich nicht durch reine Tatsachen beweisen läßt (vgl. L. Goldmann, Der verborgene Gott, Frankfurt 1984).

Götzendienst von Geld, Ware, Profit, Markt oder Kapital zu bezeichnen. Die Börse wird oft «Tempel von Baal» oder von «Mammon» genannt. Noch wichtiger sind die vielen Stellen, wo er das Kapital als einen Götzen beschreibt, der Opfer verlangt: Moloch, Juggernaut[6]. So heißt es beispielsweise in der Inauguraladresse der Internationalen Arbeiter-Association (September 1864):

> Durch ihre berufensten Gelehrten, wie den Dr. Ure ... hatte die Bourgeoisie prophezeit ... daß jede gesetzliche Beschränkung des Arbeitstages die Totenglocke der britischen Industrie läuten müßte, die vampirgleich, nicht leben könne, ohne Blut und vor allem Kinderblut. In alten Zeiten war der Kindesmord ein mysteriöser Ritus der Religion des Moloch. Doch er wurde nur bei ganz feierlichen Gelegenheiten ausgeübt, einmal im Jahr vielleicht, und dann hatte damals der Moloch keine ausschließliche Vorliebe für die Kinder des Armen.[7]

Die Ansicht, daß der moderne Götzendienst vielleicht noch ärger sei als der archaische, findet man auch in der Schrift «Zur Kritik der politischen Ökonomie». Marx zitiert mit viel Sympathie Pierre Boiguillebert, einen französischen Ökonomen des 17. Jahrhunderts, der in seiner Dissertation *Sur la nature de la richesse* (1697) hervorhebt:

> Man hat ein Idol aus diesen Metallen [Gold und Silber] gemacht ... um sie zu *Gottheiten* zu machen, denen man mehr Güter und wichtige Bedürfnisse und sogar Menschen geopfert hat und immer noch opfert, als jemals das blinde Altertum seinen falschen Göttern geopfert hat ...[8]

In einem Kommentar über die sozialen Katastrophen, die durch die englische Kolonisierung Indiens verursacht wurden, schreibt Marx,

6 Juggernaut (Dschagannat) – eine der Gestalten des Gottes Wischnu, eines der höchsten hinduistischen Götter. Der Juggernaut-Kult zeichnete sich durch ein besonders prunkvolles Ritual und äußersten religiösen Fanatismus aus, der in Selbstkasteiungen und Selbstopferungen der Gläubigen seinen Ausdruck fand. An großen Feiertagen warfen sich die Gläubigen unter den Wagen, auf dem sich ein Bildnis des Wischnu-Juggernaut befand. Vgl. die Erklärung in: Marx, MEW 23, Berlin 1972, Bd. 23, 853. Marx spricht auch im «Kapital» von den Kindern, die länger als acht Stunden am Tag «unter das Juggernaut-Rad des Kapitals» geworfen werden. Vgl. Marx, MEW, Bd. 23, 297, siehe auch 674.

7 K. Marx, Ausgewählte Schriften, Moskau 1934, Bd. II, 450f.

8 K. Marx, Zur Kritik der politischen Ökonomie, in: MEW 13, Berlin 1969, Bd. 13, 103. Die Frage wird in einem anderen Zusammenhang auch von Adorno und Horkheimer gestellt: Ist der Kapitalismus eigentlich nicht eine *viel ärgere* Form der Verdinglichung als der alte Fetischismus? Sie schreiben: «Der Animismus hat die Sache beseelt, der Industrialismus versachlicht die Seelen.» In: Th. Adorno, M. Horkheimer, Dialektik der Aufklärung, Frankfurt 1973, 29.

erst nach einer großen sozialen Revolution wird «der menschliche Fortschritt aufhören, jenem abscheulichen heidnischen Götzen zu gleichen, der den Nektar nur aus dem Schädel Erschlagener trinken wollte»[9].

Der wichtigste Begriff der Marxschen Kapitalismuskritik ist auch eine «theologische Metapher», die sich auf den Götzendienst bezieht: *Fetischismus.* Marx hatte diesen Begriff 1842 entdeckt, als er Desbrosses Buch «Über den Dienst der Fetisch Götter» (1785) las. Im «Kapital» wird im berühmten Kapitel I,4, «Der Fetischcharakter der Ware und sein Geheimnis», die Ware als «ein sehr vertracktes Ding ... voll metaphysischer Spitzfindigkeit und theologischer Mukken»[10] bezeichnet. Ihr Fetischcharakter bestehe in der Tatsache, daß bestimmte gesellschaftliche Verhältnisse der Menschen «für sie die phantasmagorische Form eines Verhältnisses von Dingen annimmt»[11]. Warum nennt Marx diese «Phantasmagorie» einen Fetisch, d.h einen Götzen?

> Um daher eine Analogie zu finden, müssen wir in die Nebelregionen der religiösen Welt flüchten. Hier scheinen die Produkte des menschlichen Kopfes mit eignem Leben begabte, untereinander und mit den Menschen in Verhältnis stehende selbständige Gestalten zu sein. So in der Warenwelt die Produkte der menschlichen Hand. Dies nenne ich den Fetischismus, der den Arbeitsprodukten anklebt, sobald sie als Waren produziert werden, und der daher von der Warenproduktion unzertrennlich ist.[12]

Obwohl Marx von der Religion im allgemeinen spricht, wählt er interessanterweise einen Begriff aus, der ausdrücklich den Götzendienst benennt.

Diese und andere «theologisch-metaphorischen» Momente in der Marxschen Kapitalismuskritik sind vielen Befreiungstheologen bekannt und werden auch in ihren Werken verwendet. Eine ausführliche Analyse dieser «Metaphern» findet sich in Enrique Dussels Werk *Las metáforas teológicas de Marx* (Estella, Editorial Verbo Divino, 1993), einer tiefgreifenden philosophischen Analyse der Marxschen Fetischismuskritik vom Standpunkt eines Befreiungschristentums aus.

9 K. Marx, «Die künftigen Ergebnisse der britischen Herrschaft in Indien», 1853, in: Ausgewählte Schriften, 681.
10 Marx, MEW 23, Berlin 1968, 85.
11 Marx, MEW 23, 86.
12 Marx, MEW 23, 86f.

Die ersten Versuche, solche Metaphern von Marx für eine theologische Kritik des modernen Kapitalismus in Lateinamerika zu nutzen, gab es in der außergewöhnlich scharfsinnigen Gruppe von Theologen, die 1976 das Ökumenische Forschungsinstitut *Departamento Ecuménico de Investigaciones* (DEI) in San José in Costa Rica gründeten. Zu ihnen gehören Hugo Assmann, Enrique Dussel, Franz Hinkelammert, Jorge V. Pixley, Pablo Richard.

Das erste Resultat der Diskussionen des DEI in Costa Rica ist das bahnbrechende Buch von Franz Hinkelammert, «Die ideologischen Waffen des Todes» (1978)[13]. In einem Moment, als die meisten Marxisten – Ernest Mandel ist eine der wichtigsten Ausnahmen – unter dem Einfluß von Althusser und seiner Schule die Marxschen Theorien des Fetischismus zur Seite schoben, ergriff sie Hinkelammert als ein zentrales Moment für eine fruchtbare «Korrespondenz» zwischen Marxismus und Christentum und als Ansatzpunkt für eine christliche Kritik der fetischisierten Ideologie der «neo-liberalen politischen Ökonomie» (Milton Friedman, die Trilaterale Kommission).

Diese Fragestellung wurde ein paar Jahre später in dem berühmten schmalen Buch des DEI, «Die Götzen der Unterdrückung und der befreiende Gott» (span.1980)[14], das in sieben Sprachen übersetzt wurde, von verschiedenen Blickwinkeln behandelt. Den gemeinsamen Standpunkt heben die Autoren Hugo Assmann, Franz Hinkelammert, Jorge Pixley, Pablo Richard und Jon Sobrino in der Einleitung hervor. Es handelt sich um einen entscheidenden Bruch mit der konservativen (und anti-marxistischen) Tradition der Kirchen, die seit Jahrhunderten den «Atheismus» als Erzfeind der Religion darstellt:

> Die zentrale Frage heute in Lateinamerika ist nicht die Frage des *Atheismus*, das ontologische Problem, ob Gott existiert oder nicht ... Die zentrale Frage ist der *Götzendienst* als die Verehrung der falschen Götter des Systems der Unterdrückung. Tragischer als der Atheismus ist der Glaube an die falschen Götter des Systems und das Hoffen auf sie. Jedes System der Unterdrückung kennzeichnet sich genau dadurch, daß es Götter schafft und Götzen hervorbringt, die Unterdrückung und Lebensfeindschaft heiligen

13 F. J. Hinkelammert, Die ideologischen Waffen des Todes. Zur Metaphysik des Kapitalismus, Münster–Freiburg, 1985 (dt.Ausgabe).

14 H. Assmann, F. J. Hinkelammert u. a. (Hg.), Die Götzen der Unterdrückung und der befreiende Gott, Münster 1984 (dt. Ausgabe).

... Die Suche nach dem wahren Gott in diesem Kampf der Götter führt uns zu der gegen den Götzendienst gerichteten Einsicht über die falschen Götter, über die Fetische, die töten, und ihre religiösen Waffen des Todes. Der Glaube an den befreienden Gott, an den, der sein Antlitz und sein Geheimnis im Kampf der Armen gegen die Unterdrückung offenbar macht, verwirklicht sich notwendigerweise in der Verneinung der falschen Götter und der Abkehr von ihnen. *Der Glaube kehrt sich gegen den Götzendienst.*[15]

Die Essays beschäftigen sich mit biblischen Quellen und mit den verschiedenen Formen der alten und modernen Götzen, aber nur in Franz Hinkelammerts Arbeit werden die wirtschaftlichen Wurzeln des Götzendienstes erörtert («Die Metaphysik des Unternehmers»). Diese Fragestellung kommt dann zu einer ausführlicheren Behandlung in dem gemeinsamen Buch von Hugo Assmann und Franz Hinkelammert, «Der Götze Markt» (1989)[16].

Dieses außerordentlich wichtige Werk ist das erste der Befreiungstheologie, das ausdrücklich dem Kampf gegen den Götzen Markt gewidmet ist. Die Soziallehre der Kirchen hatte meistens eine rein ethische Kritik an der Ökonomie geübt. Man brauche jetzt, so Hugo Assmann, eine streng theologische Kritik, die den Kapitalismus als falsche Religion entlarvt. Worin besteht das Wesen des Götzendienst des Marktes? Nach Hugo Assmann, in der impliziten Theologie des ökonomischen Paradigmas selbst und in der täglichen Kultusaktivität, der täglichen Praxis der «ökonomischen Religion» des Marktes. Die ausdrücklich religiösen Begriffe, die man in der Literatur des «Marktchristentums» – so bei Ronald Reagan, den neo-konservativen religiösen Strömungen, bei Theologen wie Michael Novak usw. – findet, haben nur eine Komplementärfunktion. Die Theologie des Marktes, von Malthus bis zur den jüngsten Dokumenten der Weltbank, ist eine fürchterliche Theologie, die Menschen opfert: Die Armen müssen ihr Leben für die ökonomischen Götzen opfern. Franz Hinkelammert analysiert die neue Theologie des amerikanischen Imperiums der siebziger und achtziger Jahre, die stark von religiösen Fundamentalisten geprägt ist. Ihr Gott ist ein Gott, der «die transzendentalisierte Personifizierung der Marktgesetze darstellt und Opfer, nicht Barmherzigkeit will. Die Vergöttlichung des Marktes erzeugt den Gott des Geldes: *In God we trust*»[17].

15 Assmann, Hinkelammert u. a.(Hg.), Die Götzen der Unterdrückung 9f.
16 Düsseldorf 1992 (dt.Ausgabe).
17 Assmann, Hinkelammert, Götze Markt 61.

Die Forschungen des DEI haben auch die neue Generation der Befreiungstheologen beeinflußt. Zum Beispiel, das Werk des jungen koreanisch-brasilianischen Theologen Jung Mo Sung, «Der Götzendienst des Kapitals und der Tod der Armen» (1989), eine äußerst einsichtige Kritik des internationalen kapitalistischen Systems, der Weltbank, des Internationalen Währungsfonds (IWF) und der menschenopfernden Logik der Auslandsverschuldung, die das Leben von Millionen Armen der Dritten Welt auf dem Altar des Weltmarkts darbringt.

Die Strukturähnlichkeiten im religiösen und marktkonformen Verhalten bedeuten nicht, daß es keine Unterschiede zwischen beiden gäbe. In seinem letzten Buch, «Theologie und Ökonomie» (1994), stellt Jung Mo Sung den Unterschied zwischen den älteren und den modernen Formen des Götzendienstes so dar: Die Menschenopfer werden jetzt nicht mehr auf einem sichtbaren Götzen-Altar vollzogen, sondern im Namen eines «wissenschaftlichen», weltlichen, nicht-religiösen Sachzwangs. Es sind weltliche Opfer, die keinen «Tempel» im traditionellen religiösen Sinn mehr nötig haben.

Handelt es sich also um eine «Ersatzreligion» im soziologischen Sinne? Diese Frage wurde unlängst von Bruno Kern überzeugend beantwortet:

> Mit der theologischen Gleichsetzung von Fetischismus des Kapitals und Götzendienst wird gerade nicht auf ein subjektiv religiöses und religionssoziologisch beschreibbares Verhalten abgehoben, sondern auf den objektiven Gegensatz von Eigengesetzlichkeit des Kapitalismus und Gottes befreiender Gegenwart in der Geschichte, unabhängig davon, wie dieses Verhalten subjektiv gedeutet wird.

Die Befreiungstheologie argumentiert nicht religionssoziologisch, sondern im strengen Sinne theologisch:

> Behauptet wird nicht, daß der Kapitalismus Religionsersatz sei, sondern vielmehr, daß er Götzendienst ist. Diese beiden Aussagen befinden sich auf einer grundsätzlich anderen Ebene.[18]

Was ist also gemeinsam und was ist verschieden an der marxistischen und der befreiungstheologischen Kritik am Götzen Markt?

18 Kern, Theologie im Horizont des Marxismus 207.

Meiner Ansicht nach kann man weder im Christentum einen Atheismus (Ernst Bloch) noch bei Marx eine implizite Theologie finden, wie die These meines Freundes Enrique Dussel lautet.[19] Die theologischen Metaphern – wie der Begriff «Fetischismus» – werden von Marx als Werkzeuge für eine wissenschaftliche Analyse benutzt, während sie bei der Befreiungstheologie freilich einen streng religiösen Sinn haben. Was beiden gemeinsam ist, ist das moralische Ethos, der prophetische Zorn, die humanistische Empörung gegen den Götzen Markt und – was noch wichtiger ist – die Solidarität mit seinen Opfern.

Die Kritik am Götzendienst der Waren ist bei Marx eine Kritik der kapitalistischen Entfremdung, vom Standpunkt des Proletariates und der ausgebeuteten – aber auch revolutionären – Klasse aus. Für die Befreiungstheologie handelt es sich um den Kampf zwischen dem wahren Gott des Lebens und den falschen Götzen des Todes. Aber beide kämpfen für die lebendige Arbeit gegen die Versachlichung, für das Leben der Armen und Unterdrückten und gegen die entfremdete Macht der toten Dinge.

Die große Frage ist freilich, welche sozialen und ökonomischen Alternativen man gegen den Götzendienst des Marktes stellen kann. Befreiungstheologen überlassen konkrete politische Programme den politischen Bewegungen. Sie beschäftigen sich nicht mit den Programmen, sondern vom christlichen Standpunkt aus mit den ethischpolitischen und menschlichen Voraussetzungen für solche Programme. Hugo Assmann schlägt die folgende Voraussetzung für eine menschliche Organisation der Ökonomie vor: Nicht der Markt oder der Profit sollen die ökonomische Tätigkeit steuern, sondern die soziale Produktion des Lebens, die Befriedigung der menschlichen Bedürfnisse, die soziale Gerechtigkeit. Wenn solche Kriterien herrschen sollen, müßte eine Art Planwirtschaft (mit bestimmten Marktelementen) mit einer demokratischen Mitbeteiligung existieren.[20] Aber solche Fragen wie nach der Möglichkeit eines demokratischen (und ökologischen) Sozialismus sind nicht mehr rein theologisch und müssen von den sozialen und politischen Bewegungen der Unterdrückten mit Hilfe des Marxismus gelöst werden.

19 Dussel, Las metáforas teológicas de Marx 153. Dafür kann man gerne Dussel Recht geben, wenn er schreibt, daß Marxens Schriften «neuen theologischen Raum öffneten».
20 Assmann, Hinkelammert, Götze Markt 220f.

Ein letztes Wort über die Zukunft der Befreiungstheologie: Verschiedene Beobachter (Soziologen, Journalisten) berichten, daß diese Bewegung wegen der harten Unterdrückung durch den Vatikan und die Konkurrenz der konservativen neo-evangelischen Kirchen zu Ende sei. Meiner Ansicht nach sind solche Berichte mindestens sehr verfrüht. Nicht nur, weil die meisten Theologen ihren Kampf weiterführen, ohne auf ihre wesentlichen Anschauungen zu verzichten, sondern weil die soziale Bewegung und das Befreiungschristentum bis heute ein entscheidendes Moment der meisten Versuche der Selbstorganisation und Selbstbefreiung der Armen in Lateinamerika sind. Man kann viele Beispiele geben: die Arbeitergewerkschaften (CUT) und Parteien (PT), aber auch die Landlosen-Bewegung in Brasilien (MST); die Bewegung *Lavelas* («Lawine») in Haiti, die zum ersten Mal in der Geschichte von Lateinamerika einen Befreiungstheologen zum Präsidenten wählte (Jean-Bertrand Aristide); die Zapatista- Bewegung in Chiapas (Mexico), die tiefe Wurzeln in den christlichen Basisgemeinden besitzt, die Bischof Don Samuel Ruíz gegründet hat.

Das Befreiungschristentum hat viele Generationen von «engagierten» Christen in Lateinamerika gebildet, von denen die meisten kaum ihre ethisch-religiösen und sozialen Überzeugungen aufgeben werden. Der Samen, den diese Bewegung im fruchtbaren Boden der religiösen und politischen lateinamerikanischen Kultur gepflanzt hat, wird weiter in der Zukunft keimen und kann uns noch viele Überraschungen bereiten.

Jakob Moneta

MARX, DIE BIBEL UND DER GOTT DER GERECHTIGKEIT

Zurück zur veralteten Bibel oder vorwärts zur modernen Kapitallogik

Es mag nicht üblich sein, eine «biblische Besinnung» mit einem Zitat von Karl Marx zu beginnen. Wenn ich es dennoch tue, so weil auch die Kirchen in letzter Zeit die sozialen Probleme, ja sogar die «Vergötzung der Wirtschaft» aufgreifen. Das Zitat von Marx (MEGA, Bd. 9, 230) lautet:

> Erst wenn eine große soziale Revolution die *Ergebnisse* der bürgerlichen Epoche, den *Weltmarkt* und moderne *Produktivkräfte gemeistert* und sie der *gemeinsamen* Kontrolle der am meistern *fortgeschrittenen* Völker unterworfen hat, *erst dann* wird der menschliche *Fortschritt* nicht mehr jenem scheußlichen *Götzen* gleichen, der den Nektar nur aus den Schädeln der *Erschlagenen* trinken wollte.

Der menschliche Fortschritt wird dann also nicht mehr dem scheußlichen Götzen gleichen, der den Nektar nur aus den Schädeln der Erschlagenen trinken wollte. Ja tut er das denn wirklich heute? Steht dieses düstere, um nicht zu sagen, Mark erschütternde Bild von den Ergebnissen der bürgerlichen Epoche, von Weltmarkt und modernen Produktivkräften nicht in einem schreienden Widerspruch zu dem, was unser so sehr beredsame Arbeits- und Sozialminister, Norbert Blüm, «eine versteckte *Liebeserklärung* an den Kapitalismus» nannte, die man aus dem «Kommunistischen Manifest» herauslesen könne? Heißt es dort nicht in der Tat:

> Die Bourgeoisie hat in ihrer kaum hundertjährigen Klassenherrschaft massenhaftere und kolossalere Produktivkräfte geschaffen als alle vergangenen Revolutionen zusammen ... Sie hat ganz andere Wunderwerke vollbracht als ägyptische Pyramiden, römische Wasserleitungen und gotische Kathedralen ... Sie kann nicht existieren, ohne sämtliche gesellschaftlichen Verhältnisse fortwährend zu revolutionieren.

Aber folgt dieser «versteckten Liebeserklärung» nicht auf dem Fuße, in demselben «Kommunistischen Manifest» daß die Bourgeoisie

> kein anderes Band zwischen *Mensch* und *Mensch* übriggelassen (hat) als das nackte Interesse, als die gefühllose bare Zahlung?
> [Sie hat] den heiligen Schauer der frommem Schwärmerei, der ritterlichen Begeisterung, der spießbürgerlichen *Wehmut* in dem eiskalten Wasser *egoistischer* Berechnung ertränkt. Sie hat die persönliche Würde in den Tauschwert aufgelöst und an die Stelle der zahllosen und wohlerworbenen Freiheiten die eine *gewissenlose* Handelsfreiheit gesetzt (MEW, Bd. 4, 464f).

Und der *modernen* kapitalistischen Gesellschaft wird zugleich vorgeworfen, daß sie den Stoffwechsel zwischen Mensch und Erde stört und damit «die Springquellen *allen* Reichtums untergräbt: die *Erde* und den *Arbeiter*» (MEW, Bd. 23, 528f).

Die Zwänge des Weltmarktes, die uns heute als «Naturgesetze» dargestellt werden, stehen in einem fundamentalen Gegensatz zu den sozialen und arbeitsrechtlichen Auffassungen des Alten Testamentes, das ich hier heranziehen möchte. Wenn nicht mehr der Mensch im Mittelpunkt steht, wie noch vor wenigen Jahren jeder Sonntagsredner, ganz gleich welcher politischer Couleur behauptete, sondern die Maschinenlaufzeiten, dann kann man sich auch bedenkenlos über den siebenten, wöchentlichen Ruhetag hinwegsetzen. Im 31. Kapitel des Buches Exodus (Vers 15) heißt es jedoch, und das klingt für uns heute sicherlich sehr brutal:

> Wer eine Arbeit tut am Sabbattag, soll des Todes sterben.

Der Sabbat wird «ein ewiges Zeichen» zwischen Gott und den Kindern Israels genannt. «Denn in sechs Tagen machte der Herr Himmel und Erde ; aber am siebten Tag ruhte er und *erquickte* sich.»

Ist diese Erquickung am Ruhetag nicht das, was Karl Marx die «Mußezeit» nannte, die in einer zukünftigen Gesellschaft statt der Arbeit zum «Maß des gesellschaftlichen Reichtums» werden wird? Das war für Marx übrigens nicht identisch mit einer «Tu nix»-Bewegung. Die «Verringerung der notwendigen Arbeit zu einem Minimum» sollte die freie Entwicklung der Individualität durch die künstlerische und wissenschaftliche Ausbildung der Individuen ermöglichen (Grundrisse 592f).

Der Sabbat als Ruhetag sollte auch für Magd, Knecht und Fremdling gelten, und im Deuteronomium (10,17ff), wird von Jahwe gesagt, daß er den Waisen und Witwen Recht schaffe und die Fremdlinge liebe. «Darum» wird dann kategorisch gefordert «sollt ihr auch die Fremdlinge lieben; denn ihr seid auch Fremdlinge gewesen in Ägyptenland.» Ob diese Ethik wohl mit einer Praxis vereinbar ist, Fremde, Flüchtlinge mit elektronischen Geräten, wenn nicht gar mit deutschen Schäferhunden, von unseren Grenzen fernzuhalten! Geradezu einzigartig für die damalige Zeit ist das im Deuteronomium (23,16.17) ausgesprochene Verbot, einen seinem Herrn entlaufenen Knecht, «der von *ihm* zu *Dir* sich entwandt hat» – so wörtlich –, seinem Herrn wieder auszuliefern.

> Er soll bei dir bleiben, an dem Ort, den er erwählt in deiner Tore einem, wo es *ihm* gefällt, und du sollst ihn nicht schinden.

Erlaubt es auch unser Innenminister, Herr Kanther, Menschen, die lebensgefährdender Not, Folter oder Mord entronnen sind und die sich zu uns «entwandt» haben, an dem Ort zu bleiben, den *sie* erwählt haben, wo es *ihnen* gefällt und ohne geschunden zu werden? Gewiß, es gab damals weder eine Weltwirtschaft, noch den Begriff der Menschheit. Die Ethik des Alten Testaments umfaßte nicht die Heiden außerhalb der Grenzen des Landes. Um so erstaunlicher ist die Gleichstellung der Fremden, sobald sie sich innerhalb dieser Grenzen befinden.

Außer dem Sabbat am siebenten Tag wurde im Alten Testament (Dnt 15,1ff und Lev 25,2ff) auch jedes siebente Jahr zum Sabbatjahr bestimmt und das sieben mal siebente Jahr, also das neunundvierzigste, wurde zusammen mit dem fünfzigsten als Jubel oder *Halljahr* gefeiert. In jedem siebenten Jahr sollte das Land seinen großen Sabbat dem Herrn feiern, das Feld nicht besät und der Weinberg nicht beschnitten werden. Und im siebenten Jahr sollten alle Schulden erlassen werden:

> Wenn einer seinem Nächsten etwas borgte, der soll's ihm erlassen und soll's nicht einnehmen von seinem Nächsten, oder von seinem Bruder.

Das fünfzigste Jahr soll als Freijahr ausgerufen werden im Lande allen, die darin wohnen.

> Da soll ein jeglicher von euch wieder zu seiner Habe und seinem Geschlecht kommen. Das ist das Halljahr, da jedermann wieder zu den Seinen kommen soll.

Das galt wiederum für alle, die «im Lande wohnen». Also kein *ius sanguinis*, nicht nur für jene, die deutschen Blutes sind, sondern auch für die Fremden galt Befreiung aus Schuldknechtschaft, um wieder zu den «Ihren» zu kommen. Vielleicht könnten wir doch den einen oder anderen Banker in Verlegenheit bringen, wenn wir die Forderung nach Entlassung der Länder der «Dritten Welt» aus ihrer Schuldknechtschaft mit den Geboten aus dem Alten Testament begründen würden.

Aber enthält dieses Gebot nach einem Sabbatjahr, in dem das Land, die Erde ruht, den Menschen die Schulden erlassen werden, nicht auch eine Ahnung davon, daß wir die «Springquellen allen Reichtums, den Menschen und die Erde schützen und erhalten müssen, sie nicht untergraben dürfen», wie es heute immer rücksichtsloser geschieht?

Ja, auch mit der Privatisierung des Bodens konnte sich das Alte Testament nicht anfreunden. Denn dort (Lev 25) heißt es:

> Ihr solltet das Land nicht verkaufen für immer, denn das Land ist mein, und ihr seid Fremdlinge und Gäste von mir ...

Wenn alle diese Gebote eingehalten werden, verspricht Jahwe dem Volk:

> So will ich euch Regen geben zu seiner Zeit und das Land soll seine Gewächse geben. Ich will *Frieden* geben eurem Lande, daß ihr schlafet und euch niemand schrecke. Ich will die bösen Träume von euch tun, und soll kein Schwert durch euer Land gehen.

Die Botschaft ist deutlich genug: Das Einhalten der sozialen und ökologischen Gebote wendet die Not und den Krieg ab. Das ist doch die Logik, die wir aus der Bibel, dem Alten Testament, herauslesen können.

Während doch die Logik von Markt, Konkurrenz und Profit lautet: Die Verschärfung der sozialen Not fördert den Wettbewerb unter den Menschen. Das führt zur Herauspressung von mehr Arbeitsleistung. Hierdurch wird der nationale Produktionsstandort zum Sieger im Konkurrenzkampf auf dem Weltmarkt. Darum, so schlußfolgern deutsche Militärs wie der Generalinspekteur der Bundeswehr, Klaus Dieter Naumann, muß Deutschland als «kontinentale Mittelmacht mit weltweiten wirtschaftlichen Interessen» auch militärisch gerüstet sein, «weil es überall in der Welt zur Bedrohung dieser Interessen kommen kann». Mit anderen Worten: die «Logik» dieses Konkurrenzkampfes auf dem Weltmarkt macht es erforderlich, daß dort, wo der nationalen Wirtschaft der Zugang zu Ressourcen oder Absatzmärkten versagt wird, er mit militärischen Mitteln erzwungen werden muß.

An uns liegt es, zu entscheiden, ob wir zurück zur veralteten Bibel oder vorwärts zur modernen Kapitallogik wollen. – Und wenn Sie mich fragen, wieso ich mich als orthodoxer Atheist auf die Bibel berufe, kann ich Ihnen nur die gleiche Antwort geben wie Fidel Castro auf einer Konferenz mit Befreiungstheologen in einer Kirche von Havanna: «Wenn es einen Gott gibt, dann muß er ein Gott von Gerechtigkeit, Frieden und Gleichheit sein.» Dafür allerdings finden wir genug Beweise im Alten und im Neuen Testament.

Willibald Jacob

MAMMON ODER GERECHTIGKEIT, TÖDLICHE KONKURRENZ ODER SOLIDARITÄT

Wie wäre es, wenn wir die Schlußalternative von Jakob Moneta für einen Moment – wenigstens hypothetisch – umkehren würden und fragen: Wollen wir vorwärts zur Bibel oder zurück zur Moderne der Kapitallogik?

Wie dem auch sei, mitten in den Gesetzestexten des alten Israel, die Jakob Moneta in wichtigen Passagen zitiert hat, steht eine Erzählung, fast unvermittelt. Diese Erzählung von dem sogenannten Tanz um das Goldene Kalb zeigt den Fortgang der Geschichte an. Ist aber dieser Fortgang auch ein Fortschritt? Wir werden sehen, wohin die Unterbrechung der Gesetzgebung führt, zu welchen möglichen neuen Erkenntnissen.

Die Stämme Israels waren am Sinai angekommen. Der Auszug aus Ägypten, der Befreiungsakt, lag hinter ihnen. Mitten in der Wüste rüsteten sie sich zur Begegnung mit ihrem Gott. Wer würde es sein? In bewegtem Wechsel schildert das Buch Exodus die Begegnung mit Gott und die Weisungen Gottes.

> ... in der Wüste gegenüber dem Berge. (19,2)
> Und Mose stieg hinauf zu Gott. (19,3)

In dramatischen Wendungen wird erzählt, wie Mose das Volk heranführt an die Wirklichkeit Gottes, d. h. an lebensbestimmende und lebenserhaltende Gebote und Weisungen. Auch wird der äußere Rahmen geschildert, in dem sich zukünftig Gottesdienst abspielen soll: in einem Zelt, beweglich, immer zum Aufbruch bereit, nicht seßhaft.

Den Hörern und vor allem den späteren Lesern der Texte war klar: Dieser Gott, mit dem Mose redet, ist nur zu haben mit dem Schutz des Sklaven und der Sklavin, mit dem Respekt vor Leib und Leben des Nächsten, mit dem Recht der Schwachen und Fremden. (Ex 21,22)

Dieser Gott, der da aus Ägypten, aus der Sklaverei, befreit hatte, würde menschliche Züge tragen. An der Ruhe vor Ihm sollten alle beteiligt werden wie an der Arbeit, Menschen und Tiere.

> Sechs Tage soll man arbeiten, aber am siebten Tag ist Sabbat, völlige Ruhe, heilig dem Herrn. (31,15)
> ... ein ewiges Zeichen (31,17).

Als das klar war, geschieht es; und dieses Geschehen ist kein Fortschritt.

> Als aber das Volk sah, daß Mose ausblieb und nicht wieder von dem Berge zurückkam, sammelte es sich gegen Aaron und sprach zu ihm: Auf, mach uns einen Gott, der vor uns hergehe! Denn wir wissen nicht, was diesem Mann Mose widerfahren ist, der uns aus Ägyptenland geführt hat. Aaron sprach zu ihnen: Reißet ab die goldenen Ohrringe an den Ohren eurer Frauen, eurer Söhne und eurer Töchter und bringt sie zu mir. Da riß alles Volk sich die goldenen Ohrringe von den Ohren und brachte sie zu Aaron. Und er nahm sie von ihren Händen und bildete das Gold in einer Form und machte ein gegossenes Kalb. Und sie sprachen: Das ist dein Gott, Israel, der dich aus Ägyptenland geführt hat! Als das Aaron sah, baute er einen Altar vor ihm und ließ ausrufen und sprach: Morgen ist des HERRN Fest. Und sie standen früh am Morgen auf und opferten Brandopfer und brachten dazu Dankopfer dar. Danach setzte sich das Volk, um zu essen und zu trinken, und sie standen auf, um ihre Lust zu treiben.
> Der Herr sprach aber zu Mose: Geh, steig hinab; denn dein Volk, das du aus Ägyptenland geführt hast, hat schändlich gehandelt. Sie sind schnell von dem Weg gewichen, den ich geboten habe. Sie haben sich ein gegossenes Kalb gemacht und haben's angebetet und ihm geopfert und gesagt: das ist dein Gott, Israel, der dich aus Ägyptenland geführt hat. (Ex 32,2–8)

Warum diese Geschichte mitten unter den Gesetzen? – Weil klar sein soll, daß mit den Gesetzen ein Grundverhältnis unter uns Menschen entsteht. Es ist wichtig, zu erkennen, welcher Gott, welches Grundverhältnis in den Verhältnissen, die wir gesetzlich anvisieren, herrscht; der Gott der Solidarität oder der Gott der Konkurrenz? Ist es Gott, der wirklich alle, alle Kinder Israels, führt, oder Gott als Gold, herabgerissen von unseren Leibern, denn von unseren Leibern ist der Mehrwert gekommen, umgeformt zu dem Bild, dem Leitbild, das uns führt – Baal, Astarte, Mammon, Lakshmi; Gottheiten des Wohlstands und der Fruchtbarkeit?

Als vor über hundert Jahren die Briten in Indien das moderne (!) Steuersystem einführten, umfassend, weil aufgrund einer Volks- und

Landzählung, nahmen die indischen Bauern den Schmuck, Goldschmuck, von ihren Frauen, um zu zahlen. Die Frauen, die Reservebank des kleinen Mannes?

Die Israeliten gründen zwar keine Bank, aber sie schaffen sich das Leitbild für den Moment, weil sie nicht warten können. Sie, auch Aaron, haben ihren Bruder Mose mißverstanden. Der wollte keinen Personenkult. Der will jetzt keinen Mammonsdienst. Der bringt die Weisungen, die Gesichtspunkte, die Gebote und Gesetze, nach denen der Mensch Mensch bleiben kann, gegen die Gewalt des Goldes, des Eigentums, des geronnenen gesellschaftlichen Verhältnisses, das später, sehr viel später, Kapital genannt wurde.

Die Strenge des Mammonsdienstes, alle gaben ihr Gold – von ihren Hälsen – Frauen, Söhne und Töchter, löst am Ende Rand und Band; die Orgie des Fruchtbarkeitskults, die Chaostage der Antike folgen der Anbetung des Mehrwertes, an dem sogar in alten Zeiten die Sklaven Anteil haben konnten. Ein Ausbeutungsverhältnis gerann zu einem Bild, und am Ende löste sich das Verhältnis von Mensch zu Mensch auf im Fest der Konkurrenz der Geschlechter.

Der Gott aus Gold (32,31) bringt die Menschen an die Grenze ihrer Belastbarkeit. Mose macht diesem Tanz ein Ende. Er muß zwar einen Schritt zurückgehen, er zerbricht die Tafeln der Weisungen, eines neuen Gesellschaftsverhältnisses, aber nur, um sie dann doch als die Gesetze des Lebens aufzurichten.

Menschen gehen oder kommen an die Grenze der Belastbarkeit und damit auch an die Grenze des Systems, das sie selbst geschaffen haben. Sie erfahren, daß Befreiung von Sklaverei und die Menschenwürde – Gottes Wort und Gebot – in den Grenzen nicht zu haben sind, die sie selbst gestaltet haben. Und sie überschreiten diese Grenzen. Mose bringt die Tafeln aufs neue, die Tafeln der Befreiung und der Landnahme, der Arbeit und der Ruhe (34,1ff).

> Du sollst keinen anderen Gott anbeten. (34,14)
> ... kein gegossenes Götterbild ... (34,17)
> Sechs Tage sollst du arbeiten, am siebten Tage sollst du ruhen ... (34,21)

Jedes Fest soll in Israel daran erinnern, daß ER aus der Sklaverei befreit, hinein in den Rhythmus von Arbeit und Ruhe. Alle, Mensch und Tier und der Fremdling, sollen an diesem Rhythmus beteiligt sein. Wo dieser Rhythmus zerbricht, soll «das System» überwunden werden. Exodus und Sinai sind so der ständige Anstoß zum Überschreiten von Systemgrenzen, wo dies um Gottes und der Menschen willen geboten ist.

Auch heute gilt dies, entgegen den apologetischen Bemühungen von Politikern und Ökonomen, die meinen (wie Christoph Bergner am 16. 12. 1995), das Recht auf Arbeit und das Recht auf Asyl ließen sich heute nicht mehr verbinden mit einem System, zu dessen Voraussetzungen Menschenwürde und Freiheit gehören. Wenn gesellschaftliche Verhältnisse die Verbindung des Rhythmus von Arbeit und Ruhe für jeden *und* der Würde des Menschen, des Rechts auf Asyl *und* der Freiheit zum Menschsein nicht mehr zulassen, dann sind sie nicht nur kritikwürdig, sondern wert, überwunden zu werden.

Im Rückschritt der Kapitel Ex 32–34 wird der Götze Gold als die Macht erkannt, die die Verbindung von individuellen und sozialen Menschenrechten verhindert. Aber: «Der Götze wackelt»; er wakkelt schon in dem Moment, in dem er errichtet wird; kenntlich an der Unsicherheit der Sprache:

> *Er* (Aaron) nahm die goldenen Ohrringe von ihren Händen und bildete das Gold in einer Form und machte ein goldenes Kalb. (4)
>
> *Sie* haben sich ein gegossenes Kalb gemacht und haben's angebetet ... und gesagt: Das ist dein Gott, Israel, der dich aus Ägyptenland geführt hat ... (8)
>
> Sie sprachen zu mir [Aaron]: Mache uns einen Gott, der vor uns hergeht; denn wir wissen nicht, was mit diesem Mann Mose geschehen ist, der uns aus Ägypten geführt hat. Ich sprach zu ihnen: Wer Gold hat, der reiße es ab und gebe es mir. Und ich warf es ins Feuer; daraus ist das Kalb (*Es*) geworden. (24)

Er – Sie – Es; am Ende will es keiner gewesen sein. Am Ende gewinnt alles diesen Selbstlauf, die Eigengesetzlichkeit, der Politiker, Ökonomen und Militärs hilflos ausgeliefert erscheinen.

Nach dem Ende sammeln sich alle Söhne Levis, die schnelle Eingreiftruppe Israels, um Mose, und der befiehlt: Ein jeder gürte sein Schwert um die Lenden, um die Unschuldigen von den Schuldigen zu trennen. – Gab es da noch etwas zu trennen? Lapidar wird berichtet (28):

> ... und es fielen an dem Tag vom Volk dreitausend Mann.

Die Härte des Berichteten ist die Warnung des Textes. Die ungeheure Macht, welche Eigentum heißt (wie Leonhard Ragaz es formulierte), und die Eigengesetzlichkeit einer Wirtschaft, die in ihrer Eigenheit die Gesetze ihres Handelns selbst bestimmt, beschwört Gefahren herauf, die nicht überschaubar waren, als die Leute sagten: Wir brauchen doch ein Leitbild; laßt es uns von uns selbst nehmen und das zum Gott machen, was doch ohnehin die Wirtschaft bestimmt: Kapital – Konkurrenz – Erfolg gegen den anderen, wer auch immer das sein mag.

Jesus von Nazaret hat diese alten Geschichten gekannt. Sein Fazit:

> Ihr könnt nicht Gott dienen und dem Mammon. Suchet am ersten nach dem Reich Gottes und seiner Gerechtigkeit, so wird euch solches alles zufallen. (Mt 6,24.33)

Klärt das grundlegende Gesellschaftsverhältnis, dann werdet ihr leben! Mammon oder Gerechtigkeit, tödliche Konkurrenz oder Solidarität?

Kuno Füssel

DER KULT DES GOLDES, DIE ZERSTÖRUNG DES MENSCHEN UND DER ZORN GOTTES

Ausgehend von einigen wegweisenden biblischen Texten werde ich im Folgenden versuchen, Anknüpfungspunkte für eine gesellschaftskritische Spiritualität zu markieren. Ich möchte dabei in vier Schritten vorgehen. Zunächst einmal werde ich Bezug nehmen auf eine sehr bekannte biblische Geschichte, die auch bei Marx eine Rolle spielt und für eine theologische Kapitalismuskritik von zentraler Bedeutung ist: die Geschichte vom Goldenen Kalb (Ex 32); zweitens werde ich eingehen auf die Geschichte von der Goldsäule, die Nebukadnezar hat errichten lassen, damit alle, groß und klein, vor ihr niederfallen und sie anbeten; drittens soll es um einen Vergleich gehen zwischen dem Psalm 115 und einem Psalm, der aus Textelementen einer Zeitungswerbung zusammengestellt ist und den ich den «Schweizer Goldpsalm» genannt habe; und dann möchte ich in einem vierten Punkt noch einmal einige Überlegungen anstellen, die sich um den Gesichtspunkt der schlechten Unendlichkeit des Geldes und dem, was damit zusammenhängt, bewegen. Dabei wird auch die Kritik aufgegriffen, die Hegel und Goethe bereits in ihrer Zeit am heraufziehenden Kapitalismus geäußert haben. Es geht also um ehrenvolle und ehrenwerte traditionelle Texte und nicht so sehr um eine aktuelle Kommentierung der neuen Unverfrorenheit des Neoliberalismus oder eine Analyse seiner weltweit überprüfbaren Unheilsstatistik.

I. Die Geschichte vom Goldenen Kalb. Abermalige Lektüre einer mehrfachen Zerstörung

1. Die biblische Geschichte

Vergegenwärtigen wir uns zunächst, was der biblische Text uns im 32. Kapitel des Buches Exodus berichtet.

Das Volk Israel muß relativ lange auf Mose warten, der sich im Zwiegespräch mit dem Allerhöchsten persönlich befindet und am Ende dieses langen – für das Volk schon zu langen – Gespräches die beiden Tafeln mit den Zehn Geboten ausgehändigt bekommt. Und da Völker offensichtlich nicht gerne kollektiv nachdenken darüber, welcher Weg der richtige ist, und auch nicht lange warten können, bis genügend Klarheit über die grundlegenden Normen des gemeinsamen Handelns herrscht, entscheiden sie sich oft kurzerhand zu etwas, was ihnen unmittelbar einleuchtend, attraktiv und vorteilhaft erscheint. So auch das Volk Israel, das hier keineswegs in einer idealisierten und schönfärberischen Weise vorgeführt wird. Die ungeduldigen Volksgenossen rotten sich zusammen und verlangen von Aaron, der in der Abwesenheit des Mose die Amtsgeschäfte versieht: «Auf, mache uns einen Gott, der vor uns herzieht, denn wir wissen nicht, was aus diesem Mose geworden ist.» Dieser Satz alleine schon liefert Auslegungsstoff für mehr als einen theologischen Traktat. Es gibt nichts, was nicht gemacht werden könnte. Auch Götter sind in beliebiger Form und in beliebiger Zahl von geschickten Arbeitern herstellbar. So einfach ist das. Wozu da noch warten?

Da sprach Aaron zu ihnen: «Nehmt die goldenen Ringe, die eure Frauen, eure Söhne und eure Töchter an den Ohren tragen, weg und bringt sie zu mir.» Das ganze Volk nahm die goldenen Ringe, die sie an ihren Ohren trugen, ab und brachte sie zu Aaron. Er nahm sie aus ihren Händen entgegen, schmolz sie in einer Form ein und goß daraus ein goldenes Kalb. Da riefen sie: «Und das ist dein Gott, Israel, der dich aus Ägypten herausgeführt hat.» Als Aaron dieses sah, baute er vor ihnen einen Altar und Aaron rief aus und sagte: «Morgen ist ein Fest für Jahwe.» Am anderen Morgen standen sie früh auf, opferten Brandopfer und brachten Gemeinschaftsopfer dar, und das Volk ließ sich nieder, um zu essen und zu trinken. Dann erhoben sie sich, um zu tanzen.

Die Geschichte kommt damit so richtig in Schwung. Dem Allerhöchsten bleibt das Treiben seines Volkes natürlich nicht verborgen. Er ist sehr ergrimmt und beschließt, dieses verblendete und frevlerische Volk zu vernichten. Mose bringt Gott jedoch dazu, seinen Zorn einzudämmen und das weitere Vorgehen an ihn zu delegieren, wobei er keineswegs an eine saft- und kraftlose Hinnahme der Provokation zu denken gewillt ist, wie wir gleich sehen werden. Mose steigt darauf vom Berg herab und wird bei der Annäherung an das Lager Zeuge dessen, was sein Volk da treibt. Da entbrennt der Zorn des Mose in voller Stärke. Er zerschmettert die gerade übernommenen Gesetzestafeln an einem Felsen. Dann bemächtigt er sich des Kalbes, das sie gemacht hatten, verbrennt es in einem Schmelzofen, zerstößt die Reste zu Staub, streut diesen auf dem Wasser aus und läßt die Israeliten das in dieser Weise präparierte Wasser trinken. Darauf stellt Mose Aaron zur Rede: «Was hat dir dieses Volk getan, daß du so eine große Schuld auf es gebracht hast?» Eine beziehungsreiche Frage, die vermuten läßt, daß es noch offene Rechnungen zu begleichen galt. Doch daran scheint Mose derzeit nicht interessiert zu sein. Aaron antwortete: «Zürne nicht, mein Herr, du weißt ja selbst, wie böse das Volk ist. Sie sagten zu mir: ‹Mache uns einen Gott, der vor uns herzieht, denn wir wissen nicht, was mit diesem Mann Moses, der uns aus Ägypten geführt hat, geschehen ist.› Da sagte ich zu ihnen: ‹Wer Gold trägt, der nehme es ab.› Sie brachten es mir, und ich warf es in das Feuer, und dabei kam dieses Kalb heraus.» So schnell ging es, und so einfach kann man es erklären. Die Entschuldigung des Aaron klingt zwar nicht sehr überzeugend, doch Mose scheint sie gelten zu lassen, obwohl sein Versagen offensichtlich ist.

Mose trifft daraufhin eine uns heute sicherlich irritierende, wenn nicht gar völlige Ablehnung hervorrufende Entscheidung. Er zerschmettert nicht nur das Götzenbild, pulverisiert es im wahrsten Sinne des Wortes und zwingt das Volk, seinen Götzen «zu schlukken», sondern er beschließt auch, das Volk zu dezimieren. Es ist eine ziemlich blutrünstige Geschichte: Dreitausend der Frevler werden umgebracht, wobei Mose seine «schnelle Eingreiftruppe» mobilisiert, die gottesfürchtigen Leviten, die fortan in der Geschichte Israels einen besonderen Platz einnehmen werden.

2. Einiges, was uns diese Geschichte zu denken gibt

Es kann hier nicht darum gehen, den vorhandenen hervorragenden Kommentaren zu diesem Teil des Buches Exodus eine Ergänzung an die Seite zu stellen. Ich möchte nur auf einige Momente aufmerksam machen, die mir für unseren aktuellen thematischen Zusammenhang und im Sinne der heute allzu oft vergessenen Verflechtung von Idolenkritik und Ideologiekritik aufschlußreich zu sein scheinen.

Aber auch dabei wage ich nicht alle Gedanken, die in diesem Text enthalten sind, zu Ende zu denken, denn dieser Exodustext legt ja auch nahe, daß Gott befiehlt, rigoros das zu vernichten, was uns am Leben hindert. Was unser Leben mit dem Tod bedroht, muß zerstört werden, es muß zu Staub werden, es muß verstreut werden. Das gleiche gilt aber auch für jene, welche die lebenszerstörenden Produkte herstellen. Eine tödliche Logik. Doch wer wagt es, sie in die Tat umzusetzen? Da klingt der «Sponti-Spruch» der Autonomenbewegung der achtziger Jahre «Macht kaputt, was euch kaputt macht» noch relativ harmlos, verglichen mit dem rauchenden Zorne Gottes über den Götzendienst.

a) Die Bibel ist ein realistisches Buch. Sie ist eine Einheit von Widersprüchen. Vor allem beschönigt sie nicht die Abwege, die Irrwege und den Verrat jenes Volkes, über dessen geschichtlichen Weg mit seinem Gott sie Rechenschaft ablegt. Der Text, auf den ich mich gerade bezogen habe, dokumentiert das in sehr anschaulicher Weise. Kaum ist das Volk Israel dem Sklavenhaus Ägypten entronnen, da vergißt es seine Erfahrungen, seine Hoffnungen und seine Visionen. Ausgerechnet in jener Stunde, wo der Gott Israels jene grundsätzliche Weisung übermitteln will, an der sich zu orientieren es bis heute nicht müde geworden ist, den Kern der Thora, fällt es zurück in einen immer wieder neu seinen Weg bedrohenden resignativen Realismus. Es erliegt dem Glanz des Goldes und der Verführungskraft des Götzendienstes. Es erscheint einfacher, sich einen Götzen zu machen und diesem sich zuzuwenden, als einem Gott zu folgen, der keine Ruhe läßt und unerbittlich zum Auszug aus verfremdenden Verhältnissen drängt, aufruft und Anleitung gibt.

Der Text ist auch realistisch in bezug auf die Verführbarkeit der Führer des Volkes in Richtung Götzendienst. Aaron, der Bruder des Mose, verweigert sich nicht der Bitte des Volkes, sondern wird zum ausführenden Gehilfen des Rufes nach der Herstellung von handgreiflicher, sinnenfälliger, eindeutiger Orientierung. Die Verläßlichkeit des Selbstgemachten, besonders dann, wenn es eine goldene Aura hat, wird der drückenden Last des Selbstzweifels und der Selbstverantwortung vorgezogen.

b) Die das Götzenbild vernichtende Aktion des Mose verdient eine besondere Beachtung. Der Götze wird nicht nur völlig zerstört, förmlich atomisiert, sondern der so atomisierte Götze muß auch unter dem rigoros demonstrativen Diktat einer Symbolhandlung vom Volk «konsumiert» werden. Symbolisch wie real wird damit vorgeführt, daß die an den Götzen entäußerten und von ihm angeeigneten Kräfte des Menschen zurückgewonnen und von den Subjekten wieder angeeignet werden können und dann auch müssen. So vollzieht sich nicht nur eine totale Entmachtung der Götzen, es wird auch die Entfremdung, in die der Mensch durch den Götzendienst verfällt, sichtbar und damit potentiell umkehrbar gemacht. Indem Mose das Volk zwingt, seinen «Götzen zu fressen» restituiert er die Integrität des Volkes per Konsum und Ausscheidung auf einem neuen Niveau. Der Götze muß zu dem werden, was er immer schon ist: «Teufelskot»[1], oder banaler und alltäglich brutaler formuliert: einfach Scheiße.

c) Der Tanz ums Goldene Kalb ist zu einer stehenden Metapher geworden, die seitdem in der durch die christlich-jüdische Tradition geprägten Geistesgeschichte häufig Anwendung gefunden hat. So war z. B im Jahre 1988 auf einem Transparent bei einer Demonstration in Frankfurt gegen die internationale Politik der deutschen Großbanken zu lesen: «Das Goldene Kalb ernährt sich vom Brot der Armen und vom Blut der Schlachtfelder.» Ich glaube, daß wir auch heute diese Metaphorik weiter benutzen können, um die Bewegungsform zu beschreiben, die das Kapital den einzelnen und den Völkern vorschreibt, das Kapital, das an die Stelle des Goldes getreten ist und mittlerweile selbst wiederum durch unsichtbares Geld abgelöst wurde.

Wer sich dem Tanz ums Goldene Kalb, der ja eine geschlossene Kreisbewegung ist, also weder Anfang noch Ende hat, entzieht, aus ihm aussteigt, der produziert sozusagen eine gesellschaftliche Kreislaufstörung. Die Wächter des Kapitalkreislaufes werden immer sehr schnell auf diese Störung aufmerksam und reagieren ebenso empfindlich wie brutal. Der Störende gilt als gestört, wird entweder diszipliniert oder stillgestellt oder verwahrt oder ausgegrenzt oder getötet. Er nimmt am doppelten Kreislauf, demjenigen, den das Kapital vollführt, und demjenigen, der um das Kapital, als das Goldene Kalb, aufgeführt wird, nicht mehr teil. Er ist tot.

1 Die Erinnerung an die Analsphäre und Verwendung der Fäkaliensprache hat eine eigene religionswissenschaftliche Bewandtnis: Sigmund Freud zitiert in seiner Abhandlung «Charakter und Analerotik» die folgende Deutung des Ausdrucks Mam(m)on: «Mamon (*manunon*) ist babylonisch man-man, ein Beiname Nergals, des Gottes der Unterwelt. Das Gold ist nach orientalischem Mythus, der in die Sagen und Märchen der Völker übergegangen ist, Dreck der Hölle.» (Zit. nach: E. Bornemann, Psychoanalyse des Geldes, Frankfurt a. M. 1977, 92.).

Mose zerstörte das goldene Kalb. Er verbrannte es im Schmelzofen. Aber er tötete auch die Frevler. Dieser Handlungsimperativ dürfte uns ferne liegen, aber wir sollten diese Konsequenz des Zornes Gottes nicht vergessen.

II. Die Geschichte von der goldenen Säule und einem unterschiedlichen Umgang mit ihr

1. Die biblische Geschichte

Unser zweiter Text ist einem anderen literarischen Komplex der Bibel entnommen, der apokalyptisch-prophetischen Literatur, wenn man sich einer bestimmten christ-theologischen Einteilung anschließt. Ton Veerkamp, dessen deutscher Textvariante und dessen Auslegungsleitlinie ich mich im folgenden anschließen werde, läßt das Danielbuch mit den Büchern Esra, Nehemia und Chronik eine Einheit bilden, für die das Schicksal der Thorarepublik das zentrale Thema darstellt.

Dan 3, 1–7; 13–14; 16–19
Nebukadnezar, der König, machte ein Bild von Gold. Seine Höhe: sechzig Ellen, seine Breite: sechs Ellen. Er stellte es auf in der Ebene Dura in der Provinz Babel. Nebukadnezar, der König, sandte aus zu versammeln die Satrapen, die Verwaltungschefs, die Gouverneure, die Regierungsräte, die Minister, die Richter, die Behördenleiter, alle, die Verwaltungsmacht besaßen in der Provinz, daß sie zur Einweihung des Bildes kamen, das Nebukadnezar, der König, aufgestellt hatte. Daraufhin versammelten sich die Satrapen, die Verwaltungschefs, die Gouverneure, die Regierungsräte, die Minister, die Richter, die Behördenleiter und alle, die Verwaltungsmacht in der Provinz hatten, zur Einweihung des Bildes, das Nebukadnezar, der König, aufgestellt hatte. Sie stellten sich auf vor dem Bild, das Nebukadnezar, der König, aufgestellt hatte. Der Herold rief laut: »Zu euch ist gesprochen, Völker, Gemeinschaften, Sprachgruppen, in dem Moment, da ihr hört die Stimme des Hornes, der Schalmei, der Zither, der Harfe, des Psalters, des Dudelsackes, allerlei Sorten Musik, sollt ihr niederfallen und Ehrfurcht erweisen dem Bilde, das Nebukadnezar, der König, aufgestellt hat. Wer nicht niederfällt, nicht Ehrfurcht erweist, der wird im gleichen Augenblick mitten in einen feurig brennenden Ofen geworfen.» Daraufhin, zu der Zeit, als alle Völker die Stimme des Hornes, der Schalmei, der Zither, der Harfe, des Psalters, allerlei Sorten Musik hörten, fielen sie nieder, alle Völker, Gemeinschaften, Sprachgruppen, erwiesen Ehrfurcht dem Bilde aus Gold, das Nebukadnezar, der König, aufgestellt hatte.

In dem Lande waren einige verschleppte Hebräer, die sich diesem Befehl verweigerten. Sie wurden natürlich, wie das damals und heute beim bewußten Übersehen der «Geßlerhüte» jeglicher Provenienz und anderer Hoheitszeichen der Fall ist, sofort denunziert.

> Nun sprach Nebukadnezar glühend vor Zorn, herkommen zu lassen Schadrach, Meschach und Abed-Nego. Daraufhin kamen diese Männer vor den König. Nebukadnezar entgegnete, er sprach zu ihnen: «Ist das zutreffend, Schadrach, Meschach, Abed-Nego, daß ihr, ja ihr, meinen Gott nicht geehrt habt, daß ihr dem goldenen Bild, das ich aufgestellt habe, Ehrfurcht nicht erwiesen habt». Schadrach, Meschach und Abed-Nego entgegneten ihm: «Wir haben es nicht nötig, dir darauf auch nur eine Silbe zu erwidern, denn unser Gott, den wir verehren, vermag wirklich, uns aus dem feurig brennenden Ofen zu entreißen. Und selbst dann auch, wenn er das nicht tut, so werde dir König von uns gesagt: Deinem Gott werden wir niemals dienen. Dem goldenen Bild, das du aufgestellt hast, werden wir niemals Ehrfurcht erweisen.» Nun wurde Nebukadnezar voll zornig.

Die Folge war, daß der König unter Verschleiß des zuständigen Heizpersonals den Ofen auf siebenfache Hitze bringen und die fremdländischen Verweigerer hineinwerfen ließ.

Die Geschichte hat jedoch ein Happy-End. Die unbeugsamen Widerständler werden durch göttliche Intervention befreit, und der König ist sehr verwirrt. Er macht das gleiche, was er vorher bezüglich des goldenen Standbildes getan hatte: Er ordnet eine Verehrung des Gottes Israels an und verhängt zur Einhaltung brutale Sanktionen wie vorher. Er hat also aus dem Widerstand der Hebräer über die ontologische und geschichtliche Beschaffenheit ihres Gottesverständnisses rein gar nichts gelernt.

2. Kleiner ökonomisch-politischer Kommentar

Zunächst einmal einige Hinweise zur ökonomischen Situation: das Bild war aus Gold, und es war riesig, sechzig Ellen sind immerhin ungefähr dreißig Meter auf eine Breite von drei Metern, also ein goldenes Monstrum. Das Gold steht im Zentrum der Austauschprozesse der hellenistischen und vorder- bzw. mittelasiatischen Ökonomie. Es nimmt alle Funktionen wahr, die auch heute noch das Geld wahrnimmt: Tauschmittel, Zahlungsmittel, Wertmaßstab und Wertaufbewahrungsmittel bzw. gehortete Kaufkraft zu sein. Es vermittelte alle Transaktionen zwischen gegenwärtigen und zukünftigen Warenbesitzern. Der König der Könige, Nebukadnezar, macht daraus ein Bild. Er verdinglicht damit im wahrsten Sinne auch die Ökonomie und macht sie zum Kultgegenstand.[2] Der Prozeß der Verdinglichung macht das Gold zum Fetisch und in ihm die Ökonomie. Indem das Gold angebetet wird, wird die Allmacht der Ökonomie anerkannt. Nicht ohne Grund hat Marx daher den religionswissenschaftlichen Begriff des Fetischs als Kategorie der Ideologiekritik und der ökonomischen Analyse etabliert.

Der Inbegriff der Politik, nämlich das Königtum, erhebt den Inbegriff der Ökonomie, nämlich das Gold, zum Gott der ganzen Welt. Das ist der Vorgang, der hier erzählt wird. Die Erzählung beschreibt also, um die triadische Darstellungsform des französischen marxistischen Philosophen Louis Althusser zu verwenden, die Einheit von Politik, Ökonomie und Ideologie in der damaligen Zeit. Sie beschreibt aber auch gleichzeitig eine Weltwirtschaftsordnung, die um dieses Gold herum aufgebaut ist. Und alle kommen. Alle fallen nieder vor dem goldenen Bild, das Nebukadnezar, der König, aufgestellt hatte. Die Herrschaft des Goldes ist universal und alle (*universi*) ohne Ausnahme erkennen diese universale Macht an, nur die drei Hebräer nicht. Denn sie kommen aus einer anderen Tradition. Sie haben ein anderes Gottesverständnis und sind mit hoher Wahrscheinlichkeit geschult durch die lange Tradition prophetischer Sozialkritik, d. h. eben auch geschult durch die erste Fetischismusanalyse, die es gab, nämlich die Götzenkritik der Propheten.

Das Gold wird zum Allbeweger, zum Maß aller Dinge gemacht. Das Gold war der einzige wahre Gott in den Augen Nebukadnezars und wohl außer dem Judentum in den Augen der gesamten damaligen Welt. Es war nicht ein Götze, sondern es war wirklich Gott, denn das Gold funktionierte als die alles bestimmende Wirklichkeit, als einzig wahrer, nämlich als einzig real existierender Gott. Und dies mußte durch die feierliche Liturgie Nebukadnezars bestätigt werden, denn die Götter lieben die Feier, auch das goldene Kalb wurde ja umtanzt und ließ sich feiern. Das heißt, ihre alltägliche Göttlichkeit, ihre gewöhnliche Herrschaft, nämlich Produkte von Menschenhand zu sein, muß periodisch verinnerlicht werden als Allmacht, damit sich keine Gottlosigkeit, keine Götzenkritik, keine Religionskritik beim Volke breitmacht. «Und die Feier muß

2 Vgl. hierzu und zum folgenden die Ausführungen von T. Veerkamp, Autonomie und Egalität. Ökonomie, Politik und Ideologie in der Schrift, Berlin 1993, 243ff.

natürlich eine königliche sein, damit verinnerlicht wird, daß ohne die Absicherung durch die Politik die Ökonomie ihr segensreiches tägliches Werk in dieser Weise nicht vollbringen kann.»[3] Deswegen die aufwendige Inszenierung einer Banalität, die sich göttlich gibt.

In diesem Text waltet aber noch eine ganz besondere Dialektik. Der fremde Wille, dargestellt durch Nebukadnezar und durch sein Standbild aus Gold, ist ein Wille, der sich allgemein setzt; nicht umsonst wird dies durch die dauernde Aufzählung: alle Völker, alle Sprachgruppen, alle Nationen usw., immer wieder unterstrichen. Er konstituiert nicht nur eine Weltwirtschaftsordnung, sondern eine Weltwirklichkeit, auch wenn er hier noch verkörpert wird durch eine einzelne Herrschaftsgestalt, durch eine Person oder ein Standbild. Später wird dieser fremde Wille die Form des Kapitals, oder wie es Franz Hinkelammert ausgeführt hat, des Wertgesetzes hinter dem Rücken der Subjekte annehmen. Aber schon bei Nebukadnezar ist überdeutlich, daß das, was sich hinter dem Rücken der Subjekte konstituiert, Konflikte erzeugt, die auf dem Rücken der Subjekte ausgetragen werden.

Dieser fremde Wille drängt sich den Individuen gewaltsam als subjektkonstituierend auf. Als äußeres Zeichen der inneren Anerkennung dieser Ordnung wird die Aufhebung aller anderen Verhältnisse verfügt und die einzige maßgebliche Wirklichkeit in Form der Goldsäule in den Mittelpunkt gestellt und ihre Anbetung verlangt. Und diese Anbetung soll mit Hilfe der Todesstrafe erzwungen werden. Wer sich widersetzt, hat sein Subjektsein verwirkt, jedenfalls gemäß der Ordnung und Anordnung des Nebukadnezar.

Die drei Hebräer, geleitet von ihrem Gott, haben dieses Spiel durchschaut. Sie haben erkannt, daß gerade die Autonomie des Subjekts radikal ausgelöscht wird, wenn es sich dem Befehl des Königs unterwirft. Sie haben erkannt, daß nicht der sein Subjektsein verliert, der im Feuerofen verbrannt wird, sondern gerade der, der verbrannt wird, rettet sein Subjektsein, wenn auch unter unsäglichen Schmerzen.

Das ist die wahre, aber vielleicht nicht einfach mitzuvollziehende Einsicht der drei Hebräer, die stellvertretend stehen für die ganze Geschichte der Fetischismuskritik und der Weigerung vor dem Götzendienst. Die drei Hebräer wissen zudem, daß sie selbst dann

3 Ebd. 245.

zu dieser Erkenntnis stehen müssen, wenn ihr Gott nicht kommt, um sie zu retten. Das ist die Größe ihrer Weigerung. Sie wissen nicht, ob sie gerettet werden. Aber selbst unter diesem Vorbehalt sagen sie: Wir werden keineswegs diese Götzen anbeten. Wir haben noch nicht einmal Lust, dir Nebukadnezar, dem Allherrscher, zu antworten; zu dumm und dämlich und menschenverachtend ist dein Ansinnen.

Auch ohne die Gewißheit der Rettung sind sie zum Widerstand bereit. Ich glaube, das ist die wahre Größe dieser Männer und der Tradition Israels, denn das Subjekt kann nicht verbrannt werden. Es wird umgekehrt zerstört, indem es dem Feuertod um jeden Preis zu entgehen sucht, nämlich durch Unterwerfung.

III. Psalmen unterschiedlichster Herkunft, Verfassung und Intention

Mit den nächsten beiden Texten werden ein biblischer poetischer Text, d. h. ein Psalm, und ein Text, der von seiner Herkunft und Struktur zwar kein Psalm ist, von seiner Funktionalität her aber es erkennbar sein möchte, einander gegenübergestellt. Sie legen sich ohne großes linguistisches Arrangement gegenseitig aus, wobei der biblische Text das Dechiffrierungsraster liefert.

1. Der Schweizer Goldpsalm

Wenden wir uns zunächst dem aktuellen Dokument zu. Es besteht aus einer Textcollage, die zusammengestellt ist aus Werbetexten, die in der Vorweihnachtszeit des Jahres 1989 in der Schweizer Wochenzeitung «Die Weltwoche» erschienen sind. Es sind Werbetexte der Firma Omega, die über die ganze Zeitung, verknüpft mit dem Firmenemblem, verteilt waren. Ich habe ihm etwas anzüglich den Titel *Schweizer Goldpsalm* gegeben. Er bedarf keiner eingehenderen Analyse, denn seine Botschaft ist eindeutig, womit dem Text entgegen seiner Intention jegliche Poesie gründlich abhanden kommt.

> Gold ist Bestätigung.
> Sein Versprechen hat Gewicht.
> Gold ist Überraschung.

Es übertrifft die größte Erwartung.
Gold ist Sicherheit.
Auf seine Stabilität vertraut die Welt.
Gold hat Ausstrahlung.
Sie verliert nie an Glanz.
Gold ist Treue.
Es verrät seinen Besitzer nicht.
Gold ist Ewigkeit.
Seine Faszination überdauert die Zeit.
Gold ist Geheimnis.
Niemand vermag seine Faszination
ganz zu ergründen.
Gold zeigt Gefühl.
Sanft, stet und verläßlich.
Gold ist Dankbarkeit.
Es weiß sich unvergänglich
auszudrücken.
Gold ist Liebe.
Es gibt kaum ein edleres Zeichen dafür.
Gold ist Vertrauen.
Sein Wert hält Bestand.
Gold ist Zuneigung.
Es drückt Gefühle besser aus
als tausend Worte.
Gold ist Sehnsucht.
Seine Attraktion verblasst nie.[4]

Konfrontieren wir nun diesen Psalm, der so etwas wie ein Hochgebet des neuzeitlichen Kapitalismus darstellt, mit dem Psalm 115 der Bibel.

2. Psalm 115 (113B)

Der einzige und wahre Gott
1 Nicht uns, o EWIGER, nicht uns, Ehre verleih Deinem Namen,
um Deiner Ehre willen und Deiner Treue.
2 Warum sollen sagen die Heiden: Wo ist nun ihr Gott?
3 Unser Gott ist im Himmel und auf Erden, alles, was ER wollte, ER hat es
vollbracht.
4 Ihre Götzen aber sind Silber und Gold, gebildet von Menschenhand.

4 Quelle: Die Weltwoche, Nr. 49, vom 7. 12. 1989; diese Sammlung von Werbetexten der Firma Omega, die ein umwerfend offenherziges Zeugnis kapitalistischer Ideologieproduktion darstellt, wurde mir in dankenswerter Weise übermittelt von der Schweizer Ökonomin Mascha Madörin.

5 Sie haben einen Mund und können nicht reden, sie haben Augen und sehen nicht.
6 Sie haben Ohren und können nicht hören, sie haben eine Nase und riechen nicht.
7 Sie haben Hände und können nicht greifen, sie haben Füße und gehen nicht,
es kommt aus ihrer Kehle kein Laut.
8 Ihnen gleichen, die sie gebildet, und jeder, der ihnen vertraut.
9 Israels Haus vertraut auf den EWIGEN, ER ist ihm Hilfe und Schild.
10 Aarons Haus vertraut auf den EWIGEN, ER ist ihm Hilfe und Schild.
11 Alle, die den EWIGEN fürchten, sie vertrauen auf IHN, ER ist ihnen Hilfe und Schild.
12 Der EWIGE gedenkt unser, ER möge uns segnen!
Segen dem Hause Israel, Segen dem Hause Aaron!
13 Die fürchten den EWIGEN, ER möge sie segnen, Kleine und Große zumal.
14 Es gebe der EWIGE euch Gedeihen, euch sowie euren Kindern.
15 Seid gesegnet vom EWIGEN, der geschaffen hat Himmel und Erde.
16 Der Himmel ist Himmel des EWIGEN, die Erde gab er den Kindern der Menschen.
17 Nicht die Toten preisen den EWIGEN, keiner der hinabsteigt zur Stille.
18 Wir aber, die Lebenden, preisen den EWIGEN heute und immerdar.

Dieser Psalm gilt in mehrfacher Hinsicht als ein zentrales Dokument der Götzen- und Ideologiekritik. Ich bin der Meinung, daß er über die bei den Propheten geläufige Götzenkritik, in der sie uns immer wieder neu einschwören auf die Erkenntnis, daß die Götzen Nichtse und Gebilde von Menschenhand sind, eine zusätzliche und weiterführende Einsicht enthält.

Zentral für diesen Text ist, daß er den Produktionsprozeß der Götzenherstellung, das Produkt und seine Wirkungen in eins sieht. Dieser Produktionsprozeß ist radikal, denn er erfaßt die Körperteile des Menschen und vor allem seine Sinnesorgane. Zunächst werden die Sinne unfähig gemacht, ihre ursprünglichen Funktionen wahrzunehmen, so wie jemand, der nur mit dem Auto fährt das Zufußgehen verlernt und dann zum Joggen Zuflucht nehmen muß. Der nächste Schritt ist, daß die Sinneserfahrung, wenn nicht gänzlich ausgelöscht, so doch pervertiert wird, womit auch die anschauliche Erkenntnis sich in eine abstrakte verwandelt oder ganz verschwindet. Durch die Produktion der Götzen und der Götzenbilder findet im Menschen nicht nur eine Verkehrung seiner Gesinnung, sondern an ihm als sinnlich die Welt erfahrendes Wesen eine Amputation eben dieses Sinnes- und Wahrnehmungsapparates statt. Entsprechend heißt es in Vers 8, nachdem in den Versen 5–7 die totale Sinn(en)-losigkeit, in des Wortes mehrstufiger Bedeutung, dieser Götzen geschildert wurde: «Ihnen gleichen, die sie gemacht.» Wir begegnen damit einem Grundgedanken der Ideologiekritik, der bei Marx in ähnlicher Form, wenn auch in einem anderen Sprachgewande und mit analytischer Ausführlichkeit auftaucht. Die verkehrte Welt erscheint deswegen als verkehrte, weil wir sie verkehrt sehen. Und umgekehrt: wir sind so, wie wir sehen, d. h. wir gleichen dem, was wir geschaut und begriffen haben, und sind deswegen auch so schlecht darüber aufzuklären, daß das Geschaute die Dinge auf dem Kopf zeigt und uns damit irreführt. Der berühmte Dichter William Blake hat in einem großen Gedicht, das er «Jerusalem» nannte[5], diesen Psalm ausgelegt und daraus eine ganze Kommunikationstheorie entwickelt hat. Sein Grundgedanke ist (in Anlehnung an Vers 8), daß die Menschen dem ähnlich werden, was sie anschauen und machen. Sie machen sich zu dem, was sie gemacht haben, nicht umgekehrt. Die Götzen bekommen deswegen auch nicht menschliche Eigenschaften, sondern die Menschen nehmen die Eigenschaften der Machwerke ihrer Hände an. Das ließe sich möglicherweise ausdehnen bis auf die gegenwärtige informationstechnologisch dominierte Produktionsweise, die dabei ist, nicht nur die menschlichen Produkte, sondern auch die Identitätsstruktur des Menschen auf eine bestimmte Informationsmenge zu reduzieren. Wir gleichen dem, was wir gemacht haben. Am Ende schrumpft unsere Identität auf die Zeichenmenge unseres Gen-Codes zusammen, aus dem jede Spur der Transzendenz getilgt ist. Wir bleiben damit zwar identifizierbar, haben damit aber auch alles verloren, was einst mit Geist oder Seele begrifflich anzudeuten versucht wurde. Über allem schwebt nun nicht mehr der Geist Gottes, sondern die «virtuelle Informationswolke» des Cyberspace.[6]

5 Auf die produktionsästhetische und ideologiekritische Relevanz von Psalm 115 und seine Verarbeitung durch William Blake stößt man in einem Buch, bei dem es nicht zu vermuten wäre, einem solchen Fund zu begegnen: Marshall McLuhan, Die magischen Kanäle. Understanding media (Neuausg.), Dresden–Basel 1994, 80f.

6 Zu den damit angestoßenen Assoziationen vgl. die beiden Themen-Hefte des «Forum Wissenschaft», 12. Jg. (Marburg 1995), H. 1, und 13. Jg. 1996, H. 1; darüber hinaus und schon früher vgl. F. Rötzer (Hrsg.), Digitaler Schein. Ästhetik der elektronischen Medien, Frankfurt a. M. 1991.

Wenn die unvermittelte sinnliche Wahrnehmung verschwunden ist, sieht man natürlich auch nicht mehr das Leid dieser Welt und kann nicht mehr erkennen, worin der Unterschied zwischen Gott und Gold liegt. Es beginnt – der in den Tendenzen der sogenannten Informationsgesellschaft auf seinen Höhepunkt gelangte – Prozess der Verwandlung des Wissens in Informationsspeicherung und der Ersetzung der Wirklichkeit durch ihre Simulation also schon in der ursprünglichen Herstellung von Götzen und Fetischen auf der Ebene der Stammesgesellschaften. Eine lange Tradition scheint heute siegreich ihr Erbe anzutreten.

IV. Die schlechte Unendlichkeit der scheinbaren Selbstvermehrung des Kapitals

Wir können einen Sprung in die Neuzeit tun, ohne daß dabei die Kontinuität der hier verhandelten Grundeinsichten all zuviele Einbußen erleidet. Die negative Dialektik der Götzenproduktion wird auf der Ebene der modernen industriellen Produktionsweise fortgesetzt in dem, was wir mit Hegel «die schlechte Unendlichkeit» nennen können. Was ist darunter zu verstehen?

1. Die Erde als Goldbergwerk und faustische Wertschöpfung

Wir gehen zunächst kurz ein auf Goethes «Faust», vor allem dessen zweiten Teil. Der Schweizer Ökonomieprofessor Hans Christoph Binswanger hat in seinem Buch «Geld und Magie»[7] diesem Werk von Goethe eine sehr lehrreiche und phantasievolle Auslegung gewidmet. Nach Binswanger steht im Zentrum der Überlegungen Goethes der Versuch, die Leistungsfähigkeit und Produktivkraft der modernen Wirtschaft sowie ihre die menschliche Schaffenskraft ständig in Schwung haltende Antriebsstärke zu erklären. Das Streben des wissenschaftlich und technisch auf immer neue Möglichkeiten seiner Machterweiterung stoßenden modernen Menschen, symbolisiert durch Faust, zielt auf das Unendliche. Daher lehnt dieser es ab, im Augenblick Erfüllung zu finden und dessen Verweilen zu wünschen. Der Augenblick hat für ihn höchstens die Bedeutung

7 H. Chr. Binswanger, Geld und Magie. Deutung und Kritik der modernen Wirtschaft anhand von Goethes Faust, Stuttgart 1985.

der ahnungsvollen Vorwegnahme künftiger, jedoch in einer radikalen Absage an das Jenseitige völlig diesseitig verstandenen und prinzipiell immer weiter ausdehnbaren Erfüllung.

In den ersten Teilen des «Faust», ungefähr beendet um das Jahr 1806, spielt daher das Leitmotiv der traditionellen Alchimie von der Herstellung des Trinkgoldes zur Erlangung ewiger Jugend eine zentrale Rolle. Dieser Teil enthält deswegen nicht nur nebenbei eine tragische und nicht nur als Verzierung eingeflochtene Liebesgeschichte. Im zweiten Teil des «Faust», ungefähr beendet 1831, steht eine Verstärkung und Erweiterung dieses Anliegens, nämlich das ebenfalls klassische alchimistische Streben nach der Herstellung des künstlichen Goldes im Vordergrund. Für Goethe kündigt sich eine erste Realisierung dieses uralten Trachtens in der neuen Form der Geldschöpfung durch Banknoten am Kaiserhof an. Das Drama der Liebe setzt sich fort im Drama der Wirtschaft und ihren Glücksversprechungen. Durch sie wird vordergründig eine «heitere Welt» geschaffen, wie es Goethe formuliert, in der man sich kaufen kann, was man will: «Paläste, Gärten, Brüstlein, rote Wangen» (V. 4968) Diese künstliche Konsumwelt beruht auf der Aktivierung tiefsitzender menschlicher Triebkräfte, die durch drei mächtige Gesellen dargestellt werden: Diese nennt Goethe «Raufebold», «Habebald» und «Haltefest», übrigens keine original Goetheschen Erfindungen, sondern bereits erwähnt im Buche Jesaja 8,1.

Mit diesen drei gewaltigen Gesellen personifiziert Goethe die menschlichen Triebe und Leidenschaften, die mit der Eigentumsbeschaffung und ihrer intensivsten Form, der Kapitalbildung, zuinnerst verknüpft sind, nämlich unverhohlene Gewaltanwendung, Habgier und Geiz. Um der Steigerung des Geldwertes willen wird die Welt in ein einziges «Goldbergwerk» verwandelt. Nicht der Glaube an die Transzendenz, sondern das erfolgreiche wirtschaftliche Handeln im Diesseits eröffnet dem modernen Erfolgsmenschen den Blick in die Unendlichkeit. Immer wieder wird dies im Faust-Drama deutlich. Es wird m. E. sogar ausdrücklich auf die grenzenlosen Möglichkeiten der «In-Wert-Setzung» der Natur und der gesamten Wirklichkeit und damit der Geldschöpfung aufmerksam gemacht, wenn es heißt:

Das Übermaß der Schätze, das, erstarrt,
In deinen Landen tief im Boden harrt,

Liegt ungenutzt ...
Die Phantasie, in ihrem höchsten Flug,
Sie strengt sich an und tut sich nie genug.
Doch fassen Geister, würdig, tief zu schauen,
Zum Grenzenlosen (!) grenzenlos (!) Vertrauen.
(V. 6111ff)

Es geht hier um Ökonomie, nicht um Metaphysik, und das Vertrauen, das Goethe anspricht, ist nicht etwa das gute alte Gottvertrauen, sondern das neue Vertrauen in die unbeschränkten Möglichkeiten zur Kapitalakkumulation. Die Wertschöpfung wird um so größer, je mehr Geld einerseits in die Wirtschaft einfließt und je mehr Dinge anderseits in Geldwerte verwandelt werden können. Diese Schöpfungstat der Wirtschaft übt schon zur Zeit Goethes eine ungeheure Faszination aus. Es ist die Attraktion des vermeintlich unendlich Vermehrbaren, des ewigen Fortschritts. Diese erweckt mit Hilfe des Zinseszinsmechanismus den Eindruck einer «Schöpfung aus dem Nichts» (*creatio ex nihilo*). Mit dieser «Schöpfung aus dem Nichts» würde das Kapital aber endgültig auf dem Thron des Schöpfergottes Platz nehmen können und zur alles bestimmenden Wirklichkeit werden. Die wahre Genesis ist die Kapitalakkumulation. Das hat Goethe klar erkannt. Diese Zusammenhänge mußten uns also nicht erst von Karl Marx beigebracht werden. Doch wenn man alles nur deswegen schon wieder seit 1989 vergessen hat, weil Marx es uns beigebracht hatte, dann muß man es eben wieder bei Goethe nachlesen.

2. *Die schlechte Unendlichkeit der quantitativen Vermehrung und Zerlegung*

Damit gießt Goethe genau die Sache in eine literarische Form, die sein philosophischer Zeitgenosse Hegel im Jahre 1808 in seiner «Ontologischen Logik», dann 1812 in der «Wissenschaft der Logik» und in späteren Schriften folgendermaßen auf den Begriff bringt: «Über jedes Quantum kann hinausgegangen und eine andere Grenze gesetzt werden, welche eben so sehr keine immanente Grenze ist» – also wiederum aufgehoben und überschritten werden kann. «Es entsteht dadurch der Progreß ins Unendliche oder die sogenannte schlechte Unendlichkeit.»[8] Auf diesem Weg eindimensionalen Fort-

8 G. W. F. Hegel, Nürnberger und Heidelberger Schriften 1808–1817, Theorie-Werk-Ausgabe, Bd. 4, Frankfurt 1970, 16.

schreitens bzw. bloßer quantitativer Vermehrung wird aber das angestrebte Ziel nie erreicht; es entflieht. Was bleibt, ist «eine bloß eingebildete Unendlichkeit» mit all ihrem Frust statt der verheißenen Lust.

Wie aber sieht dies nun bei der modernen, d. h. kapitalistischen, ob privat oder kollektiv betriebenen Wirtschaft aus? Wird auch sie von einer Zielvorgabe bestimmt, die von vorneherein unerreichbar ist? Hegel rollt das überall sein Spiel treibende «schlechte Unendliche» von der Subjektseite, d. h. von den menschlichen Bedürfnissen her auf, wenn er feststellt: «Der Mensch erweitert durch seine Vorstellungen und Reflexionen seine Begierden, die kein beschlossener Kreis wie der Instinkt des Tieres sind, und führt sie in das schlecht Unendliche.»[9] Der darauf konzentrierte Verstand des Menschen vervielfältigt die Bedürfnisse durch ihre Aufspaltung in einzelne Teilbedürfnisse und erzeugt damit auch gleichzeitig die Notwendigkeit zur Vervielfältigung der zu ihrer Befriedigung erforderlichen Mittel. So wird z. B. das einfache Bedürfnis zu trinken mit einer ganzen Getränkepalette konfrontiert und durch gezielte Aktionen der Werbung zu immer neuen Formen der Befriedigung stimuliert. Ganze Industriezweige und Medien sind damit beschäftigt, die entsprechenden Mittel zu produzieren, deren Vielfalt dann die meterlangen Getränkeregale der Supermärkte füllt und auch die mit einem grünen Punkt geadelten entsprechenden Abfälle schafft.

Hegel hat es schon geahnt. «Es ist zuletzt nicht mehr der Bedarf», schreibt er, «sondern die Meinung, die befriedigt werden muß»[10]. Heute würden wir sagen: das eingebildete oder künstliche Bedürfnis, von dem wir meinen, daß wir es befriedigen müssen, um uns als Konsumsubjekt profilieren zu können.

Wer ist nun der eigentliche Urheber dieser ins Unendliche fortschreitenden Verfeinerung und Aufsplitterung menschlicher Bedürfnisse? Auch hierzu hat Hegel bereits die passende Antwort parat:

> Das, was die Engländer «comfortable» nennen, ist etwas durchaus Unerschöpfliches und ins Unendliche Fortgierendes, denn jede Bequemlichkeit zeigt wieder ihre Unbequemlichkeit, und diese Erfindungen nehmen kein Ende. Es wird ein Bedürfnis daher nicht von denen, welche es haben, sondern vielmehr durch solche hervorgebracht, welche durch sein Entstehen einen Gewinn suchen.[11]

9 G. W. F. Hegel, Grundlinien der Philosophie des Rechts, Theorie-Werk-Ausgabe, Bd. 7, Frankfurt 1970, 342f.

10 Ebd. 348.

11 Ebd. 349.

Ausschweifende Gewinn- und Habsucht, unentwegtes Bereicherungsstreben und Geldanhäufung, die allesamt in ein schlechtes Unendliches münden, sind für Hegel nichts Harmloses, geht damit doch notwendigerweise die fortschreitende Verelendung in den einzelnen Volkswirtschaften und in der Summe auch weltweit einher. Denn er hat, anders als die radikalen Marktrhetoriker von heute, die Kehrseite nicht übersehen: «Ebenso ist aber auf der anderen Seite die Entbehrung und die Not ein Maßloses»[12]. Dieses von vorneherein zum Scheitern verurteilte, nichtsdestoweniger aber heute «global» durchgeführte, mühsame Opferunternehmen einer «Verunendlichung des Endlichen» – wie Hegel es ausdrückt – erhebt zur Verbesserung seiner Durchsetzungschancen zusätzlich noch religiöse Ansprüche. «Die schlechte Unendlichkeit pflegt vornehmlich in der Form des Progresses des Quantitativen ins Unendliche für etwas Erhabenes und eine Art von Gottesdienst gehalten zu werden.»[13]

Wir können jetzt, indem wir die biblischen Erinnerungen und die Ergebnisse der Hegellektüre miteinander verknüpfen, eine zentrale These formulieren: *«Die Götzen sind ihrer Struktur nach schlechte Unendlichkeiten, die an die Stelle der wahren Transzendenz treten.»* Diese These soll durch eine kurze und summarische Rückbesinnung grundiert werden.

Die biblischen Dokumente haben unter Beweis gestellt: a) Die Götzen sind lebensfeindliche Götter der Unterdrückung, unvereinbar mit dem wahren und lebendigen Gott, der befreit, wie die Präambel und das erste Gebot des Dekalogs es formulieren. b) Sie bestehen in der verabsolutierenden Vergöttlichung dessen, was im Detail für den Menschen wichtig und nützlich ist, wie z. B. materieller Besitz. Einen vorläufigen Wert anstelle Gottes als Gott anzuerkennen macht diesen Wert zum Götzen. Das Tauschmittel Geld wird damit zum Mammon, das Fortbewegungsmittel Auto zum Hochglanzfetisch. Mammon bezeichnet dementsprechend im Neuen Testament nicht Geld und Besitz schlechthin, sondern nur insofern der Mensch unbedingt auf beides vertraut und sie daher die totale Herrschaft über ihn gewinnen. c) Die vorgeblich göttliche Seinsweise der Götzen bezeichnet die Bibel oft als Luft (im Buche Deuteronomium), als nichtig (in den Psalmen) oder als Nichtse (bei

12 Ebd. 349.
13 G. W. F. Hegel, Wissenschaft der Logik, Theorie-Werk-Ausgabe, Bd. 5, Frankfurt 1970, 264.

Jesaja). Kritisch gesehen entschwinden sie wie der Fluchtpunkt im unendlichen Progreß. Wenn man sie braucht, sind sie nicht da, aber sie sind immer da, um zu töten. Wie aber erklärt sich dann ihre reale Macht, die sie über die Lebenspraxis der Menschen haben, und der Glanz, den sie ausstrahlen?

Diese Wirkungsweise hat, wie gezeigt, der Psalm 115 zu erklären versucht. Er hat uns sichtbar gemacht, daß wir dem ähnlich werden, was wir gemacht haben, wenn wir ihm absolute Macht über uns zubilligen. Geldanhäufung ohne eigene Arbeit, z. B. auf Kosten der Arbeit anderer bedeutet nicht nur Ausbeutung, sondern verändert auch das Subjekt, das in dieser Weise am Wirtschaftskreislauf teilnimmt. Es wird, biblisch gesprochen, zum Blutsauger, wie es bei Jesus Sirach, Kapitel 34,18–22, formuliert wird.

Mammons Glanz rührt also gemäß den Überlegungen des Ersten Testamentes daher, daß er uns ermöglicht, ohne Arbeit unsere Bedürfnisse zu befriedigen, daß er Blut trinkt und damit in letzter Perversion als der Träger des Lebens auftritt.

Wir sind in den Diskussionen dieser Tagung auch mit der Bezeichnung «Moloch» konfrontiert worden. Diese Bezeichnung wird nicht nur in der Bibel, sondern auch bei Marx zur Kennzeichnung des hier erörterten Sachverhaltes benutzt. Der Mammon und der Moloch haben keine eigene Lebenskraft. Ebensowenig vermag das heutige Finanz- und Spekulationskapital aus sich heraus irgend etwas zu produzieren. Auch das Goldene Kalb hat keine Zinsen abgeworfen, noch konnte es von den eigenen Zinsen leben. Es hätte von den Menschen leben müßen, die um es herumsprangen. Besonders gefährlich ist der Mammon eben deshalb, weil er so sehr und leicht vermehrt werden kann, wie Hegel das in seiner Analyse der schlechten Unendlichkeit demonstriert hat. Der Mammon herrscht dann, wenn die schlechte Unendlichkeit permanenter Geldvermehrung als oberstes Ziel akzeptiert und von den Menschen dementsprechend gehandelt wird. Wer – mit Karl Kraus zu sprechen – das Lebensmittel zum Lebenszweck macht, sein Leben in der Ausschließlichkeit seiner Erwerbsinteressen begründet, das Maß verliert, Reichtum und Besitz als oberste Lebensziele verfolgt, für den ist seine Habsucht zum tödlichen Götzendienst geworden. Fasziniert von der Nützlichkeit und Dienstbarkeit des Geldes übersieht ein solcher Schätzesammler, was er im Grunde ist, ein Tor oder ein Narr (wie es im 12. Kapitel des Lukasevangeliums heißt), der nach dem Urteil der Bibel sein wahres Leben bereits verspielt hat, weil er Lebensmittel in Kapital verwandelt.

V. Schlussbetrachtung

Mit dem Verschwinden der Standbilder und der Transformation des Kultes des Goldes in die Allmacht eines immer mehr «vergeistigten», weil immateriellen Geldes, wurde aber der Zorn Gottes nicht gegenstandslos, denn diese geistige Macht des unendlich vermehrbaren computerisierten und digitalisierten Geldes verlangt mehr Opfer, als seine materiellen Vorgänger jeweils zu fordern in der Lage waren. Die alles bestimmende Macht des digitale Form annehmenden Geldes stellt deswegen eine neue Herausforderung dar, weil sie keiner goldenen Standbilder mehr bedarf. Als schlechte Unendlichkeit konkurriert sie unvermittelt mit der wahren Unendlichkeit Gottes. Das macht es so schwer, die prophetische Kritik am Götzendienst direkt auf Markt, auf Geld, auf Kapital, vor allen Dingen auf Spekulationskapital, also Optionen, Futures und wie diese Derivate in ihrer modernsten computerisierten Form alle heißen mögen, unmittelbar anzuwenden.

Die durch den Götzendienst vorgenommene menschliche Selbstamputation beginnt bei der Sinneswahrnehmung und hört auf beim Denken. Das Geld, das also nur noch zur Selbstdarstellung dient und damit jede gegenständliche Bedeutung verloren hat, macht auch den Menschen bedeutungslos. Der Mensch wird ähnlich dem, was er verehrt. Der Tod des Menschen wäre dann möglicherweise die letzte Phase des Todes Gottes, dessen Feststellung bei Nietzsche die Kehrseite der Einsicht in das Wesen des Kapitalismus und seiner Wirkungsgesetze darstellt.

Das Geld präsentiert sich in dieser Form nicht länger als ein goldenes Standbild; es bleibt aber der absolute Widerpart der Religion und auch der Kunst, ein Aspekt, auf den hier nicht näher eingegangen werden kann.

«Dein Reich komme, Mammon», das ist das tägliche Gebet der neoliberalen Götzenpriester und ihrer Meßdiener. Dagegen sollten wir vielleicht immer noch die Vaterunser-Bitte setzen: «Zu uns komme Dein Reich». Doch dieses Reich wird nicht kommen, wenn wir ihm nicht den Weg bereiten. Öffnen wir dem Zorn Gottes dazu eine Tür? Es ist an der Zeit.

Dorothee Sölle

«DU SOLLST NICHT STEHLEN» – EINE AUSLEGUNG DES 7. GEBOTS

Unterwegs zu einer ökofeministischen Spiritualität

Einmal in meinem Leben habe ich gestohlen; als neunjähriges Kind habe ich der Frau im kleinen Geschäft neben der Schule meine zehn Pfennig für Bonbons nicht gegeben. Es war voll, die Großen drängelten sich vor, und ich fand mich mit Bonbons und dem Zehner plötzlich draußen. Abends im Bett bereute ich das und beschloß, wieder hinzugehen und der dicken Frau ihr Geld zu bringen. Ich stotterte so, daß sie mich trösten mußte. Schließlich haben wir beide gelacht.

Ist das wirklich alles, was ich ganz persönlich zum Thema Stehlen, Sich-unrechtmäßig-Aneignen, Eigentumsdelikte beizutragen habe? Im Laufe meines Lebens sind meine Zweifel an dem unter uns so überschätzten «ganz persönlich» immer mehr gewachsen. Ich glaube, Gott interessiert sich für ganz andere Sachen, dieser biblische Gott jedenfalls hat ein eigenartiges Interesse an Wirtschaftsfragen. Ich ganz persönlich gehöre ja in ein riesiges Weltsystem hinein, in dem die Reichen immer reicher werden und die Armen immer mehr verelenden. Irgendwie hänge ich mit einer unheimlichen Diebesbande zusammen, die den Armen das Brot und den Mais stiehlt, ihre Mütter und Töchter als Lustobjekte begehrt und sich gelüsten läßt nach allem, was die Armen noch ihr eigen nennen, bis hin zu den Nieren, die sich transplantieren lassen.

Ich will hier das 7., 9. und 10. Gebot, die alle mit der Eigentumsfrage zu tun haben, zusammen behandeln. Ich will zugleich etwas betreiben, was wir, Christinnen und Christen in den reichen Ländern, dringend benötigen, ein wenig wirtschaftliche Alphabetisierung. Wie kommt das eigentlich, daß Millionen von armen Menschen, die doch nicht alle faul und unfähig sind, immer ärmer werden? Wieso wird es immer schlimmer statt besser? Es ist wichtig, sich solchen schwierigen Fragen historisch zu stellen. War es nicht schon mal anders? Was ist neu an unserer Situation? Alle Ökonomie ist heute Weltmarktökonomie. Der lokale kleine Markt, auf dem Menschen das, was sie zum Leben brauchen, eintauschen konnten, ist vergangen. Schwache Regionen mit ihren lokalen Produkten haben keine Chance mehr. Die eigentlichen Herrscher, die transnationalen Großunternehmen, suchen sich den Ort, wo die Arbeitskräfte billig und unorganisiert sind, wo lästige Auflagen wie Gesundheitsschutz oder ökologische Bestimmungen nicht existieren. Man nennt das *global Sourcing*, und so verarmen ganze Regionen, weil die das Kapital nicht anlocken können.

Die Selbstversorgung einer Region auf dem einfachen Überlebensniveau wird zerstört. Wo früher Bohnen und Mais angebaut wurden, wird heute Viehwirtschaft für Mc Donalds betrieben oder Erdbeeren und Orchideen für uns gezogen. Um nur ein paar Zahlen zu nennen, die von den Vereinten Nationen stammen: Im Jahr 1970 kamen auf einen reichen Menschen 30 Arme. Im Jahr 1990 beträgt das Verhältnis 1 zu 60. Die Zahl derer, die aus bescheidenen erträglichen Verhältnissen in unerträgliche, katastrophale abrutschen, wächst weltweit.

Wir leben in einer Weltwirtschaft, die die Begriffe «frei», «sozial» und «marktwirtschaftlich» zwar gern im Munde führt, sie aber praktisch täglich widerlegt. Das sehen wir bei uns, wo immer mehr Menschen ausgegrenzt werden und ihnen Arbeit, Obdach, Gesundheitsversorgung genommen wird. Noch verheerender geschieht dasselbe in den Elendsländern, mit dem Unterschied, daß dort die Mehrheit der Bevölkerung ohne formelle Arbeitsmöglichkeit in den weiter wachsenden städtischen Slums lebt. Wie wirkt sich der Neoliberalismus, also die herrschende Weltwirtschaftsordnung, dort aus? Ich will hier nur einer Ursache der sozialen Zerstörung der Lebensmöglichkeiten nachgehen, das ist die Schuldenfalle.

In den siebziger Jahren gab es in den reichen Industrieländern Kapitalüberschuß, der sich in einer großzügigen Kreditvergabe an Entwicklungsländer niederschlug. Die Laufzeiten waren viel zu kurz angesetzt, und die erwirtschafteten Exporte der Länder des Südens sanken ständig weiter ab, weil die *terms of trade*, die Handelsbedingungen, von den Reichen diktiert waren und blieben. Hier fängt der Diebstahl an. Die Zinsen stiegen, und die Außenverschuldung des Südens hat sich in den letzten zwanzig Jahren verdreizehnfacht.

Seit 1983 finanzieren die Armen die Reichen mit ihren Geldern zur Tilgung der Schulden und den Zinsen. Was sie an die Reichen zahlen, überstieg alles, was sie an Entwicklungshilfe und Investitionen je bekommen haben, um 333 Milliarden Dollar. Nicht wir helfen den Armen, Unterentwickelten im Süden, sondern sie bluten sich für uns aus.

I. Die Ordnung der Wölfe

Ich zitiere aus dem ironischen Brief einer Schriftstellerin aus Uruguay. Christina Peri Rossi schreibt:

> Alles weist darauf hin, daß ich den großen internationalen Banken, dem Weltwährungsfonds oder der Interamerikanischen Entwicklungsbank 1700 US-Dollar schulde. Ich weiß gar nicht, was ich mir dafür gekauft habe ... Alle Uruguayer – ob an- oder abwesend, ob bisher im Exil oder als politische Gefangene in Haft, ob Pensionäre, Halbwüchsige oder Säuglinge – sind bei den Banken verschuldet. Aber auch alle Argentinier, alle Peruaner und Mexikaner haben Schulden. Das ist nämlich ein großer Vorteil der Demokratie: Die Darlehen kommen nur wenigen zugute, aber die Schulden zahlen alle ... Da ich um den Kredit gar nicht nachgesucht habe und die 1700 Dollar auch nicht in eine Reise nach Hawaii steckte, muß jemand anderes in meinem Namen die Summe beantragt haben, was anscheinend nichts daran ändert, daß ich die Schuldnerin bin. Es ist fast eine metaphysische Verschuldung: weil ich in einem tristen armen Land zur Welt kam, nicht in Europa oder in Nordamerika, wo nur Leute geboren werden, die Geld leihen, nicht solche, die es sich borgen ... Ich soll die Verschuldung mit dem Gleichmut der Hoffnungslosen hinnehmen, Opfer einer transzendentalen höheren Ordnung, deren Sitz sich in Washington, Tokio oder Frankfurt befindet ...[1]

Um die Schulden plus Zinsen bezahlen zu können, müssen die armen Länder neue Kredite aufnehmen. Und hier kommt nun wieder die Weltwirtschaft ins Spiel. Zuständig für die Schuldendienste sind die Weltbank und der Internationale Währungsfonds, und sie setzen ihre Konditionen für Kreditvergabe durch: «Strukturanpassungsmaßnahmen» werden erzwungen, und diese sogenannte Anpassung (*structural adjustment*) bestraft die Ärmsten am meisten. Frauen und Kinder haben am meisten zu leiden, staatliche Ausgaben müssen rücksichtslos verringert werden. Also noch weniger Erziehung, noch

1 Publik-Forum, Nr. 12 vom 24. 06. 1994, 10f.

schlechter bezahlte Lehrer, kein Gesundheitswesen, weg mit dem Bildungsetat oder der Schulspeisung, die Grundnahrungsmittel werden für die Mehrheit der Bevölkerung unerreichbar verteuert. Und wozu denn subventioniertes Milchpulver für Säuglinge?! Der Markt muß ganz «frei» sein, Sozial- und Arbeitsschutz werden unter dem Titel «Deregulierung» abgebaut.

«Du sollst nicht stehlen» heißt das alte Gebot. Julius Nyerere, der frühere Präsident von Tansania, sagt:

> Im Privatleben würden wir als anständige Menschen nie Brot, das wir nicht brauchen, einem Armen, der es braucht, wegnehmen, auch wenn es uns gehörte. Kein einziger Mensch im Norden müßte Hunger leiden, wenn man den Süden von dieser grausamen Verpflichtung des Schuldendienstes befreien würde. Damit die Bücher der Banker stimmen, erlaubt man, daß Millionen von Kindern sterben oder nackt herumlaufen.[2]

«Das herrschende neo-liberale System ist als ein universales Modell für Entwicklung gescheitert.» So formulierten die Menschenrechtsorganisationen, die den Kopenhagener Sozialgipfel im März 1995 kritisch begleitet haben. Dem ist nicht viel hinzuzufügen. Unser Wirtschaftssystem verelendet, statt aufzubauen. Es befördert Landflucht, Drogenanbau als Überlebensmethode, Prostitutionstourismus. Es macht die Armen ärmer und würgt sie mit Hilfe der Verschuldungsfalle. Es ist undemokratisch organisiert, nach dem Vorbild einer Aktiengesellschaft, nicht nach dem eines Parlaments. Es arbeitet für die reichsten 20 Prozent der Weltbevölkerung, die über 82,7 Prozent des gesamten Welteinkommens verfügen. Es ist «eine internationale Ordnung der Wölfe», in der «die Stärksten am Markt, im Systemwettbewerb die Regeln für alle anderen bestimmen»[3].

Aber das Scheitern dieser barbarischen Ordnung hat sich herumgesprochen. Es gibt heute eine erfreuliche Anzahl durchdachter Alternativen. Statt weiter zu stehlen, auszuplündern und die Kinder der Ärmsten noch vor ihrer Geburt in eine Art Schuldsklaverei zu verkaufen, läßt sich auch anders planen. Von den reichsten Ländern hat immerhin eins unserer Nachbarländer, Dänemark, versprochen, den Ärmsten die Schulden zu erlassen. Wir haben noch viel

2 J. Nyerere zit. in: G. Reese, Die Schulden der Dritten Welt, in: M. Crüsemann, W. Schottroff (Hg.), Schuld und Schulden. Biblische Traditionen in gegenwärtigen Konflikten, München 1992, 159.

3 In: Die Zeit vom 10. 03. 1995.

zu lernen. «Wie auch wir vergeben unsern Schuldigern» ist ein Teil des Vaterunsers, der nicht nur dahergeplappert werden will.

Das siebte Gebot sagt mir:
Du sollst dich nicht an den Armen bereichern
du sollst sie nicht betrügen mit unfairen Preisen
du sollst die Schuldsklaverei nicht dulden
du sollst nicht mit den Wölfen heulen
du sollst die Barbarei der Finanzorganisationen
nicht beschönigen oder für unabänderlich halten.
Unser erpreßter Reichtum hat unsere Herzen zu Steinen gemacht
unseren Kopf zu Computern ohne Geist.
Gott, mach aus allen Dieben Geschwister,
die das Leben miteinander teilen.

II. Der homo oeconomicus

Es gibt unter uns eine neue Selbstdefinition der Menschen. Sie sagt nicht mehr, der Mensch sei das *tool making animal*, also das Wesen, das sich Werkzeuge schafft, um zu überleben, sie betont auch nicht, daß Menschen Lebewesen sind, die den Namen ihrer Großeltern kennen und für ihre Enkel vorsorgen, sie sieht das entscheidende Merkmal, das Menschen vor anderen Geschöpfen auszeichnet in etwas anderem: Der Mensch ist der *homo oeconomicus*. Er ist das Wirtschaftswesen schlechthin, er lebt, um Geld zu vermehren. Das ist der Sinn seines Daseins. Wer da nicht mithalten kann, wer nicht ökonomiefähig ist, nichts zu verkaufen hat oder nichts kaufen kann, der ist überflüssig.

In allen vorindustriellen Gesellschaften war der Mensch nicht ausschließlich als *homo oeconomicus* definiert. Er und sie waren auch das mythenschaffende, sinnstiftende, singende, betende, spielende Wesen Mensch. Nach all diesen Fähigkeiten wird in unseren Schulen nicht gefragt. An den Universitäten wird zunehmend das Wissen angeeignet, das «prüfungsrelevant» ist; was nicht zur Karriere beiträgt, kann wegfallen. Es herrscht unter uns eine ökonomisch-instrumentelle Vernunft, die die Menschen in die Falle von Produzieren und Konsumieren stürzt; etwas anderes ist nicht vorgesehen. In einer Art Besessenheit von dem Zwang, Geld zu vermehren, wird die alternativlos gewordene materielle Weltkultur als die einzig mögliche angesehen. Daß die Grundlagen der Produktion endlich sind, daß alle Kreatur Ruhe braucht, Sabbat, daß auch der tüchtigste Manager sterben muß, wird verleugnet: Alles muß dem König Midas, der wir sind, zu Gold werden. Der bei uns sozialisierte reiche Jüngling (Mk 10,17–27) stellt keine Fragen mehr nach dem ewigen Leben!

Verarmung, Verschuldung der Vielen in der Dritten Welt und eines Drittels bei uns und Bereicherung der Wenigen gehören zusammen. Die Geldvermehrungswirtschaft ist in ihrer neuesten inter- oder richtiger transnationalen Gestalt noch gar nicht so alt und erst durch die Aufhebung von Raum und Zeit, die uns die Computertechnologie beschert hat, möglich geworden. Eine ihrer wichtigsten Grundzüge ist, daß Geld sich, ganz ohne irgend etwas Nützliches zu produzieren, rasant vermehrt. «Jeden Tag überschreiten eine Milliarde Dollar internationale Grenzen. Mehr als neunzig Prozent dieser Gelder dienen spekulativen Zwecken.»[4] Wenn das einzige Ziel der Wirtschaft die Geldvermehrung ist, wenn also das Wort «frei» bedeutet, daß die Bedürfnisse der Menschen und der Erhalt der Erde keine Bedeutung für die Ökonomie haben, dann ist der Zustand, in dem wir uns befinden, nur konsequent. Er folgt aus dem sogenannten «freien Wettbewerb», in dem Frauen mit Kindern, alte Menschen oder Arbeitslose sowenig vorkommen wie die begrenzten Vorräte der Natur. Warum sollte denn ein Unternehmen etwas Menschennützliches produzieren und Arbeitsplätze schaffen oder sanfte Technologien ausprobieren, wenn die Geldvermehrung schneller, effizienter und vor allem unbelästigt durch Steuerforderungen und andere Regulationen funktioniert? Aus den produktiven und breites Einkommen schaffenden wirtschaftlichen Zusammenhängen wird das verfügbare Geld abgezogen und in das globale Kasino der Geldvermögensbesitzer gebracht; daher nennt man dieses System auch mit André G. Frank den «Kasino-Kapitalismus».

Die folgenreichste Veränderung seit den achtziger Jahren ist die Entkoppelung der Finanzmärkte von den produktiven Investitionen. *Jobless growth*, arbeitsloses Wachstum, nennt man dieses dem freien Spiel der Kräfte folgende System. Der monetäre Bereich löst

4 Die Zeit vom 03. 03. 1995, 39.

sich vom realwirtschaftlichen ab. Die Finanz- und Kapitalmärkte werden «dereguliert», d. h. sie können weder national noch international zur Rechenschaft gezogen werden. Ein Unternehmen wie Siemens z. B. erhält seine Gewinne nur noch zu 30 Prozent aus der Produktion, zu 70 Prozent aus Finanzgeschäften. Warum mit dem vorhandenen Geld Arbeitsplätze schaffen, warum eine ökologische Umrüstung einleiten, wenn doch das Ziel der Wirtschaft nicht ein blühendes Gemeinwesen, sondern Geldvermehrung ist und das Subjekt ausschließlich der *homo oeconomicus* ist, der außer seinem Götzen nichts im Kopf hat? So entwickeln sich unsere Gesellschaften im nationalen Rahmen genau in derselben Richtung wie die Weltgesellschaft: Die Schere zwischen Millionären und Obdachlosen öffnet sich immer weiter.

Gibt es Auswege aus dieser Art von Reichtum, wird der reiche Jüngling sich noch einmal umdrehen und zurückgehen zu Jesus? Müssen wir das Wasser unserer Enkel vergiften und ihre niedrig gelegenen Ländereien überschwemmen mit Hilfe der falschen Ökonomie, in der Energie keinen Realpreis hat, Entfernungen nichts bedeuten und die lokalen Produkte nicht zu den umwohnenden Verbrauchern kommen? Müssen wir dem Fetisch Weltmarkt die realen Lebensgemeinschaften von Produktion und Verbrauch opfern?

Der große Wirtschaftswissenschaftler John Mainard Keynes (1883–1946), einer der Väter des Liberalismus, hat über die Spannung zwischen Religion und Wirtschaft skeptisch und selbstkritisch nachgedacht. Er meinte, wirtschaftlicher Fortschritt sei «nur dann erreichbar, wenn wir uns die menschlichen Antriebe der Selbstsucht zunutze machen, denen zu widerstehen Religion und überlieferte Weisheit uns allgemein raten». Er schrieb in der ersten Hälfte unseres Jahrhunderts, «daß die Zeit für eine Rückkehr zu einigen der gesichertsten und fundamentalsten Grundsätze der Religion, daß Geiz ein Laster, Wucher ein Vergehen und die Liebe zum Geld abscheulich ist», noch nicht gekommen sei.[5] Heute, angesichts der ökologischen Katastrophe, ist diese Zeit da. Wir brauchen ein anderes Verhältnis zu diesen beiden Realitäten, der Schöpfung und dem Geld. Wie könnte es aussehen?

5 Zit. nach B. Häring, Frei in Christus, Bd. 3, Freiburg 1961, 207 und 219.

Es gibt große und kleine Schritte, um aus der falschen Ökonomie von Geiz, Wucher, Liebe zum Geld und Zerstörung der Erde herauszukommen. Nichts wäre falscher, als die großen weltwirtschaftlichen Notwendigkeiten und die kleinen im alltäglichen Konsum möglichen Veränderungen gegeneinander auszuspielen! Kleine Schritte und großes Bewußtsein für die notwendigen politischen Veränderungen gehören zusammen. Wie wir in der Friedensbewegung sowohl die falschen Spielzeuge der Kinder als auch die der Generale entlarvt und bekämpft haben, so ist es auch heute, wo wir eine breite radikale, privat und öffentlich verpflichtende Bewegung für das Leben der Kinder und die Pensionierung der Generale und Großbanker brauchen. Das Wichtigste scheint mir, klar zu sehen, daß es Alternativen zu unserem Lebensstil gibt. Wir müssen Jesus nicht traurig stehen lassen, weil wir viele Güter haben. Es gibt durchdachte, technisch machbare und finanzpolitisch erreichbare Veränderungsvorschläge, die unser aller Leben, unsere Urlaubsreisen, unseren Energieverbrauch, unsere Eßgewohnheiten und unsere Lebensprioritäten betreffen. Je mehr Menschen sich sichtbar und öffentlich abkoppeln – von den Äpfeln aus Australien, dem Inlandflug und dem überheizten Büro – desto berechtigter werden unsere noch oft als spinnig verlachten Forderungen an die Großen. Ich nenne einige Fragen, die wir laut und öffentlich stellen sollten. Warum gibt es das Auto mit zwei Litern Benzin noch nicht? Wer braucht die neueste Autobahn, wenn der öffentliche Nahverkehr funktioniert? Weswegen muß mein Yoghurt 1000 km fahren, ehe es zu mir auf den Tisch kommt? Wann werden die Preise für Energie und Transport sich dem Schaden angleichen, den sie verursachen? Diese Liste von Fragen läßt sich leicht verlängern, und das ist eine unserer Aufgaben. Sagen wir uns los von den falschen Bedürfnissen, die unsere Wirtschaft weckt und schürt, lernen wir das deutliche Nein zu dem globalen Markt, der uns kaputtmacht.

Ich will noch zwei Visionen für reiche Jünglinge und Jungfrauen aus der großen ökonomisch-politischen Kiste ziehen. Könnte man, so ein Vorschlag des Entwicklungsprogramms der Vereinten Nationen (UNDP), die Devisenspekulationen nicht besteuern? Ein Steuersatz von nur 0,05 Prozent würde 150 Milliarden im Jahr einbringen, die gegen Hunger und Verarmung und für die Erhaltung der

Schöpfung eingesetzt werden könnten. Die Idee stammt von dem hochgeschätzten Nobelpreisträger für Ökonomie, James Tobin. Diese und andere Ideen hätten den Vorteil, daß sie globale und nicht internationale Quellen anzapften. Aber würde damit nicht die Freiheit des Marktes, vor allem des allerfreiesten Devisenmarktes eingegrenzt? Noch sind wir weit entfernt davon, Regeln für die soziale und ökologische Verantwortung nationaler Konzerne aufzustellen. Aber der Ruf danach wird immer lauter.

Die zweite Vision betrifft ein anderes, gerechteres Verständnis von Arbeit. Alle sollten weniger Erwerbsarbeit leisten müssen, um freier für die vielen Formen unbezahlter Arbeit zu sein, die bei uns im wesentlichen von Frauen getragen wird. Wir müssen die knappe Ware «Arbeit» gerechter verteilen. In unserem System ist es zurzeit für die Unternehmen am besten, wenn sie mit immer weniger Beschäftigten und immer mehr kostspieliger und umweltschädlicher Technologie arbeiten. Die Rund-um-die-Uhr-Produktion ist erwünscht, nicht nur für die Werkstatt, auch im Büro! Die Rationalisierung wird wirtschaftlich und steuerlich belohnt, die Schaffung von Arbeitsplätzen bestraft. Das mag für reiche Jünglinge gut sein, es muß aber nicht so bleiben.

Vorschläge zu einer sozialverträglichen und umweltfreundlichen Veränderung brauchen andere Steuerungsmechanismen. Ein Grundeinkommen sollte für alle garantiert sein, und zugleich sollte die Wertschätzung, nicht die hohe Bezahlung von Teilzeitarbeit gefördert werden. Es mangelt ja nicht an notwendiger sozialer, erzieherischer, handwerklicher, ökologischer Arbeit. Es sind nur die verdrehten Begriffe des Industriepatriarchats, die uns weismachen, Arbeit sei das wert, was sie finanziell bringt. Der neue Mensch, der nicht wie der reiche Jüngling auf seine vielen Güter fixiert ist, wird sich in unserer Situation freuen «über die Befreiung von Erwerbsarbeit, auch wenn sie mit einer Begrenzung des materiellen Konsums einhergeht. Er oder sie feiert die gewonnene Verfügungsgewalt über die eigene Existenz, die Lebensumstände, sein Umfeld – als einzelner und in der Gemeinschaft.» Der *homo communis* wird den *homo oeconomicus* ablösen, der reiche Jüngling kehrt zurück und (ich zitiere aus einer ökonomischen Analyse der Caritas Schweiz), er «unterstützt alle Bestrebungen, die ein neues Gleichgewicht zwischen entlöhnter Arbeit und nicht-entlöhnten produktiven Tätigkeiten herstellen, zum Beispiel indem er die gegenseitige Nachbarschaftshilfe, die eigenverantwortlich organisierten Solidarnetze, Produktionsgenossenschaften und die kulturellen Vereine fördert»[6]. Wir müssen nicht für immer in einer sanften Diktatur reicher Jünglinge leben.

Unser Gefängnis ist mit dem teuersten
Design tapeziert
unsere Wächter betreuen uns
mit immer neuen Programmen
wir werden gut unterhalten
mach uns leer, Christus,
für die andere Freiheit.
Hilf uns heraus, Freund aller Geschöpfe,
an unserem Haben stirbt das Sein der anderen
am Luxus hängt Vergiftung und Ersticken
an unserer Art zu leben klebt Gewalt.
Mach uns frei, Menschenfreund,
von allen falschen Wünschen mach uns ledig
vom schneller, mehr und öfter trenne uns
und vom Besitz, der uns besetzt hat,
reiß uns los.
Laß uns fortgehen mit dir
Hilf uns heraus
mach uns leer
daß Gott uns füllen kann.

IV. Annahme der Vergänglichkeit des Ich

Für eine wirkliche Veränderung aus der Besessenheit mit Geldvermehrung auf Kosten aller anderen Lebewesen brauchen wir eine andere Spiritualität als die, die von der Ordnung der Wölfe gefördert wird.

Ich möchte einige Voraussetzungen dieser ökofeministischen Spiritualität benennen. Für das Überleben der Schöpfung ist eine andere Spiritualität als die der «Herren und Besitzer» (Descartes) unabdingbar. Wie könnte sie aussehen? Was müßte sich denn in unserer Lebensfrömmigkeit ändern, so daß wir anfingen, die Schöp-

6 C. Knöpfel, Arbeitslos - aussichtslos? Überlegungen zu einer menschengerechteren Strukturpolitik in der Schweiz (Caritas Schweiz), Luzern 1994.

fung zu lieben? Rosemary Ruether nennt drei Voraussetzungen einer solchen entstehenden ökofeministischen Spiritualität. Die erste ist die Annahme der Vergänglichkeit des Ich. Die christliche Tradition hat sich manchmal schwer getan, Vergänglichkeit und Sünde klar auseinanderzuhalten. Immer wieder hat sie «die Frau zum Sündenbock für Sünde und Tod und zur Ursache von Unreinheit und Vergänglichkeit»[7] gemacht. Und eher dem platonischen als dem hebräischen Denken folgend hat sie oft die Vergänglichkeit und Sterblichkeit der materiellen Existenz als etwas Schlechtes gedeutet.

Aber nicht unser Begrenztsein trennt uns von Gott, und nicht die Unsterblichkeit des Ego ist uns versprochen ... Nicht, daß wir von Erde genommen wieder zu Erde werden, eingebettet in den Kreislauf alles Lebendigen, das eine Zeitlang atmet, ist unser Hauptunglück. Nicht der Tod ist unser Problem, sondern das Töten. Wir können verlernen, uns an das oft unsterblich geträumte Ego zu klammern.

Aber *Scientia* und diese Herrenträume des Industriepatriarchats sind einen schöpfungsfeindlichen Bund eingegangen. Vor kurzem sah ich in einer Fernsehshow einen Mann, etwa Ende 30, der fest an die medizinische Herstellbarkeit der Unsterblichkeit des Menschen glaubt. Im Augenblick seines Todes wird er sich einfrieren lassen, Blut wird abgesaugt und Frostschutzmittel eingeführt. Die Prozedur und die Aufbewahrung kosten ihn 38 000 Dollar. Er vermutet, daß nach 500 Jahren der medizinische Fortschritt so weit ist, daß er sich auftauen lassen und unendlich weiterleben kann. Das Beispiel mag absurd klingen, aber die medizinischen Fortschritte in Sachen Verlängerung der Lebenszeit bis auf 120–150 Jahre, Transplantationsaustausch aller Organe, von Genmanipulationen ganz zu schweigen, deuten auf die Mentalität hin, die die Schöpfung als ersetzbar ansieht.

Noch ist Sterblichkeit eine Bedingung, die wir mit allen anderen Lebewesen teilen. Sie anzunehmen statt unsere Lebensgier zu verlängern, ist eine Gestalt der spirituellen Weisheit. Einer der großen christlichen Heiligen hat den Tod unsere Schwester genannt und ihn mit Sonne, Wasser und Erde zusammen gelobt. Eine Spiritualität des Loslassenkönnens könnte uns einüben in ein anderes Verhältnis zur Schöpfung.

7 R. R. Ruether, Gaia und Gott. Eine ökofeministische Theologie der Heilung der Erde, Luzern 1994, 150.

Der zweite wichtige Punkt ist die Erkenntnis von der gegenseitigen Abhängigkeit alles Seienden. Sie ist die tiefe Grundlage einer Frömmigkeit, die uns Menschen nicht mehr als *maîtres et posseseurs de la nature* (Descartes) ansieht. Die Natur ist keine Sache, von der wir nach Belieben mehr produzieren können. Land, Wasser, Luft sind nicht Waren, die privat angeeignet, beliebig vermehrt und wie Aktien gehandelt werden können. «Die Erde gehört Gott» ist einer der großen unter uns vergessenen Sätze der Bibel. Und so ist Ökologie «die biologische Wissenschaft von den Lebensgemeinschaften; sie zeigt die Gesetze auf, durch welche die Natur ohne menschliche Hilfe, Leben hervorgebracht und erhalten hat»[8]. Alles, was ist, steht in einer wechselseitigen Beziehung, und die Krise der Umweltzerstörung ist «zu einem großen Teil das Resultat unserer Unfähigkeit, das Recycling-System der Natur nachzuahmen»[9]. Gegenseitige Abhängigkeit ist das Gegenmodell zum männlich-abendländischen Modell von Herrschaft. Auch die Pflanzen sind lebende organische Wesen, die auf Wärme, Licht, Wasser und Klang reagieren. Sogar chemische Aggregate sind tanzende Energiezentren. Negativ formuliert, es gibt Pflanzenfresser, die verhungern, weil sie alle Pflanzen kahlfressen. Sie mißachten das Organisationsprinzip der Schöpfung, eben die gegenseitige Abhängigkeit.

In diesem Sinn ist es falsch, den Kampf ums Dasein und die Verabsolutierung der Konkurrenz zur Grundlage des Denkens über die Natur zu machen. Das, wozu unser Wirtschaftssystem die Menschen gnadenlos erzieht – entweder Du oder ich, eine der beiden Seiten muß weg –, das führt biologisch gesprochen in das Ausgerottetwerden und die Selbstzerstörung, die wir betreiben. «Die rastlose Suche nach absoluter Macht und Kontrolle, die heute durch die moderne Industrie und Kriegstechnologie geschürt wird, bringt die menschliche Gesellschaft an den Rand der Selbstauslöschung.»[10] Eines der grotesken neuesten Beispiele für diesen Willen zur Macht ohne jede Gegenseitigkeit ist die Entscheidung von Präsident Chirac zur Fortführung der Atomtests in Polynesien. Rüstungspolitisch gesprochen stellt sie geradezu eine Einladung an alle atomtechno-

8 Ruether, Gaia und Gott 64.
9 Ruether, Gaia und Gott 64.
10 Ruether, Gaia und Gott 181.

logischen Schwellenländer dar, sich doch nicht abschrecken zu lassen und es ebenfalls weiterhin auszuprobieren. Die amerikanische Umrüstung vom – indessen umbenannten – SDI-Programm zu besserer militärischer Nutzung des Weltraums entspricht dem gleichen ungebrochenen Geist der Herrschaft über Natur und kolonialisierte Völker.

Die andere Spiritualität, die wir brauchen, beruht auf dem Angewiesensein aller aufeinander, und nicht nur der Schwächeren auf die Starken, wie es eine freundlich-patriarchale, wertkonservative Ethik zugesteht. Auch die Starken brauchen die Schwachen. Das ist aus der Natur zu lernen ebenso wie aus den realen historischen Erfahrungen des *empowerment*. Was wäre Jesus ohne quengelnde Witwen? Was Martin Luther King ohne die Textilarbeiterin Rosa Parks? Was hieße Freiheit ohne die Gleichheit zwischen der menschlichen Spezies und allen anderen Mitgliedern der Lebensgemeinschaft, zu der wir gehören? Die Sichtbaren brauchen die Unsichtbaren, und ohne einen Ausgleich zwischen denen, die jetzt leben, und den späteren Generationen ist menschliche Kultur nicht denkbar.

VI. Abschied vom technologisch angeordneten Individualismus

Damit bin ich schon beim dritten Punkt dieser ökofeministischen Spiritualität. Er besteht in einer anderen Wertschätzung der Gemeinschaft und dem Abschied vom technologisch angeordneten Individualismus. Erst im Miteinander von aufeinander angewiesenen Lebewesen können wir das, was Personsein bedeutet, leben. Eines der oft beschriebenen Symbole einer kranken Gesellschaft ist die Autoschlange mit je einem Individuum in seinem Blech mitten im Stau. Die Idee, dieses Problem durch mehr Straßen zu lösen, ist selbstmörderisch. Das spirituelle Problem, das hinter diesem Krankheitssymptom steckt, ist ein totalitär gewordener Individualismus. Wer nur gelernt hat, «ich» zu sagen, kann mit der ökologischen Katastrophe, in der wir sind und die wir ansteuern, nur in hilfloser Betroffenheit umgehen. Er oder sie lernt nicht zu beten, die Passion der anderen Wünsche zu spüren. Eine feministisch-ökologische Analyse findet nicht mehr statt, Kinder und gar ihre Atmungsorgane sind keine Wirtschaftsfaktoren. Die Unverwertbaren bleiben unverwertbar.

VII. Von der spirituellen Ohnmacht zum godding

Warum können wir diese andere Spiritualität, von der wir träumen, nicht leben? Was ist das für eine Ohnmacht, die uns unter der ökonomischen Gewaltherrschaft fesselt? Warum gibt es heute keine machtvolle, öffentliche Bewegung von Frauen und Männern für den Planeten Erde? Es mangelt ja nicht an gutdurchdachten, wissenschaftlich abgesicherten, vielfach schon erprobten Vorschlägen zu einem anderen Umgang mit den Ressourcen. Aber wo findet ein gemeinsames Umdenken in Gruppen oder gar ein neues Miteinanderleben statt? Wenn Beten heißt, das Wünschen zu lernen, statt im wunschlosen Unglück zu verharren, dann ist es notwendig, dies gemeinsam zu tun. Das Subjekt der Umkehr, die wir brauchen, beginnt bei dem erschrockenen, verstörten, mit-leidenden Ich, aber es geht über in Gruppen, Netzwerke, Gemeinschaften. Wir haben kein Recht, die gegenseitige Abhängigkeit auch im Spirituellen aufzukündigen, wir haben alles Recht, sie einzuklagen.

Die Ohnmacht ist in der Tat ein spirituelles und nicht nur ein politisches Problem von Minderheiten und Mehrheiten. Ich denke, daß ohne die Fähigkeit, Gott seine weitergehende Schöpfung zu glauben, die Hoffnung vor unseren Augen eingeht. *Co-creatio* heißt heute Mit-retten. Sich an Gottes Arbeit beteiligen, die im 104. Psalm heißt: Und du erneuerst das Angesicht der Erde. *Renovabis faciem terrae*. Um das zu verstehen, um sich daran halten zu können, brauchen wir Glauben. Nicht die Für-wahr-Halterei von sieben Tagen Schöpfungszeit, sondern wirklichen Glauben. Ich kenne viele Menschen, die bringen diesen Glauben an die *renovatio* der Schöpfung nicht mehr auf. Es ist zu spät, sagen sie, es kann nur noch das Ende der Welt kommen. Mir wird nirgends so deutlich, wie sehr ich den Glauben an Gottes Kraft, an Gottes Geistin brauche. Mitten in einer geistlosen Welt lebend will ich darauf vertrauen können, daß sich das Gesicht Gottes dem Gesicht der Erde zuwendet, damit sie leben kann.

«Wollen» ist das, worauf sich unsere Lebenswünsche richten: Kopf und Herz, Bedürfnis und Intention gehören zusammen. Wollen ist ein spiritueller Grundbegriff. Was Carter Heyward mit *godding* meint, gehört in die mystische Tradition. Einswerden mit dem, wie es gemeint war in der Schöpfung, endlich deine Wohnung sein, wie es von der Geistin heißt. Was die Bibel mit «Willen» meint, ist nicht nur rationale Einsicht, der sich dann das Verhalten unterordnet. Es ist nicht die Herrschaft der Vernunft über die disziplinlosen Triebe, sondern ein ganzheitlicher Begriff. Wie lernen wir unsere eigene Sehnsucht kennen, und wie lernen wir sie zu benennen? Wo berühren sich unser Wille und Gottes Wille? Wie lernen wir das Beten? Spirituelle Ohnmacht ist gebetsfreie Existenz, Sachlichkeit, Sinnverzicht und Selbstaufgabe in einem. Wie werden wir frei davon? Die Freundinnen und Freunde Jesu sehnten sich wie wir nach Befreiung und lebten in der spirituellen Ohnmacht, in der sie Dämonen nicht austreiben könnten. «Herr, sagten sie, lehre uns beten» (Lk 11,1).

Komm heilige Geistin,
erneuere die Gestalt der Erde.
Versöhn uns mit der Luft,
die wir verpesten.
Versöhn uns mit dem Wasser,
das wir vergiften.
Versöhn uns mit dem Land,
das wir zubetonieren.
Erneuere unsere Wünsche
und das Angesicht der Erde.

Komm, Mutter des Lebens,
reinige uns vom Willen zur Macht.
Laß uns glauben an die Versöhnung
zwischen uns und den Tieren,
die wir wie Maschinen behandeln.
Mach uns geduldig mit allen Pflanzen,
die uns zu nichts nützlich sind.
Gib uns Glauben an die Rettung der Bäume,
daß sie nicht alle sterben.
Erneuere unseren Verstand
und das Angesicht der Erde.

Komm, Atem Gottes,
du Lehrerin der Demütigen,
hauch uns, die Totgeborenen an,
daß wir mit allen Kreaturen leben lernen.
Mach uns aus Siegern zu Geschwistern,
aus Benutzern zu Hüterinnen,
aus Profitberechnern zu Freunden der Erde.
Erneuere unsere Herzen
und das Angesicht der Erde.

Komm, du Hoffnung der Armen,
du Richter der Mächtigen,
du Rettung im Schiffbruch unseres Planeten,
führ uns aus dem Gefängnis.
Atem des Lebens, weh uns an.
Wasser des Lebens, laß uns von dir trinken.
Laß uns deine Wohnung werden
und erneuere das Angesicht der Erde.

Michael Brie

VON DER ORGANISIERTEN ALTERNATIVLOSIGKEIT ZUR ORGANISATION VON ALTERNATIVEN

I. Eine Vorbemerkung

Wenn die Frage nach der Alternative oder den Alternativen gestellt wird, dann ist dies zunächst einmal eine Aussage über den Fragenden oder die Fragende. Eine derartige Frage drückt Sehnsucht nach anderen sozialen Zuständen aus. Sie ist keinesfalls zwingend daran gebunden, daß es ihm oder ihr persönlich besonders schlecht gehen würde. Zumeist wird von den Fragenden auch nicht die eigene persönliche Situation herangezogen. Es handelt sich um Intellektuelle in Deutschland und nicht um Bauern in Mexiko. Aber es wird auf andere, eben zum Beispiel auf die Bauern in Mexiko, verwiesen.

Wir sollten ehrlich genug sein, uns dieses Problem bewußt zu machen und uns für einen Moment zu fragen, ob wir nicht vor allem deshalb nach Alternativen suchen, weil es dabei um unsere persönliche Identität geht. Dies meine ich nicht denunziatorisch. Es soll nur darauf verweisen, daß der scheinbare Altruismus der Frage ihren Ich-Bezug verdecken könnte. Wäre es so, so wären wir als Intellektuelle unredlich, uns diese Verbindung von Altruismus und Streben nach eigener personaler Identität nicht einzugestehen. Wir würden uns in die Stellung der selbstlosen Vertreter von Menschheitsinteressen bringen, die wir nun wirklich nicht sind. Es wäre eine symbolische Machtanmaßung, die oftmals zur politischen Machtanmaßung wurde. Aber wir haben die Möglichkeit, unsere Interessen mit denen anderer zu verbinden. Anders gesagt: es ist geschichtlich keineswegs ungewöhnlich, sondern eher normal, daß derartige Motive die eigentliche Triebfeder intellektuellen Engagements in politischen und sozialen Bewegungen darstellen.

Meine weiteren Überlegungen bitte ich vor diesem Hintergrund zu verstehen. Sie sagen vor allem etwas über den Vortragenden selbst aus und darüber, wie er versucht, mit den Widersprüchen der Gegenwart umzugehen. Ob dies für andere von Bedeutung ist, geschweige denn, ob es etwas über die Widersprüche selbst sagt, das zu beurteilen, sei anderen anheimgestellt.

II. «Sachzwänge» – die Ideologie der organisierten Alternativlosigkeit

«Ohne Visionen werden die Menschen wüst und wild», heißt es bei Salomo (Spr 29,18)[1]. Wir sind Zeugen, wie sich dies auf beängstigende Weise bewahrheitet. Ich will nicht wiederholen, was hier schon diskutiert wurde – der Prozeß der Zerstörung der Errungenschaften des «sozialdemokratischen Jahrhunderts», wie mit Blick auf die Nachkriegszeit und die westlichen Zentren oft formuliert wird, und mit ihm der «Rückbau» der Errungenschaften des 19. Jahrhunderts, des «liberalen Jahrhunderts», ist in vollem Gange.

Die Ursache scheint den Beherrschern des Zeitgeistes klar – *Sachzwänge.* Fast alle, die Entscheidungsmacht haben, verweisen auf Sachzwänge, denen man gerecht werden müßte, um innerhalb derselben das Beste herauszuholen. Die Ideologie der Sachzwangsdisziplin scheint mir die neoliberale Version kommunistischer Parteidisziplin zu sein. Kaum sind wir der einen entkommen, sollen wir uns der Macht der anderen freiwillig beugen. Das Wort von den *Sachzwängen* einmal akzeptiert, könnten wir zulassen, daß die *Sache* selbst unserem Zugriff genauso entzogen wird, wie wir uns die Gestaltung der Strukturen des Staatssozialismus durch den Verweis auf Parteidisziplin und Fraktionsverbot (sprich: Verbot autonomer Organisation) haben entziehen lassen. Die *Sache* wird zum Verhängnis.

Das Wort von den Sachzwängen entmoralisiert und entläßt uns aus der Verantwortung für das Ganze. Wieder gibt es keine Täter, und jeder stellt sich als Schräubchen im großen Getriebe dar, wo alle Opfer bringen müssen – vor allem die anderen. Alle werden gedrängt mitzumachen, damit es hinterher niemand gewesen sein wird.

Aber Sachzwänge sind gemacht. Ein ganz einfaches Beispiel, das hier als *pars pro toto* stehen soll. Die USA und die NATO haben seit

1 Ich schließe mich hier jener Übersetzung an, die auch Dorothee Sölle gewählt hat (Sölle 1986).

1990 dreimal die Rolle des Weltpolizisten übernommen – im zweiten Golfkrieg, in Somalia und in Jugoslawien. Mit Jugoslawien werden endgültig Sachzwänge zementiert, auf die sich jene berufen, die Soldaten der Bundeswehr auf den Balkan schicken. Das atlantische Bündnis wurde zum Garant von Frieden, weil ein alternativer Garant, die UNO, von den westlichen Staaten als Mitgliedern des UN-Sicherheitsrats und wichtigsten Geldgebern bewußt vorgeführt, zu ineffizientem Handeln getrieben, dann dafür kritisiert und letztlich abserviert wurde:

1) Anstelle des Aufbaus bzw. der Nutzung vorhandener internationaler unparteiischer Institutionen der Konfliktregulierung (internationale Gerichtsbarkeit, durch die Weltorganisation der UNO kontrolliertes internationales Gewaltmonopol) haben Regionalmächte unter Führung der USA die globale Regelungsmacht an sich gerissen. Damit wird es auch in Zukunft im Ernstfall keine wirklich demokratischen, sondern primär machtpolitische Formen der Regelung internationaler Konflikte geben.

2) Das *jährliche* Budget der UNO für friedenserhaltende Maßnahmen beträgt genauso viel, wie die Nationalstaaten *täglich* für Rüstung und Verteidigung ausgeben. Wenn die NATO heute mit Verweis darauf, daß die UNO nicht in der Lage sei, eine Militärmission in Bosnien-Herzegowina zu übernehmen, diese an sich zieht, dann ist dieser Tatbestand und sind die daraus erwachsenden Sachzwänge durch die NATO-Staaten selbst geschaffen worden.

Nachdem die Bildung bzw. Inkraftsetzung von unparteiischen internationalen Regelungsmechanismen für zwischenstaatliche Konflikte bzw. Bürgerkriege blockiert, hintertrieben und *ad absurdum* geführt wurde, und zwar mit langem Atem geplant, hinter einer Rauchwand von anders lautenden Worten und Vereinbarungen versteckt, kann jetzt schamlos darauf verwiesen werden, daß es sachlich keine Alternativen gäbe. Die Verursacher der Alternativlosigkeit, die Täter, reklamieren den Status der Unschuld.

III. Eine Welt – scheinbar ohne Alternativen

Das Jahr 1989 hat ein merkwürdiges Vakuum hinterlassen. Bis dahin gab es zwei alternative Welten. 70 Jahre lang. Die Anziehungskraft der Sowjetunion auf viele Intellektuelle bestand nicht darin, daß sie wirklich die bessere Welt war, sondern daß sie eine andere Welt als die der kapitalistischen Weltzentren darstellte und damit quasiontologisch die Möglichkeit von Alternativität verbürgte.[2] Und selbst wenn man begriff, daß der Staatssozialismus die falsche Alternative war, schien seine realhistorische Existenz die realpolitische Möglichkeit besserer Alternativen zu verbürgen. Wenn selbst ein wirtschaftlich derart schwaches und durch ein dauerndes Defizit demokratischer Legitimation geplagtes System zur zweiten Macht in der Welt aufsteigen konnte, wie gut müßten sich dann andere Alternativen erst behaupten können, die ohne die Schwächen des Staatssozialismus wären?!

In seinem Verschwinden hat der Sozialismus mit dem neuen Denken und der Perestroika noch einmal jenes visionäre Licht ausgestrahlt, das er bei seinem Entstehen 1917 mit der Losung «Land und Frieden» über die Welt geworfen hatte. Im Systemkollaps schien sich für eine historische Sekunde ein Fenster neuer Alternativen zu öffnen und verschwand wieder, da die machtvolle Gravitation der westlichen Weltzentren nach einem kurzen Jahrhundert des Widersetzens diesen ihren Widersacher aufsog. Die Nachwehen werden noch lange spürbar sein.

Das westlich-modern-kapitalistische System ist jetzt weltweit mit sich allein. Gab es bis 1989 zwei gegensätzliche Systeme von Sachzwängen, so fühlen wir uns jetzt von alternativlosen Sachzwängen umzingelt. Sie wurden gemacht und gelten nun als Rechtfertigung der These, man habe sich in dieser Welt einzurichten, wie sie nun einmal sei.

Als die Perser zum zweiten Mal gegen das griechische Mutterland zogen und bei den Thebanern Rast machten, sollen viele von ihnen gewußt haben, daß sie nicht zurückkehren würden aus diesem Krieg. Trotzdem zogen sie weiter. Es wird überliefert, daß einer von ihnen seinem thebanischen Gastfreund sagte: «Von den Schmerzen, die in den Menschen sind, peinigt am meisten der, daß man bei aller Einsicht über nichts Gewalt hat.» Wer nach Alternativen fragt, ist nicht bereit, diesen Schmerz zu ertragen. Die Frage selbst impliziert die Hoffnung, durch eine Antwort, die eine alternative Welt für möglich hält, zumindest über das Wissen zu verfügen, es könne eine solche Welt geben, zumindest im Denken also Macht zu haben. Dies ist keineswegs wenig.

2 J. Semprun, Der weiße Streifen, in: Sinn und Form, 1995, 2.

Damit Alternativen organisiert werden können, müssen sie gedacht werden. Die Hegemonie derer, die die heutige Alternativlosigkeit organisieren, kann nur dann durchbrochen werden, wenn die Möglichkeit anderer Institutionen, anderer Verhältnisse gegeben ist. Selbst der schlechteste Zustand hält sich so lange, wie er alternativlos scheint. Eine revolutionäre Situation, so Lenin, entsteht dann, wenn die unten nicht mehr so wollen und die oben nicht mehr so können wie bisher. Dies reicht aber für einen Wandel noch nicht aus. Es muß auch etwas konkretes anderes gewollt sein, machbar scheinen und als handlungsfähige Organisationsmacht bereit sein. Wie aus der Forschung über die Transformation sozialer Systeme bekannt ist: «If the belief in the legitimacy of the regime collapse and no alternative is organized, individuals have no choice»[3].

Visionen, die machbar scheinen, die eine sachlich überzeugende und moralisch überlegene Alternative verkörpern, die neue Chancen für die Schwächeren mit neuen Optionen für die «Mittelklasse» verbinden, solche Visionen können die Welt verändern.

IV. Von der Verantwortung der Kritik

Zur Verantwortung von Wissenschaftlern, den *professionals* der theoretischen Vernunft, gehört wohl vor allem und in erster Linie die Beantwortung der Frage nach «der Geeignetheit der Mittel bei gegebenem Zwecke»[4]. Gäbe es keine Mittel zur Lösung dieser Krise bzw. wäre die Anwendung bestimmter Mittel schlimmer als die Nichtlösung der Krise, dann würde es das Ethos gebieten, laut vor jeder Anwendung dieser Mittel zu warnen. Die Mittel zur Bearbeitung sozialer Probleme sind aber immer vor allem organisatorisch-institutionell. Nur in Institutionen werden dauerhaft soziale Leistungen erbracht und Veränderungen verstetigt.[5]

Gesellschaftskritik, die es nicht vermag, institutionelle Alternativen zu entwickeln, ist dazu verdammt, die moralisierende Position

3 A. Przeworski, Some Problems in the Study of the Transition to Democracy, in: G. O'Donnell, Ph. C. Schmitter, L. Whitehead (eds.), Transition from Authoritarian Rule. Comparative Perspectives. Baltimore, London: the John Hopkins University Press, 1988, 53.

4 M. Weber, Die «Objektivität» sozialwissenschaftlicher und sozialpolitischer Erkenntnis (1904), in: ders.: Gesammelte Aufsätze zur Wissenschaftslehre, Tübingen 1922, 149.

5 J. A. Schülein, Theorie der Institution. Eine dogmengeschichtliche und konzeptuelle Analyse, Opladen 1987, 148.

schöner Seelen von einer besseren Welt einzunehmen. Prinzipiell sind drei verschiedene Möglichkeiten gegeben. Erstens kann das Fehlen institutionell gedachter Alternativen zur eigentlichen Alternative gemacht werden. Dies ist der Standpunkt des Anarchismus, der in der These vom Absterben des Staates, des Marktes usw. im Marxismus durchaus latent ist. Eine zweite Möglichkeit ist die von Wolfgang Zapf immer wieder im *mainstream* bundesdeutscher Wissenschaft vertretene Position einer weitergehenden Modernisierung bei Kontinuität der Gesamtheit der Basisinstitutionen moderner Gesellschaften.[6] Von diesem Standpunkt aus verschwindet jede Chance einer nichtmoralisierenden Kritik moderner Gesellschaften, da die «Vorstellung von institutionellen Alternativen zur Bewältigung der dramatisch beschriebenen Probleme» für prinzipiell unmöglich erklärt wird.[7]

Der Versuch, die Kritik moderner Gesellschaften produktiv fortzuführen, muß im Gegensatz zu den beiden genannten Positionen erstens nachweisen, daß institutionelle Alternativen zumindest theoretisch möglich sind, daß sie zweitens die Grundeigenschaften moderner Gesellschaften, die wirtschaftlichen, politischen und geistigen Wettbewerbsstrukturen nicht aufheben, sondern unter den durch die modernen Gesellschaften reflexiv selbst veränderten Bedingungen zu bewahren vermögen, und daß sie drittens über eine auf die alten und neuen Probleme bezogene überlegene Bearbeitungskapazität dieser Probleme verfügen.

Derartige Gesellschaftskritik war immer mit der Kategorie *Aufhebung* verbunden. Die Gestalt der Kritik gerinnt in der Weise, in der sie Aufhebung der gegenwärtigen Gesellschaften denkbar macht oder nicht. Aufhebung sehe ich dabei vor allem als Übergang auf eine höhere Stufe der Evolution. Wenn es sich nicht einfach um den Abbruch der Entwicklung moderner Gesellschaften, wenn es sich nicht nur um den Bruch und den Beginn von etwas nichtmodern anderem handeln sollte, wenn wir den Werten der Freiheit, Gleichheit und Solidarität, der freien Entwicklung eines jeden als

6 W. Zapf, Sozialpolitik in gesellschaftlichen Modernisierungskonzepten, in: G. Voruba (Hg.), Der wirtschaftliche Wert der Sozialpolitik. Berlin 1989, 54; W. Zapf, Der Untergang der DDR und die soziologische Forschung, in: B. Giesen, C. Leggewie, Ein sozialer Großversuch, Berlin 1991, 46.

7 W. Zapf, Die Transformation in der ehemaligen DDR und die soziologische Theorie der Modernisierung. AG Sozialberichterstattung. Wissenschaftszentrum Berlin für Sozialforschung (WZB), Berlin 1992, 14.

Bedingung der freien Entwicklung aller verpflichtet bleiben wollen, dann ist Aufhebung eben nicht zuletzt Sicherung und Bewahrung. Sie ist *auch* konservativ. Das Pathos des absoluten Bruchs ist leer. Es kann menschenverachtend werden, wenn es praktisch wird.

Wenn heute ein Weiter-So unmöglich wird, wenn ein Zurück unmöglich ist, dann steht der Übergang zu einer höheren evolutionären Gestalt sozialer Entwicklung tatsächlich auf der Tagesordnung. Aber das Höher-Sein, das Darüber-Hinaus-Gehen ist eine Bewegung, die nur dann möglich ist, wenn sie gegenwärtige Funktionsmechanismen in ihren Dienst zu stellen vermag, wenn sie heutige Prinzipien der sozialen Reproduktion erhält und zugleich neu ausrichtet, wenn sie fähig ist, solche neuen Wirkprinzipien, Institutionen oder solche neuen «Ordner» – wie der Synergetiker Hermann Haken sie nennt – einzuführen, daß sich die bisherigen Teile mit ihren Eigenarten einerseits «wie von einer unsichtbaren Hand getrieben [neu] anordnen. Andererseits aber die Einzelsysteme durch ihr Zusammenwirken diese unsichtbare Hand erst wieder schaffen»[8].

Eine Strategie der Aufhebung, die nicht zugleich drei Prozesse zu realisieren vermag – Neusetzung von anderen «Ordnern», Bewahrung erfolgreicher evolutionärer Formen und Beseitigung überholter Institutionen –, ist keine Strategie der Aufhebung, sondern nur eine Strategie der Zerstörung.

Wir wissen aus staatssozialistischer und Perestroika-Erfahrung: Manchmal – in Krisenzeiten – kann das Überrennen von Apparaten ein Kinderspiel, ein bloßes Fest der Zerstörung sein. Aufbauen aber ist immer schwer. Es gehört zur Verantwortung der Intellektuellen, ihrer Lust an der radikalen Kritik die Zügel eines gemäßigten Konservatismus anzulegen und sie so zu gestaltendem Denken zu läutern. Das Pathos der Kritik muß in das Pathos eines gehaltvollen, institutionell konkreten Entwurfes münden.

Eine Analyse der Kernstruktur moderner Gesellschaften, die nicht in einer konkreten Vision resultiert, ist defizitär, da sie nicht jene Momente aufzuspüren vermag, die über den gegenwärtigen Zustand hinausführen. Sie ist totalitär, da sie die Spuren des Widersetzigen, Gegenläufigen, Abweichenden in der gegenwärtigen Wirklichkeit eliminiert hat. Sie ist unfruchtbar, da sie nichts Neues in die Welt

8 H. Haken, Erfolgsgeheimnisse der Natur. Synergetik: Die Lehre vom Zusammenwirken, Stuttgart 1981, 19.

bringt. Und sie ist hochmütig, da sie sich ohne Gründung in der Möglichkeit einer konkreten Alternative überlegen dünkt.

Es ist ein Mythos, daß die Intellektuellen in der Moderne für alle Katastrophen verantwortlich seien. Diejenigen, die eine fatalistische Linie von Rousseau zur Guillotine, von Marx zum GULAG oder von Nietzsche zu Auschwitz ziehen, verkennen, daß die Welt des Geistes und die der Tat institutionell (und zumeist auch personell) getrennt sind. Normenbegründungs- und Normendurchsetzungsverfahren sind auseinanderzuhalten.[9]

Es ist aber auch ein Mythos, daß die Intellektuellen prinzipiell wirkungslos seien und sich im Glasperlenspiel erschöpfen würden. Die Notizen des Herrn Montesquieu auf seinem Schloß und der Entwurf der amerikanischen Verfassung bilden einen Zusammenhang. Aber er wurde durch die machthabenden Praktiker ausgewählt. Die Werke von Marx haben gerade der deutschen Arbeiterbewegung zeitweise jenes Bewußtsein einer Mission verliehen, mit der sie ihre Erfolge errang und für eine bestimmte Zeit zur erfolgreichsten Vorkämpferin des Sozialstaates schlechthin werden konnte.

In die Konstitution der modernen Gesellschaften sind die Ergebnisse eines «Theoretisierens von Menschen über ihr Handeln»[10] und über die Strukturen ihres Handelns folgenschwer eingegangen: «Wenn sie überhaupt interessant sind, können die ‹Entdeckungen› der Sozialwissenschaften nicht sehr lange Entdeckungen bleiben: je aufschlußreicher sie sind, desto wahrscheinlicher werden sie in das Handeln eingehen. Sie werden dadurch zu vertrauten Prinzipien des sozialen Lebens»[11]. Dies gilt für die Marktwirtschaft, den Rechts- und den Sozialstaat genauso wie für den modernen Krieg.

Wenn ein System wie das gegenwärtige Weltsystem weitab vom Gleichgewicht in immer größere Schwankungen gerät, wenn seine Erhaltung in der gegebenen Gestalt immer unwahrscheinlicher wird, wenn es sich dem Punkte einer unvermeidlichen Bifurkation, eines Umkippens in einen anderen Zustand, genähert hat, dann kann die kleinste Intervention entscheidend dafür sein, welche der möglichen Richtungen das System wählt. Dies belädt jedes Handeln in

9 H. Lübbe, Politische Praxis der Normenbegründung, in: W. Oelmüller (Hg.), Materialien zur Normendiskussion. Bd. 1: Transzendentalphilosophische Normenbegründungen, Paderborn 1978, 38ff.

10 A. Giddens, Die Konstitution der Gesellschaft. Grundzüge einer Theorie der Strukturierung, Frankfurt (Main) und New York 1992.

11 Giddens, Kie Konstitution der Gesellschaft 409.

Krisenzeiten mit höchster Verantwortung. Ein falsches Wort zur richtigen Zeit kann dann Weltgeschichte beenden und ein richtiges einen neuen Beginn ermöglichen.

V. Revolution der Modernisierungsweise der kapitalistischen Moderne

In Robert Kurz' Buch «Kollaps der Modernisierung» wird das Ende des «warenproduzierenden Systems» prognostiziert. Die verwendete Sprache ist die des Fatalismus. Die Unausweichlichkeit der Erfüllung der eigenen Prognosen – auch hier ganz in der Tradition von Marx – scheint Kurz mitzureißen, wenn er schreibt: «Das Prinzip der Rentabilität hat noch einen letzten Amoklauf vor sich, bevor es endgültig seinen Doppelweg von 'negativer Emanzipation' und sozialökologischer Zerstörung bis zu Ende durchlaufen hat»[12].

Davon geht eine doppelte ästhetische Faszination aus – die der Beschreibung eines grandios unaufhaltsamen Untergangs des Abendlandes wie die des Genusses, diesen Untergang zumindest eloquent auf den Punkt gebracht und so die eigene Überlegenheit über diese Welt in der Konstatierung völliger Ohnmacht doch noch gerettet zu haben. Man sollte auch fragen, ob nicht an diesem Punkte dann – wie schon bei Marx angelegt – die Analyse zugleich in eine irdische Heilsideologie übergeht. Ohne hier diesen zweifelsohne zentralen Aspekt im Detail analysieren zu wollen, sei auf Thomas Manns «Doktor Faustus» zurückgegriffen. Vom Ende des letzten Werkes jenes Adrian Leverkühn schreibt sein anderes Ich, Dr. phil. Serenus Zeitblom, das Folgende:

> Nein, dies dunkle Tongedicht läßt bis zuletzt keine Vertröstung, Versöhnung, Verklärung zu. Aber wie, wenn der künstlerischen Paradoxie, daß aus der totalen Konstruktion sich der Ausdruck – der Ausdruck als Klage – gebiert, das religiöse Paradoxon entspräche, daß aus tiefster Heillosigkeit, wenn auch als leiseste Frage nur, die Hoffnung keimte? Es wäre die Hoffnung jenseits der Hoffnungslosigkeit, die Transzendenz der Verzweiflung – nicht der Verrat an ihr, sondern das Wunder, das über den Glauben geht.[13]

12 R. Kurz, Der Kollaps der Modernisierung. Vom Zusammenbruch des Kasernenkommunismus zur Krise der Weltökonomie, Frankfurt 1991, 238.

13 Th. Mann, Doktor Faustus. Das Leben des deutschen Tonsetzers Adrian Leverkün, erzählt von einem Freunde, in: ders., Romane und Erzählungen, Bd. 6, Berlin 1975, 664f.

Das blendend geschriebene, zugleich wissenschaftlich wie publizistisch faszinierende Essay wider den herrschenden Zeitgeist ist jedem zu empfehlen, der das Wiederentstehen eines bestimmten Typs von Moderne-Kritik verstehen will. Dazu aber – so der Rat aus eigener Leseerfahrung – sollte er sich nicht der Ästhetik der Apokalypse unreflektiert ausliefern und sehr genau den Umschlag von «totaler Konstruktion» in das «Wunder» beobachten. Fast am Ende des Buches taucht sie dann auf – die «Hoffnung jenseits der Hoffnungslosigkeit», jener letzte Ton, «das hohe g eines Cellos, das letzte Wort, der letzte verschwebende Laut, in Pianissimo-Fermate langsam vergehend»:

> Der vermeintlich gescheiterte Kommunismus, mit dem die Zusammenbruchsgesellschaften nachholender Modernisierung verwechselt wurden, ist weder Utopie noch ein fernes, nie zu erreichendes Ziel weit jenseits der Realität, sondern *er ist schon da*.

Er sei es innerhalb der kapitalistischen Hülle, und er sei es in verkehrter, in negativer Form – als «*Kommunismus der Sachen*»[14]. Noch einmal Thomas Manns Dr. Zeitblom:

> Dann ist nichts mehr – Schweigen und Nacht. Aber der nachschwingend im Schweigen hängende Ton, der nicht mehr ist, dem nur die Seele noch nachlauscht, und der Ausklang der Trauer war, ist es nicht mehr, wandelt den Sinn, steht als Licht in der Nacht.[15]

Genau wie bei Marx aber bleibt bei Robert Kurz offen, wie der «richtige *Kommunismus der Menschen*» institutionell gedacht sein solle, wie Vergesellschaftung jenseits von Markt, Recht und Staat möglich wäre, woher diese Gesellschaft die Kraft nehmen könnte, sich vor den Rückfällen in die Antagonismen der traditionalen oder modern-kapitalistischen Systeme zu schützen. Eine abstrakte Utopie der Apokalypse und eines nur negatorisch bestimmten Reichs der Wert-, Waren- und Staatslosigkeit läßt uns am Ende in der Redseligkeit der aufgeklärten Resignation und einer entleerten Heilsgewißheit zurück. Dies scheint der unvermeidliche Gegenpol des triumphierenden Zeitgeistes einer allzu selbstgewissen Beharrung auf dem «Weiter so» zu sein. Ist aber ein Drittes wirklich nicht gegeben?

14 Kurz, Der Kollaps der Modernisierung 265.
15 Mann, Doktor Faustus 665.

Meine These, die dem Pessimismus solcher Revolutionäre, die nur den Zusammenbruch denken können, gegenübergestellt werden soll, ist, daß es sich bei der gegenwärtigen globalen Krise um das Ende einer bestimmten Art der Modernisierung handelt. Und dieses Ende kann zum Kollaps der Modernisierung und der Menschheit überhaupt entarten – wie jedes Ende heute. Aber es kann auch zum Beginn eines neuen Zyklus moderner Sozialentwicklung werden. Die jetzige Zivilisationskrise wäre dann auch eine neue Chance.

Meine Diagnose: die Moderne ist nicht am Ende, aber sie ist zu wesentlichen Teilen immer noch halbmodern, ja, unmodern. Ihr fehlen wesentliche «Basisinstitutionen», um sich in dann neuer Gestalt auf weitere Dauer zu stellen. Vor allem ist sie nicht in der Lage, ihre eigene Entwicklung bezogen auf die Sicherung eigener zukünftiger Erhaltung zu regulieren. Nachhaltige Entwicklung braucht eine eigene Kommunikationsweise, eine eigene symbolische Repräsentationsweise, eigene machtvolle Akteure und eigene, rechtlich geregelte Entscheidungsformen und -gremien. Sie sind im hohen Maße erst noch zu schaffen.

Wenn man den kommunistischen utopischen Horizont aufgibt, wenn man die kapitalistische Produktionsweise nur als eine der möglichen historischen Gestalten der Moderne begreift (wie den Staatssozialismus im übrigen auch), wenn man die Spezifik der jeweiligen Evolutionspotentiale, Machtstrukturen und Interpretationsweisen nicht auf ein monistisches Ganzes reduziert, das einem Prinzip unterzuordnen wäre, dann könnte es letztlich auch möglich sein, *Marxens Formations-, Krisen- und Revolutionstheorie im Evolutionsparadigma einer offenen und alternativen Sozialgeschichte aufzulösen.*

Die Geschichte der modernen Gesellschaften wäre dann theoretisch als Nebeneinander und Aufeinander verschiedener Typen moderner Gesellschaften mit je unterschiedlichen Basisinstitutionen zu interpretieren. Nur durch zyklischen Wandel des jeweiligen Sets der Institutionen kann die Moderne trotz der durch sie selbst so gründlich immer wieder veränderten Bedingungen erhalten, ihr innovativer Wettbewerbscharakter bewahrt werden.

Die von Marx mit größter Schärfe aufgedeckten Grenzen des Kapitals sind dann nur Grenzen einer bestimmten Gestalt des Kapitals innerhalb einer bestimmten Gestalt der Moderne. Der Kollaps der Modernisierung erweist sich innerhalb des von mir hier gewählten Interpretationsrahmens «nur» als Kollaps einer bestimmten Art der Evolution moderner Gesellschaften und als Chance für den Übergang zu einer neuen, einer reflexiven Weise der Modernisierung moderner Gesellschaft, als Übergang zur nachhaltigen, sich selbst tragenden Entwicklung im globalen wie im lokalen Maßstab. Gegen die These vom Kollaps der Modernisierung plädiere ich für eine globale Revolution der Modernisierungsweise.

Das eingefügte «nur» bezieht sich aber ausschließlich auf die Relativierung der theoretischen Interpretation. Praktisch kann dieser Kollaps auch total sein. Praktisch kann jede evolutionäre Krise und so auch diese tödlich enden. Praktisch können wir sogar jetzt schon längst keine Chance mehr haben, die Dinge und vor allem uns selbst zu wenden. Praktisch ist überhaupt nicht gesagt, daß Marx' These, eine Aufgabe entspringe nur dort, «wo die materiellen Bedingungen ihrer Lösung schon vorhanden oder wenigstens im Prozeß ihres Werdens begriffen sind»[16], mehr als ein Überrest eines deterministischen Optimismus ist, den zumeist die vermeintlichen Sieger der Geschichte vertreten. Praktische Fragen können letztlich auch nur praktisch entschieden werden.

VI. Von den Verführungen der Götzenkritik

Vom Götzen *Markt* wird im Titel der Veranstaltung gesprochen. Die vielfältigen und katastrophischen Folgen heutiger Märkte wurden breit erörtert. Jemand wie ich, der aus dem Staatssozialismus kommt, kann aber auch über die Folgen des Fehlens von Märkten berichten. Zerstörung von Umwelt, Arbeitsmoral, sozialer Sicherheit kann aus einem Zuwenig an Markt genauso resultieren wie aus dem Zuviel oder den falschen Märkten. Und ich kann von der Geschichte der Anbetung anderer *Götzen* berichten – der Partei, des Staates, revolutionärer Führer. Auch diese Anbetung hat dazu geführt, daß Millionen von Menschen sinnlos geopfert wurden.

Die *Bibel* wiederum erzählt eine Geschichte über die erste Christengemeinde und ihre Gütergemeinschaft, die für mich sehr viel mit den frühen Gefahren der Verwandlung der christlichen Offenbarung und des Gemeineigentums in einen neuen Götzen zu tun

16 K. Marx, Zur Kritik der Politischen Ökonomie. Vorwort, in: MEW, Bd 13, 1975, 9.

hat. Ich zitiere die Ende des 1. Jahrhundert unserer Zeitrechnung entstandene *Apostelgeschichte* aus dem *Neuen Testament* (Kapitel 4 und 5):

Gütergemeinschaft der ersten Christen
Die Menge aber der Gläubigen war *ein* Herz und *eine* Seele; aber auch nicht einer sagte von seinen Gütern, daß sie sein wären, sondern es war ihnen alles gemeinsam.

Und mit großer Kraft gaben die Apostel Zeugnis von der Auferstehung des Herrn Jesu, und große Gnade war bei ihnen allen.

Es war auch keiner unter ihnen, der Mangel hatte; denn wie viele ihrer waren, die da Äcker oder Häuser hatten, die verkauften sie und brachten das Geld des verkauften Gutes und legten es zu der Apostel Füßen; und man gab einem jeglichen, je nachdem einer in Not war ...

Ananias und Saphira
Ein Mann aber mit Namen Ananias samt seiner Frau Saphira verkaufte einen Acker und entwendete etwas vom Gelde mit Wissen seiner Frau und brachte einen Teil und legte es zu der Apostel Füßen.

Petrus aber sprach: Ananias, warum hat der Satan dein Herz erfüllt, daß du den heiligen Geist belögest und entwendest etwas vom Geld des Akkers?

Hättest du ihn doch wohl mögen behalten, da du ihn hattest; und da er verkauft war, war es auch in deiner Gewalt. Warum hast du dir solches in deinem Herzen vorgenommen? Du hast nicht Menschen, sondern Gott belogen.

Als Ananias aber diese Worte hörte, fiel er nieder und gab den Geist auf. Und es kam eine große Furcht über alle, die dies hörten.

Es standen aber die Jünglinge auf und deckten ihn zu und trugen ihn hinaus und begruben ihn.

Und es begab sich über eine Weile, bei drei Stunden, da kam seine Frau herein und wußte nicht, was geschehen war.

Aber Petrus sprach zu ihr: Sage mir, habt ihr den Acker so teuer verkauft? Sie sprach: Ja, so teuer.

Petrus aber sprach zu ihr: Warum seid ihr denn eins geworden, zu versuchen den Geist des Herrn. Siehe, die Füße derer, die deinen Mann begraben haben, sind vor der Tür und werden dich hinaustragen.

Und alsbald fiel sie zu seinen Füßen und gab den Geist auf. Da kamen die Jünglinge und fanden sie tot, trugen sie hinaus und begruben sie neben ihrem Mann.

Und es kam eine große Furcht über die ganze Gemeinde und über alle, die dieses hörten.

Ich will diese Geschichte noch einmal mit eigenen Worten erzählen[17]: In der Apostelgeschichte wird von zwei älteren Menschen erzählt, Ananias und Saphira, die sich einer neuen Idee anschließen, Menschen, die eine neue Mitmenschlichkeit erleben wollen, die einer Gemeinschaft der Nächstenliebe beitreten, wo allen alles gemeinsam gehört und alle ein Herz und eine Seele sind. Sie suchen eine Alternative zu der Jagd nach Reichtum und Eigensucht, die die von den Römern unterjochte und durch machtgierige jüdische Priester dirigierte Stadt Jerusalem beherrscht.

Die christliche Gemeinde versteht sich als eine Erneuerungsbewegung, die mit dem ganz Neuen zugleich das ganz Alte herstellen und den Gott Israels wieder als alleinigen Eigner des Landes einsetzen will: «Die da verkaufen, sind *Erwerber* von Landstücken oder Häusern. Sie haben also etwas erworben, was [nach der Tora] auf Dauer nicht zu erwerben war. Wenn sie diese Stücke nun verkaufen, vollziehen sie gerade die Forderung der Tora. Sie verkaufen, was ihnen dazu diente, andere von sich abhängig zu machen und Mehrwert zu schaffen. Und sie hatten erworben, was gar nicht in ihrem Besitz war. Das erneuerte, geeinte Israel läßt praktisch werden, was ihm in der Tora geboten ist ... Nicht nur Israel wird also erneuert, sondern auch und gerade die Gesellschaft, in der es lebt. Die gesellschaftliche Erneuerung und Veränderung ist hier das Ziel, in der Tat: eine neue Schöpfung.»[18]

Ananias und Saphira nun wollten Teil dieser neuen Bewegung sein, und zugleich waren sie ängstlich. Niemand konnte wissen, ob diese noch kleine christliche Gemeinde wirklich auf Dauer dafür sorgen könnte, daß ihre Mitglieder keinerlei Not litten. Wenn die Äcker alle verkauft und das Geld aufgebraucht worden seien, wovon würde die Gemeinde dann leben? Viele Jahre waren schon seit der Kreuzigung von Jesus vergangen und das Gottesreich immer noch nicht angebrochen. Kein Wort finden wir in der Apostelgeschichte über die *Schaffung von materiellem Reichtum* in der neuen Gemeinde. Wie auch später oft, wenn es um Gemeineigentum ging, wird vor allem über die *Verteilung* und wenig über die *Produktion* gesprochen. Und was, so dachten Ananias und Saphira vielleicht,

17 G. Jankowskis, «... und hatten alles gemeinsam» (Apg 4, 32), in: K. Füssel, F. Segbers (Hg): «...so lernen die Völker des Erdkreises Gerechtigkeit». Ein Arbeitsbuch zu Bibel und Ökonomie, Luzern 1995, 139–146.

18 Jankowski, «...und hatten alles gemeinsam» 140f.

geschieht bei neuen Verfolgungen, wer würde ihnen dann helfen? So beschließen sie, den größten Teil des Verkaufserlöses der Gemeinde zu geben, aber einen Notgroschen für sich zurückzubehalten.

Dies wurde Petrus hintertragen. Er hätte die Geschichte leise in einem Sechs-Augen-Gespräch ausräumen können; er hätte den beiden die Chance lassen können, sich getreu den in der christlichen Gemeinde erneuerten Grundsätzen der Tora zu verhalten oder still die Gemeinde zu verlassen. Er aber eiferte. Ihm ging es um die neue Sache, den neuen Glauben, für den sich sein Christus geopfert hatte. Sie sollte rein bleiben von jedem Betrug. Er verlangte ein über- oder auch unmenschliches Entweder-Oder.

Jankowski mag recht haben, wenn er die Bedeutung dieses Betruges für die christliche Bewegung sehr hoch anschlägt:

> Keiner soll Eigentümer an Land sein. Denn Er, der Gott Israels, ist Eigentümer des Landes. Durch den Verkauf bekommt er gleichsam sein Eigentum zurück. Dann aber gehört der Erlös auch nicht mehr dem einzelnen, sondern Gott und dient der Gemeinschaft zur Nutznießung. Wer davon etwas auf die Seite schafft, vergeht sich am Eigentum Gottes, er *veruntreut*, untreu gegenüber Gott und der Gemeinschaft ist er geworden. Und so zerrüttet er Israel, das erneuerte Israel. Er läßt die erneuerte Schöpfung gar nicht zum Ziel kommen, sondern stört sie schon an ihrem Beginn.[19]

Nehmen wir an, Petrus sah den Betrug genau in dieser Schärfe und empfand ihn als Bedrohung des ganzen christlichen Beginnens. Ihm schien, es ginge um alles oder nichts. Er wählte also nicht den Weg der privaten Klärung, sondern stellte die beiden öffentlich bloß. Er entlarvte sie. Er nahm ihnen ihre Würde und ihr Ansehen. Für die Sünde der Veruntreuung an Gottes Eigentum sollte in seiner Gemeinde kein Platz sein.

Was Christus in der alten Welt geduldet hatte – die alltägliche Sünde –, was Jesus als Toleranz gepredigt hatte: «Wer unter euch ohne Sünde ist, der werfe den ersten Stein» (Joh 8,7), dies alles sollte in der erneuerten Welt nicht mehr gelten. Plötzlich sollte alles ganz anders sein. Petrus wollte den radikalen Bruch und Neubeginn.

Aber vielleicht hatte Petrus auch deshalb keine Nachsicht, weil er selbst in unvergleichlicher Weise sündig geworden war und Jesus

19 Jankowski, «... und hatten alles gemeinsam» 143.

selbst, den Heiland, den Messias, am Tage der Kreuzigung im Stich gelassen hatte? Konnte er anderen nicht verzeihen, weil er sich diese eigene Sünde nicht vergeben konnte? Wie war es damals gewesen, als Petrus seine Zugehörigkeit zu Jesu Jüngern nach dessen Gefangennahme durch die Knechte des Hohenpriesters wiederholt abstritt? – «Und der Herr wandte sich und sah Petrus an. Und Petrus gedachte an des Herrn Wort, wie er zu ihm gesagt hatte: Ehe der Hahn heute kräht, wirst du mich dreimal verleugnen» (Lk 22,61). Und Petrus, so wird berichtet, «ging hinaus und weinte bitterlich». Mußte er nicht den letzten Blick seines geliebten Lehrers im Herzen haben bis an sein eigenes Ende, das er in Rom am Kreuze fand? Trieb ihn nicht bis dahin vor allem die eigene Schuld um?

Für Petrus war der neue Glaube so schön, so groß, so gut – ab jetzt, nach seinem eigenen Versagen zumindest, sollte kein Fleck einer Sünde mehr auf ihn fallen. Und dafür wollte er sorgen. Unbarmherzig. Bei sich und bei anderen. Deshalb durfte nicht verziehen werden, und deshalb verzieh er nicht. Und indem Petrus die christliche Lehre so emporhob über alles Irdische und deshalb immer auch Sündige, verwandelte er sie in einen neuen Götzen, einen blutrünstigen Götzen, der Opfer braucht. Er inszenierte ein Gottesgericht. Hatte Jesus sich für andere geopfert, so opferte Petrus sich und andere im Namen Jesu.

Die ersten zwei Opfer des neuen Götzen, von denen berichtet wird, waren Ananias und Saphira. Ihre Namen sind überliefert. Sie starben vor Scham, als sie sich öffentlich vor denen bloßgestellt sahen, denen sie mit Herz und Seele zugehören wollten. Ihnen brach das Herz, als ihnen gesagt wurde, daß sie der neuen Idee, die ihnen doch alles war – bis auf die kleine Sicherheit des Notgroschens eben –, nicht wert seien. Buchstäblich: sie konnten dieses Tribunal nicht ertragen und gaben ihren Geist auf.

«Und es kam eine große Furcht über die ganze Gemeinde»! Man mag wie Jankowski diese «Furcht» als biblische Formel für jenes Erschrecken verstehen, wenn «unerhört Neues sich zeigt»[20]. Vielleicht erweckte alles Große und Neue nicht Freude, sondern Entsetzen, obwohl es auch das Gewünschte gewesen sein mochte wie die Auferstehung Christi. Dies klingt mir aber zu versöhnend. Denn hier starben Menschen, weil sie dem neuen Prinzip nicht genügten.

20 Jankowski, «... und hatten alles gemeinsam» 144.

Sie opferten sich ja selbst, denn wenn ihnen dieses Prinzip nicht zugleich heilig gewesen wäre *und* doch nicht alles, wenn sie nicht gespalten gewesen wären in Menschen, die sich ganz der neuen Welt anschließen wollten und doch Sicherheiten in der alten Welt suchten, dann hätten sie die christliche Gemeinde entweder nicht betrogen oder hätten sie achselzuckend verlassen. Die Furcht in der Bibel scheint mir vor allem das Entsetzen von Menschen angesichts des Einbruchs der Gott zugesprochenen Gewalt in ihre Welt zu sein, egal, ob dies mit Freude oder mit Leid verbunden ist. Es ist eine überwältigende Macht, die sich kundtut. Und in diesem Falle tötet sie. Das Große und Neue kommt also mit einer neuen Gewalt daher. Für mich ist es die Macht einer neuen Idee, die sich als christliche Gemeinde organisiert hat und Gewalt über Herzen und Hirne ihrer Anhänger erlangt.

Und noch etwas anderes sollte bedacht werden: Der Apostel Petrus hatte seine Stellung im Dienste der neuen Idee gefestigt. Sichtbarlich war er Stellvertreter Gottes auf Erden. Nur durch Worte hatte er getötet, wo Jesus nur durch Worte geheilt hatte. Welche Macht mußte dies sein! An der Spitze der neuen Gemeinde war die Macht der Idee zu seiner eigenen Macht geworden. Gottes Macht war seine Macht, wer konnte sie noch kontrollieren? Vielleicht hat er sie nur einmal so eingesetzt. Aber seine Nachfolger auf dem Stuhle Petri taten es hunderttausendfach.

Und dann waren da auch schon die, die immer da sind, wenn Zwänge durchzusetzen sind – die Jünglinge, die flott und ohne Trauer und Anklage die Entsorgung der Leichen übernehmen. Es waren ja Exkommunizierte, Ketzer, Dissidenten, die da weggeschafft wurden. Solche «Jünglinge» finden sich immer, glatt, bedenkenlos, allzu willfährig und vorbehaltlos. Sie kommen in den einfachen Gewändern der Juden, den Rüstungen römischer Soldaten, den Kutten eifernder Mönche, in knarrenden Stiefeln und Ledermänteln totalitärer Geheimdienste oder eben als Yuppies im Bankgeschäft, wenn es um Rüstung oder Chemieanlagen ohne ausreichende Sicherheitsstandards geht.

Es gibt viele Götzen. Der *Markt*, die *Gemeinschaft*, der *Staat*, die *Wissenschaft*, der *Glaube* können zu solchen werden. Immer, wenn Menschen, soziale Gruppen oder Organisationen gesellschaftlich etwas auf Dauer stellen wollen, schaffen sie Institutionen. Diese geben Halt, sichern Beständigkeit der Absichten auch dann, wenn der Wille nachläßt, diese Absichten zu verwirklichen. Was nicht zu Institutionen gerinnt, bleibt wirkungsohnmächtig, wird bestenfalls zu einer verlorenen Hoffnung.

Aber eben deshalb, weil Menschen dauerhaft nur vermittels von Institutionen wirken können, da nur diese Macht verbürgen und ohne Macht Vernunft niemals Wirklichkeit werden kann, geht Macht von Menschen in Macht von Institutionen über Menschen über, wird zu Sachzwängen, kann zum Götzen werden. Daraus ergeben sich zumindest zwei Schlußfolgerungen für jede Politik, die soziale und humane Zielstellungen verfolgt:

1) Es gibt keine gesellschaftlichen Verhältnisse und Institutionen, die *per se* die Durchsetzung von Menschenrechten, Emanzipation und Partizipation verbürgen. Institutionen sind prinzipiell ambivalent – bis auf die der Massenvernichtung. Diese ist an sich das Böse. Es gibt deshalb weder einfache noch endgültige institutionelle Lösungen für die Menschheitsprobleme, wie im Bild vom Kommunismus oftmals gedacht wurde. Alle Institutionen haben ungewollte Nebeneffekte, machen bestimmte Probleme besser bearbeitbar und erzeugen dafür andere. Ein Verbalradikalismus, der die einzige richtige allumfassende institutionelle Lösung anbietet und alle anderen Institutionen einfach zu Götzen erklärt, ist bestenfalls eine Illusion und eher Betrug und Selbstbetrug. Er ist weder wissenschaftlich ernst zu nehmen noch politisch akzeptabel bzw. moralisch legitimiert.

2) Institutionen, die ihren Bezug auf die Durchsetzung von Menschenrechten nicht verlieren und nicht zu Götzen werden sollen, die uns beherrschen, müßten a) demokratisch-öffentlich revidierbar bleiben (Prinzip der Revidierbarkeit); b) sie dürfen nicht totalitär alles umfassen, sondern müssen Platz für andere, ihnen gegenüber widersprüchliche Institutionen lassen (Pluralitätsprinzip); c) sie müssen auf Gewaltenteilung in und zwischen diesen Institutionen und auf Wettbewerb aufbauen (Prinzip der Gewaltenteilung).

Es geht also nicht darum, ob Markt oder ob Gemeinschaft oder ob Staat, sondern immer nur darum, welche Art derselben und in welchem Verhältnis zueinander mit welchen Mechanismen des Schutzes vor hemmungsloser Verselbständigung ausgerüstet, die höchste Kapazität der Bearbeitung der jeweiligen Probleme im Sinne der gleichen und umfassenden Durchsetzung von Menschenrechten gewährleistet.

Im folgenden will ich zwei Fragen stellen, auf die sich die Suche nach Alternativen richten könnte – den Wandel zu einem demokratischen System im Zeitalter globaler Probleme und den Übergang zu einer neuen Grundlage der Ökonomie, zum Reproduktionswert nachhaltiger Entwicklung.

VII. Eine neue Demokratie – politische Gestaltung im Zeitalter globaler Probleme

Die Linke ist fast völlig davon abgekommen, Vorschläge für einen Umbau der politischen Institutionen vorzulegen, und konzentriert sich nahezu ausschließlich auf das Gebiet der Wirtschaft. Das Feld des politischen Systems scheint – sieht man von eher kosmetischen Reformen ab – fast unantastbar. Mehrheitlich wird auf einen neuen Regierungsblock gehofft. Ernsthafte Veränderungen der Ökonomie und ein wirklicher Einstieg in den sozial-ökologischen Umbau der Gesellschaft werden aber ohne die Wiedergewinnung des Politischen nicht möglich sein und sich als kurze Illusion erweisen.

Die heutigen Strukturen der Politik erzeugen zwanghaft die heutigen Entscheidungen. Wer an die Macht kommen und an der Macht bleiben will, ist in einen engen Korridor von Optionen eingesperrt, die im wesentlichen auf die Verbesserung der Rahmenbedingungen der Kapitalverwertung hinauslaufen. Soziale und ökologische Ziele sind kaum anders denn als Nebenprodukt einer solchen Politik denkbar. Um überhaupt zu anderen Entscheidungen kommen zu *können*, müssen die sozialen und ökologischen Reformalternativen durch den grundlegenden Umbau des politischen Systems eingeleitet werden. Die Veränderung der Zwänge innerhalb des politischen Systems ist die Voraussetzung für die Veränderung der Zwänge innerhalb der Wirtschaft. Vor dem Hintergrund der neuen sozialen Probleme des ausgehenden zwanzigsten Jahrhunderts steht eine neue welthistorische Welle der Demokratisierung der Demokratie auf der Tagesordnung.

Die neokonservative Politik der Sachzwänge, die Unterwerfung der gegebenen Möglichkeiten unter die Stärkung der heute schon Starken ist nur deshalb möglich, weil die heute vorhandenen Institutionen – so paradox es klingt – demokratische Politik strukturell blockieren. Der heutige Typ von Demokratie verunmöglicht Demokratie, die bezogen auf die aktuellen Probleme diesen Namen verdient – als bewußte Gestaltung der Grundstrukturen (Rahmenstrukturen) menschlichen Zusammenlebens. So entstand sie zuerst im alten Griechenland im 6. und 5. Jahrhundert v. u. Z. und so bildete sie sich im 18. Jahrhundert neu heraus.

Das demokratische Modell geht von drei prinzipiellen Bedingungen aus, die heute zunehmend obsolet sind: a) die Teilnehmer des demokratischen Prozesses sind personal identisch mit denen, über die entschieden wird; b) die Teilnehmer des demokratischen Prozesses sind zugleich auch Teilnehmer aller anderen wesentlichen sozialen Prozesse; c) die Institutionen der Demokratie sind gemeinwohlorientiert.

In der griechischen Polis wurde dies im Ideal durch die Vollversammlung der Bürger, die zugleich Krieger und Eigentümer waren, gewährleistet. Frauen, Fremde, Sklaven waren ausgeschlossen. Für sie gab es keine Demokratie. Im liberalen Nationalstaat sollten die genannten Grundprinzipien von Demokratie durch das Recht aller volljährigen Personen gewährleistet werden, jene zu wählen, die dann in repräsentativen Gremien Entscheidungen treffen. Der Wettbewerb um Wählerstimmen sollte sichern, daß das Gemeinwohl nicht aus den Augen verloren wird. Dabei ist vorausgesetzt, daß die Wahlberechtigten aktiv an anderen sozialen Prozessen partizipieren, vor allem an denen der Wirtschaft, und sei es als Lohnabhängige.

Die heutigen sozialen Probleme verweisen auf eine radikale Veränderung der Grundlagen von Demokratie:

1) Die *ökologische Frage* stellt einen sozialen Antagonismus in der Zeit dar. Wir leben auf Kosten zukünftiger Generationen, die im gegenwärtigen demokratischen Prozeß prinzipiell nicht vertreten sind. Auf der einen Seite ist die Menschheit dabei, die natürlichen Lebensgrundlagen nachfolgender Generationen irreversibel zu verändern und vor allem auch zu zerstören, den Reichtum an biologischen und geologischen Ressourcen beschleunigt zu verringern, und andererseits fehlt jeder demokratische Mechanismus, der die Interessen jener machtvoll zur Geltung bringt, die davon betroffen sein werden.

2) Die *Frage struktureller Unterentwicklung* der Länder an der Peripherie des Weltmarktes mit rund achtzig Prozent der Weltbevölkerung bildet einen sozialen Antagonismus im globalen Raum. Das reichste Fünftel von Ländern (nach Anteil an der Bevölkerung)

hatte 1989 82,7 Prozent des gesamten Einkommens in der Welt. Das ärmste Fünftel nur 1,4 Prozent.[21] Die repräsentative Demokratie in den Staaten des Zentrums der Weltgesellschaft schließt über die Definition der Bürgerrechte die Menschen an der Peripherie zwangsläufig aus originär demokratischen Entscheidungen dieser Staaten aus, obwohl die dort getroffenen politischen und wirtschaftlichen Weichenstellungen das Leben aller anderen (der restlichen vier Fünftel) wesentlich prägen.

3) Der Arbeitsmarkt verliert weltweit und auch in den industriellen Zentren zunehmend seine Integrationskraft. 1950 gab es weltweit 91 Millionen Arbeitslose bzw. ausgeprägt Unterbeschäftigte. 1960 waren es 280 Millionen und 1990 schon 800 Millionen. Es ist das *Problem einer neuen Unterklasse* entstanden. Wie Ralf Dahrendorf schreibt:

> Die Schlüsseltatsache für die Unterklassen und die Dauerarbeitslosen ist, daß sie sozusagen keinen Einsatz im Spiel der Gesellschaft haben. Das Spiel findet ohne sie statt. In einem durchaus ernsten Sinn gilt die moralisch unerträgliche Feststellung, daß die Gesellschaft sie nicht braucht. In der Mehrheitsklasse wünschen viele, die Unterklasse möge einfach von der Bildfläche verschwinden; täte sie dies, dann fiele ihr Fehlen kaum jemandem auf.[22]

Mehrheiten sind bestenfalls desinteressiert an ihrem Schicksal. Sie selbst sind sozial für die Mehrheitsgesellschaft bedeutungslos und ihr gegenüber machtlos.

Diese drei großen sozialen Fragen der Gegenwart werfen eine Reihe von Fragen an den Umbau der demokratischen Institutionen auf. Vor allem fehlen Institutionen, die solche Interessen zur Geltung bringen, aushandelbar machen und Zwänge auf gegenwärtige Entscheidungen ausüben, die in Zeit bzw. Raum außerhalb der aktuellen Interessen der Nationalstaaten der Zentren und ihrer Wirtschaftsorganisationen, Großkonzerne usw. sind. Darüber hinaus müssen die wirtschaftlichen und sozialen Grundlagen einer Demokratie wieder hergestellt werden. Der griechische Reformer Solon hatte dazu im antiken Athen die Schuldknechtschaft abgeschafft und Land neu verteilt. Die Erkämpfung des modernen Sozialstaates durch die Arbeiterbewegung war eine wichtige Grundlage für

21 World Bank, World Development Report, New York 1992, 36.
22 R. Dahrendorf, Der moderne Konflikt. Essay zur Politik der Freiheit, Stuttgart 1992, 239.

die Stabilisierung der repräsentativen Demokratie, und umgekehrt war deren Einführung mit dem allgemeinen Wahlrecht im deutschen Kaiserreich eine Voraussetzung für diesen Sozialstaat. Und letztlich ist zu fragen, wie denn der Wettbewerb der politischen Kräfte um die bessere Verwaltung des Status quo auf die Vertretung jener Interessen gerichtet werden kann, die mit den genannten sozialen Problemen zusammenfallen. Solange politischer Machtgewinn mit der Vertretung solcher Interessen unvereinbar scheint (man denke an die Verkehrs- oder Umweltpolitik), wird die politische Energie bestenfalls in die Vertretung sowieso schon privilegierter Gegenwartsinteressen geleitet.

Vor einem derartigen Hintergrund ist die Vorstellung, die gegenwärtige politische Ordnung der Industrieländer sei eine demokratieverbürgende Basisinstitution der Moderne, die grundsätzlich keiner Veränderung unterliegen müsse, völlig illusorisch. Mindeststandards demokratischer Entscheidungen werden von dieser Ordnung nur noch partiell und in abnehmendem Maße erfüllt. Daraus ergibt sich kein Grund, nach einer Diktatur zu rufen, sondern genau umgekehrt, eine Revolution der demokratischen Ordnung anzustreben, die das demokratische System in Übereinstimmung mit den realen Problemlagen und den Grunderfordernissen von Demokratie in der Gegenwart bringt.

VIII. Eine neue Ökonomie – Reproduktionswert nachhaltiger Entwicklung statt Arbeitswert der Industriegesellschaft

In arbeitsteiligen Gesellschaften müssen die Produkte von Tätigkeiten bewertet werden, um das Maß ihres wechselseitigen Austausches festzulegen. Die Bewertung ist Ausdruck eines objektiven Werts, da im Austausch die unverzichtbaren Aufwendungen, die der Produzent hatte, um das Produkt herzustellen, an diesen zurückfließen müssen. Wert ist deshalb eine Kategorie der gesellschaftlichen Reproduktion arbeitsteiliger Gesellschaften. Die These vom Arbeitswert basiert auf der Idealannahme, daß der Produzent das Maß der gesellschaftlich durchschnittlich aufgewendeten Arbeit, die in diesem Produkt steckt, zurückerhalten muß, um sich reproduzieren zu können. Der Lohn ist danach verfremdeter Ausdruck jener Aufwendungen an abstrakter Arbeit, die zur Reproduktion der Arbeitskraft notwendig sind. Der Arbeitswert ist nur ein Spezialfall eines *Reproduktionswerts.*

Im Unterschied zu Marx' Zeiten ist heute die Masse der gesellschaftlichen Produktion in den hochentwickelten Ländern auf die Erzeugung dieser Reproduktionsbedingungen von allgemeiner anstelle von unmittelbarer Arbeit konzentriert. Und wenn damit die unmittelbar aufgewendete Arbeit tatsächlich aufhört, die wichtigste Quelle des gesellschaftlichen Reichtums zu sein, wenn die Erhaltung der Natur, wenn die Bildung von Menschen, ihrer Fähigkeiten, Bedürfnisse und Genüsse sowie ihrer lebensweltlichen sinnstiftenden Solidarität, wenn Wissenschaft, Organisation, Öffentlichkeit usw., wenn die Vielfalt von Tätigkeiten, die dies ermöglichen und befördern, für die Sicherung eines menschenwürdigen Lebens auf der Erde und auf allen ihren Kontinenten in den Vordergrund treten, dann muß der gesellschaftliche Wert dieser Tätigkeiten tendenziell zum weltwirtschaftlich und sozial bestimmenden Wert werden. Der gesellschaftliche Reichtum müßte dann eine neue Substanz und ein neues Maß finden.

Jene Volkswirtschaften und jene multinationalen Konzerne, die es vermögen, andere bei der Schaffung bzw. Nutzung allgemeiner Produktionsbedingungen zu übertreffen, bestimmen heute das Preisniveau auf dem Weltmarkt. Die Gesamtheit der Kosten, die für die Aufrechterhaltung dieser exzeptionellen Produktionsbedingungen notwendig sind, gehen heute mit in die Wertbestimmung ein.

Wenn jener gesellschaftliche Wert, der auf unmittelbarer abstrakter Arbeit, auf dem Wirken der Menschen als maschinell und organisatorisch dressierter Naturkraft basiert, an seine Grenzen gelangt ist, wenn seine Vorherrschaft menschheitsbedrohend wurde, dann ist auch seine Aufhebung angesagt. Positiv formuliert: *Der Arbeitswert ist – bei Strafe des Untergangs der Menschheit – in einen anderen Wert, in einen anderen Reproduktionswert zu überführen, den Reproduktionswert nachhaltiger Entwicklung*. Und im Reproduktionswert bliebe der Arbeitswert zugleich als dessen immanentes Moment aufbewahrt.

Im Unterschied zum Arbeitswert bestimmt sich der Reproduktionswert aus jenen gesellschaftlich durchschnittlichen Aufwendungen, die zur zukünftigen Reproduktion der gesellschaftlichen Produktionsbedingungen einer entsprechenden Volkswirtschaft oder eines Konzerns usw. inklusive der Erhaltung ihrer Innovationsfähigkeit notwendig sind.

In seiner historischen Entfaltung wäre der Reproduktionswert also immer auf ein bestimmtes, von anderen abgegrenztes Sozium orientiert, dessen allgemeine Arbeit, dessen Leistungen bei der Produktion und Reproduktion menschlicher Subjektivität und sozialisierter Natur zum entscheidenden Reichtumsfaktor würde. Aus der Produktion und Reproduktion einer Gesellschaft von Waren und Dingen entsteht so tendenziell ein neuer Reproduktionsprozeß, der den alten nur als untergeordnetes Moment enthält. Aber noch gehen in die Wertbestimmung nicht die eigentlich notwendigen Kosten für die Erhaltung der natürlichen Lebensgrundlagen, für die Sicherung der Völker der sogenannten Dritten Welt, der Erzeugung neuer solidarischer und sinnstiftender Lebensbezüge ein. Noch ist der Übergang vom Arbeitswert zum Reproduktionswert bestenfalls im Interesse der industriell entwickeltsten Länder begonnen worden. Es ist ein halbierter, machtbornierter Übergang, der zu einer weiteren Verschärfung der Zivilisationskrise beiträgt und zu einer sozialen Sprengbombe in den hochentwickelten Ländern selbst geworden ist.

In den letzten hundert Jahren hat es schon einen grundlegenden Wandel in der Bestimmung des Reproduktionswerts gegeben. Dieser Wandel war mit dem Wirken der Gewerkschaften, dem Entstehen des Sozialstaats und dem fordistischen Modell des gut bezahlten Arbeiters verbunden, dessen konsumtive Nachfrage zur Grundlage der ungeheuren Ausdehnung des Produktionsfeldes geworden ist. Durch diese Entwicklungen wurde der Wert der Arbeitskraft völlig neu bestimmt, gingen in den Reproduktionswert die gewaltigen Kosten eines relativ hohen Lebensstandards, der umfassenden Gesundheitsfürsorge, Bildung und der Alterssicherung sowie der kulturellen Betätigung der großen Masse der Bevölkerung ein. Eine neue Akkumulationsweise und ein neues Akkumulationsregime entstanden.

Wenn heute – wie schon vor hundertzwanzig und vor sechzig Jahren – über den Mangel an Nachfrage geklagt wird (ein Mangel, der damals durch die sozialstaatliche und fordistische Explosion der individuellen Konsumtion gelöst wurde), wenn eine neue derartige Ausdehnung der individuellen Konsumtion in den industriell fortgeschritteneren Ländern nicht möglich scheint, dann ist eine andere Lösung denkbar: Die bisher weithin ignorierten Aufwendungen für Naturerhaltung und solidarische Weltentwicklung wären in die Wertbestimmung aufzunehmen. Dies ist natürlich nur überregional und global möglich. Durch die damit verbundene generelle Erhöhung der zu erstattenden Kosten entstände eine grundsätzlich neue und quantitativ fast grenzenlose Nachfrage nach reproduktiver bezahlter Arbeit. Es gibt meines Erachtens nicht zu wenig Arbeit, sondern vor allem eine künstlich niedrig gehaltene Nachfrage. Die Reproduktion ist global gefährdet, da die reproduktiven Tätigkeiten in Natur und in der Dritten Welt, aber auch in den Bereichen der Altersfürsorge, für Invalidität, für Erziehung von Kindern in einem ungeheuren Maße nicht getätigt werden können, weil der Reproduktionswert die längst eigentlich unverzichtbaren Aufwendungen nicht aufgenommen hat. Die Krise der Arbeitsgesellschaft ist vor allem eine Krise des Reproduktionswerts. Dessen Übergang vom Arbeitswert zum Wert der nachhaltigen Entwicklung ist zu einer Überlebensforderung geworden.

Und so wie der Arbeitswert auch nicht subjektlos ins Leben getreten ist, so wie auch damals die Arbeitswerttheoretiker seine Durchsetzung intellektuell vorbereitet und ermöglicht haben, so muß auch der Reproduktionswert nachhaltiger Entwicklung geistig antizipiert und durch bewußte gesellschaftliche Interventionen eingeführt werden, soll es nicht bei jenen zumeist desaströsen spontanen Entwicklungen bleiben, die sich aus den aggressiven Strategien jener Gruppierungen ergeben, die die wirtschaftliche, politische und auch militärische Macht hoch monopolisiert haben.

Wir beobachten eine schleichende Barbarisierung, wie sie zum Beispiel die Gesetze über die Kürzung der Sozialhilfe und der Arbeitslosenhilfe darstellen. In unchristlichster Weise wird sozialer Neid auf die Ärmsten dieser Gesellschaft geweckt, werden die Kosten der Erhaltung des Status quo auf die Schwächsten abgewälzt und grundlegende Wandlungen (und sei es eine ökologisch-soziale Steuerreform) hinausgeschoben. Indem immer neue Ängste geschürt werden, soll Widerstandswille gebrochen werden. Sachzwänge scheinen die Wahl nur zwischen zwei Übeln zu erlauben.

Alternativen sind denkbar. Sie können gegenwärtige Nöte in Visionen übersetzen und Allianzen begründen, die auf neue Chancen und eine neue Solidarität gerichtet sind. Solche Visionen sind das unverzichtbar Salz, um in einer Welt neuer sozialer Probleme gemeinsam das Brot der Gerechtigkeit zu bereiten.

Literatur

Dahrendorf, Ralf: Der moderne soziale Konflikt. Essay zur Politik der Freiheit, Stuttgart 1992.

Giddens, Anthony: Die Konstitution der Gesellschaft. Grundzüge einer Theorie der Strukturierung, Frankfurt/Main und New York 1992.

Haken, Hermann: Erfolgsgeheimnisse der Natur. Synergetik: Die Lehre vom Zusammenwirken, Stuttgart 1981.

Jankowski, Gerhard: «... und hatten alles gemeinsam» (Apg 4, 32). In: Füssel, Kuno; Segbers, Franz (Hg.): «... so lernen die Völker des Erdkreises Gerechtigkeit». Ein Arbeitsbuch zu Bibel und Ökonomie, Luzern 1995.

Kurz, Robert: Der Kollaps der Modernisierung. Vom Zusammenbruch des Kasernenkommunismus zur Krise der Weltökonomie, Frankfurt/Main 1991.

Lübbe, Hermann: Politische Praxis der Normenbegründung. In: Oelmüller, Willi (Hg.): Materialien zur Normendiskussion. Bd. 1: Transzendentalphilosophische Normenbegründungen, Paderborn 1978.

Mann, Thomas: Doktor Faustus. Das Leben des deutschen Tonsetzers Adrian Leverkühn, erzählt von einem Freunde. In: ders.: Romane und Erzählungen. Bd. 6, Berlin 1975.

Marx, Karl: Zur Kritik der Politischen Ökonomie. Vorwort. In: MEW, Bd. 13, 1975.

Przeworski, Adam: Some Problems in the Study of the Transition to Democracy, in: O'Donnell, Guillermo; Schmitter, Philippe C.; Whitehead, Laurence (eds.): Transition from Authoritarian Rule. Comparative Perspectives, Baltimore, London: The John Hopkins University Press, 47–63, 1988.

Schülein, Johann August: Theorie der Institution. Eine dogmengeschichtliche und konzeptuelle Analyse, Opladen 1987.

Semprun, Jorge: Der weiße Streifen. In: Sinn und Form, 2, 1995.

Sölle, Dorothee: Ein Volk ohne Vision geht zugrunde, Wuppertal 1986.

Weber, Max: Die «Objektivität» sozialwissenschaftlicher und sozialpolitischer Erkenntnis (1904). In: ders.: Gesammelte Aufsätze zur Wissenschaftslehre, Tübingen 1922.

World Bank: World Development Report, New York 1992.

Zapf, Wolfgang: Sozialpolitik in gesellschaftlichen Modernisierungskonzepten. In: Voruba, Georg (Hg.): Der wirtschaftliche Wert der Sozialpolitik, Berlin 1989.

Zapf, Wolfgang: Der Untergang der DDR und die soziologische Forschung. In: Giesen, Bernd; Leggewie, Claus: Ein sozialer Großversuch, Berlin 1991.

Zapf, Wolfgang, 1992: Die Transformation in der ehemaligen DDR und die soziologische Theorie der Modernisierung. AG Sozialberichtserstattung, Wissenschaftszentrum Berlin für Sozialforschung (WZB), Berlin, Mai 1992.

Jakob Moneta

BRAUCHEN WIR EINE GESELLSCHAFTLICHE VISION?

An den 90 Jahre alten Wirtschaftswissenschaftler, Prof. Jürgen Kuczinski, wurde die Frage gerichtet: «Wann wird denn – nach dem Zusammenbruch im Osten – Ihr sozialistischer Traum verwirklicht?» Seine Antwort lautete: «Der Sozialismus kommt vielleicht erst in hundert Jahren, aber die Vorfreude darauf, die lasse ich mir nicht nehmen.» Wozu aber brauchen wir die gesellschaftliche Vision vom Sozialismus?

Ernesto Cardenal, Befreiungstheologe und ehemaliger Kulturminister im sandinistischen Nicaragua, das es auch nicht mehr gibt, wunderte sich darüber, daß die Christen ihren sozialistischen Glauben – im Gegensatz zu vielen Marxisten – nicht verloren haben. Das mag daran liegen, daß die Christen, die seit der kommunistischen Essener-Bewegung vor 2000 Jahren auf das ersehnte Himmelreich auf Erden warten, es eben gelernt haben, sich in Geduld zu üben. Vielleicht liegt es aber auch an der Naivität der christlich-sozialistischen Vision.

Ernesto Cardenal sagte im «Evangelium der Bauern von Solentiname»: «Gott kann im Himmel nicht gelobt werden, solange es auf der Erde keinen Frieden gibt – das heißt Gerechtigkeit, Brüderlichkeit, Gleichheit. Das alles ist Frieden.»

Wer aber soll dies verwirklichen auf Erden, wenn nicht wir? Und da sind wir sogleich beim Geburtsakt des Marxismus, nämlich der elften These über Feuerbach von Karl Marx, die lautet: «Die Philosophen haben die Welt nur interpretiert. Es kommt aber darauf an, sie zu verändern.» Was aber soll verändert werden? Für Marx endete die Kritik der Religion mit der Lehre, daß der Mensch das höchste Wesen für den Menschen sei. Also fährt er fort, mit dem kategorischen Imperativ, «alle Verhältnisse umzuwerfen, in denen der Mensch ein erniedrigtes, ein geknechtetes, ein verächtliches Wesen ist». Und warum sollen alle diese Verhältnisse umgeworfen werden, nicht nur die kapitalistischen, sondern alle? Damit eine

Gesellschaft entstehen kann, in der die freie Entwicklung jedes einzelnen Individuums zur Bedingung der freien Entwicklung aller werden kann.

Nun fällt doch auf, daß Marx seinen «kategorischen Imperativ» – also das absolut gültige sittliche Gebot (*alle* Verhältnisse umzuwerfen, in denen der Mensch ein erniedrigtes, ein geknechtetes, ein verächtliches Wesen ist) – bereits Ende 1843 in der «Einleitung zur Kritik der Hegelschen Rechtsphilosophie» verkündet hat. Das aber waren viele Jahre, bevor er sich an die wissenschaftliche Analyse der gesellschaftlichen Situation machte. Dies ist um so erstaunlicher, weil er einmal angab, sein Lieblingsmotto laute: *De omnibus dubitandum* – «Man muß alles immer wieder in Zweifel setzen». Er gehörte also offensichtlich nicht zu den dogmatischen Marxisten!

Aber ist der wissenschaftlich noch gar nicht überprüfte «kategorische Imperativ» von Marx nicht ebenso naiv wie der Ausspruch des ehemaligen Franziskanermönches: «Gott kann im Himmel nicht gelobt werden, solange es auf Erden keinen Frieden gibt, das heißt Gerechtigkeit, Brüderlichkeit, Gleichheit»? Ich würde sagen, daß Marx sich mit seinem «kategorischen Imperativ» den ethischen Maßstab setzte, der ihm als steter Kompaß diente, um sich auf dem Weg seiner wissenschaftlichen Analysen, der doch zu dem hohen gesellschaftlichen Ziel des Kommunismus führen sollte, nicht verirren konnte.

Daß weder die Sowjetunion noch die anderen nichtkapitalistischen Staaten im Osten dem «kategorischen Imperativ» von Marx gerecht geworden sind, wird heute wohl kaum noch bestritten werden. Das enthebt uns nicht der Notwendigkeit zu untersuchen, welche subjektiven und objektiven Gründe es hierfür gab.

Peter von Oertzen, der in der SPD stets zur Linken gehörte und eine Zeit lang Kultusminister in Niedersachsen war, ist der Frage nachgegangen: «Was bleibt heute noch von der sozialistischen Vision»? Über die Gründe des Zusammenbruchs im Osten schrieb er:

> Im Lichte der ursprünglichen sozialistischen Idee, ist die Vorstellung, daß eine erleuchtete Elite, eine leninistische Avantgarde, eine «führende» Partei – und in ihr ein kleiner Zirkel allmächtiger Spitzenfunktionäre – die Menschen befreien und stellvertretend für sie auf den Weg des vollendeten Sozialismus führen könne, ein grotesker, schrecklicher Irrtum ...
>
> Ziel des Sozialismus ist es, wie Engels formulierte, den kapitalistischen Grundwiderspruch zwischen gesellschaftlicher Produktion und kapitalisti-

> scher individueller Aneignung aufzuheben, die Produktion nicht mehr am Automatismus der Marktkonkurrenz und dem Maßstab der Profiterwirtschaftung, sondern an den konkreten Bedürfnissen der Menschen auszurichten ... Daher sei, so Engels, «eine gesellschaftlich-planmäßige Produktion nach den Bedürfnissen der Gesamtheit, wie jedes Einzelnen nötig».

Dies – so Peter von Oertzen – ist der Sinn der vielberufenen Vergesellschaftung oder Sozialisierung der Produktionsmittel. Die praktisch-politische Konsequenz dieser theoretischen Überlegungen ist sehr einfach:

> Der Sozialismus muß mehr persönliche Freiheit und mehr demokratische Teilhabe (aber auch mehr Wohlstand und Lebensqualität) schaffen als der Kapitalismus – nicht weniger. Sonst ist er das Papier nicht wert, auf das seine Proklamationen geschrieben sind.

So weit Peter von Oertzen. Nun gibt es aber zwei offensichtliche objektive Ursachen für den Irrweg, den die russische Revolution vom Oktober 1917 eingeschlagen hat. Sie fand erstens nicht in einem kapitalistisch entwickelten Land statt, in dem die arbeitenden Menschen sich bereits demokratische und soziale Rechte erkämpft hatten und in dem sie die Mehrheit der Bevölkerung ausmachten. Zweitens befand sich Rußland nach einem verlorenen Weltkrieg und nach einem vier Jahre dauernden, auch von außen geschürten Bürgerkrieg im Zustand völliger wirtschaftlicher Zerrüttung und Auflösung. Alle ursprünglichen Versuche, eine demokratische Räterepublik zu schaffen, sind daran bereits zerschellt.

Warum aber versuchten die kapitalistischen Großmächte mit solch konstanter Hartnäckigkeit und Bosheit, dieses in eine üble terroristische, bürokratische Sackgasse geratene erste sozialistische Experiment zu vernichten? Schließlich haben doch die gleichen Großmächte an der Existenz von brutalen, ja faschistischen Diktatoren keinen Anstoß genommen oder sie sogar gefördert (Franco, Salazar, Pinochet usw.), wenn sie nicht unmittelbar ihren eigenen Interessen in die Quere kamen – wie etwa Nazideutschland. Weil Rußland trotz allem ein nichtkapitalistisches Land geblieben war. Nicht nur durch das Außenhandelsmonopol des Staates, das die Eroberung des russischen Marktes behinderte, sondern auch durch innere Mechanismen, die sich von denen in den kapitalistischen Ländern unterschieden haben. Wie sahen diese aus?

– Geld fungierte dort nicht als Kapital, denn niemand konnte Fabriken, Rohstoffe, Arbeitskräfte – oder gar Aktien – «privat» erwerben.

– Investitionen erfolgten nicht nach den Maßstäben von Profit. Preise bildeten sich nicht aufgrund der Gesetze von «Angebot und Nachfrage». Sie wurden administrativ von oben festgelegt.

– Geld war «Einkommen», mit dem man Verbrauchsgüter erwerben konnte. Aber Löhne und Gehälter machten nicht das gesamte Arbeitseinkommen aus. Viele Güter wurden vom Staat subventioniert z. B. Wohnungen, öffentlicher Transport (5 Kopeken für die Moskauer U-Bahn), Nahrungsmittel, Kultur. All das war eine Art kollektiven Konsums. In Großbetrieben gab es zusätzliche Einkommen in Form von Naturalien, etwa Kinderkrippen, Kindergärten, Bildungs-, Kultur- und Sporteinrichtungen zu lächerlich geringen Preisen, die nicht entfernt kostendeckend waren und die heute alle abgeschafft werden, weil sie eben Kosten verursachen für den einzelnen Betrieb.

Sogar die Privilegien, die Vorrechte der Bürokratie, bestanden nur aus Konsumgütern, obwohl sie auch hierarchisch gegliedert waren, und Betriebe bestimmten oft das Leben ganzer Regionen. Wie aber erklärt sich die Tatsache, daß in keinem dieser nichtkapitalistischen Staaten, in denen die Betriebe als Volkseigentum galten, diese Betriebe vom Volk gegen eine Privatisierung nicht verteidigt wurden? Das ist der Beweis dafür, daß es für die arbeitenden Menschen eben ein entfremdetes Eigentum war.

Die zentralistische Planwirtschaft, beispielsweise in der DDR, wurde nicht einmal im Zentralkomitee anhand alternativer Vorschläge diskutiert. Wenn es so etwas wie eine Planwirtschaft gibt, so müßten ja Experten sagen: «Es gibt verschiedene Möglichkeiten und ihr könnt wählen.» Nicht einmal das ist geschehen. Sogar im Politbüro hat nicht das gesamte Politbüro den Plan diskutiert; es gab vielmehr Experten, die dies getan haben, und darum hatte dieser Plan, der zentral von oben beschlossen war, auch keine Rückkopplung mit den Betrieben und mit der zivilen Gesellschaft. Es fehlte etwa der Druck autonomer Gewerkschaften, es fehlten gesellschaftliche Bewegungen, z. B. auf dem Gebiet der Ökologie, oder eine selbständige Frauen- und Friedensbewegung, es fehlte eine freie Presse, Versammlungs- und Demonstrationsfreiheit, es fehlte mehr demokratische Teilhabe und persönliche Freiheit als in den kapitalistischen Staaten.

Wie ist den Ländern die Transformation dieser nichtkapitalistischen Staaten zur privaten Profitwirtschaft bekommen? Erweist sich denn nach diesem Übergang der Kapitalismus als die einzige gültige, humane, gesellschaftliche Alternative? Versuchen wir zunächst dieser Frage anhand des Beispiels der DDR nachzugehen, die als der bisher gelungenste Fall des Übergangs zum Kapitalismus gilt.

Klaus von Dohnanyi, ehemaliger sozialdemokratischer Staatssekretär und seit dem 3. Juli 1990 Vorsitzender des Aufsichtsrates der Takraf AG in Leipzig, zu der damals etwa 30 000 Beschäftigte gehörten (heute sind es noch rund 9300), ist sicher ein unverdächtiger Zeitzeuge. Aus seiner Sympathie für einen liberalen Kapitalismus hat er nie einen Hehl gemacht! Dohnanyi schrieb im «Spiegel» (29/1995):

> Anfang 1990 wurde der Wert der später zur Treuhand gehörenden Betriebsvermögen von Ministerpräsident Modrow auf etwa 900 Milliarden Mark angegeben; Detlev Rohwedder, Vorgänger von Birgit Breuel, erwartete immerhin 600 Milliarden Mark. Heute steht fest, daß statt eines Ertrages aus der Privatisierung ein Minuskonto von deutlich über 250 Milliarden Mark verbleiben wird.
>
> ... Am bedrohlichsten bleibt die durchschnittliche Unterbeschäftigung von etwa 30 Prozent, wobei zu den 13,3 Prozent offiziellen Arbeitslosen die zeitweise Beschäftigten aus öffentlich finanzierten Arbeitsbeschaffungsmaßnahmen hinzuzurechnen sind. Diese Arbeitslosigkeit besteht trotz massiver öffentlicher Westfinanzierung in Höhe von netto rund 150 Milliarden Mark jährlich. Kaum mehr als ein Drittel der Beschäftigten aus den östlichen Bundesländern werden aus eigener Wertschöpfung bezahlt.... Mit Westgeld wird der Osten aufgebaut, aber im freien Wettbewerb ging die Ostwirtschaft vor dem Westen, der ihre Märkte verschlang und Arbeitsplätze und Vermögen an sich zog, auch in die Knie.
>
> Das zentrale Problem ist die geringe Wertschöpfung, und die Ursache hierfür ist die weitgehende Entindustrialisierung Ostdeutschlands. In den historischen Industriegebieten Deutschlands, in Sachsen, Sachsen-Anhalt und Thüringen, Brandenburg und Berlin, gibt es heute kaum noch 700 000 Industriebeschäftigte – nach Westmaßstab müßte es 1,8 Millionen geben ...

Dohnanyis Fazit lautet:

> Die Ostdeutschen erstritten sich 1989 nicht nur ihre Freiheit, sie gewannen auch in der großen Mehrheit einen höheren Lebensstandard und angenehmere Lebensbedingungen – allerdings zu einem erheblichen Teil noch immer aufgrund der Steuergelder, die der Westen, auch aus seinen Vereinigungsgewinnen, für sie aufbringt.

> Trotz seiner Opfer bleibt der Westen damit, auch fünf Jahre nach der Wiedervereinigung, eindeutig im Vorteil, und der Osten ist dramatisch benachteiligt. Ins westdeutsche Bewußtsein ist das noch nicht klar genug eingeschrieben.

Soweit Dohnanyi. Wie aber sehen dies die Ostdeutschen selber? – Eine Untersuchung, die ebenfalls vom «Spiegel» veranlaßt wurde (3. 7. 1995), wollte herausfinden, was die Menschen in der ehemaligen DDR, die vor fünf Jahren über einen Vergleich zwischen Ost- und Westdeutschland auf neun verschiedenen Gebieten befragt wurden, heute darüber denken, nach einer fünfjährigen Erfahrung mit der BRD. Die Untersuchung ergab folgendes: Vor fünf Jahren hielt die Mehrheit der Ostdeutschen die DDR nur auf drei von neun Gebieten für überlegen. Heute meinen sie, die DDR sei auf sieben dieser neun Gebiete überlegen gewesen!

Die DDR war gegenüber der Bundesrepublik überlegen

	DDR	BRD
Im Schutz vor Verbrechen	88 %	4 %
Gleichberechtigung der Frau	87 %	3 %
Soziale Sicherheit	92 %	2 %
Schulbildung	64 %	11 %
Berufsausbildung	70 %	12 %
Gesundheitswesen	57 %	23 %
Versorgung mit Wohnungen	53 %	21 %

Nur noch auf zwei Gebieten halten die Ostdeutschen heute in ihrer Mehrheit die BRD für überlegen: im Lebensstandard (85 Prozent; allerdings waren es 1990, also vor fünf Jahren, noch 91 Prozent) sowie in Wissenschaft und Technik (63 Prozent; 1990 waren es 81 Prozent).

Hier stoßen wir auf das Problem, das nicht nur in Ostdeutschland, sondern auch in vielen anderen Staaten, die in einer Übergangsgesellschaft von der nichtkapitalistischen in die kapitalistische Gesellschaft leben, «Nostalgie» genannt wird. Was besagt diese Nostalgie, die Sehnsucht nach der Vergangenheit? Ganz sicherlich nicht, daß sich die Menschen zurücksehnen zur Stasi oder zur Zensur oder zu einer arroganten Bürokratie oder gar zur Mauer, die den Kontakt zum Westen behinderte. Aber offenbar wurden doch Erfahrungen gemacht, die besagten, daß beide Systeme, die sie inzwischen erlebt haben, ihre Vor- und Nachteile haben, je nachdem, welche Kriterien, welche Maßstäbe an sie angelegt werden.

Nimmt man den Maßstab der Deckung der Bedürfnisse mit einer qualitativ hochstehenden Reihe von Konsumgütern, so ist das System der freien Marktwirtschaft dem einer staatlich-zentralistisch geplanten nichtkapitalistischen überlegen. Wenn man aber die Befriedigung der Bevölkerung in ihren elementaren gesellschaftlichen Bedürfnissen zum Maßstab nimmt, sieht es etwas anders aus. So gab es in den Ostblockstaaten bis spät in die siebziger Jahre sicher weniger Menschen, die unterhalb der Armutsgrenze lebten als in der Dritten Welt. Dies gilt insbesondere auch für Sozialleistungen, Gesundheitswesen, Unterricht, Kultur. Mit der Verlangsamung und dann dem Verschwinden des Wirtschaftswachstums seit Ende der siebziger Jahre, hat sich dies allerdings radikal verändert. Noch vor dem Zusammenbruch in der Perestroika-Periode existierten in der Sowjetunion bereits sechzig Millionen Arme. Heute gibt es dort allerdings eine Dritte Welt.

In der DDR hatte Egon Krenz als Nachfolger von Honecker kurz vor der Maueröffnung Wirtschaftswissenschaftler aufgefordert, eine reale Bilanz über die wirkliche Lage zu erarbeiten. Das Ergebnis war erschütternd. Die wahre Verschuldung der DDR im Westen war so hoch, daß allein zur Zahlung der Zinsen das Lebensniveau um mindestens 30 Prozent hätte gesenkt werden müssen!

Aber wie will man erklären, daß die durchschnittliche Lebenserwartung im russischen Zarenreich 32 Jahre betrug, daß sie sich bis Anfang der siebziger Jahre auf durchschnittlich 70 Jahre erhöht hatte und daß sie (nach einem kürzlichen Bericht der «Frankfurter Allgemeinen Zeitung») in den fünf Jahren kapitalistischer Marktwirtschaft um zehn Jahre (auf jetzt 58 Jahre) zurückgegangen ist? Und dürfen wir vergessen, daß im Kalten Krieg nicht nur durch die Rüstungskonkurrenz, sondern auch durch die bewußte Politik der Destabilisierung ein permanenter Kostendruck auf die Länder im Osten ausgeübt worden ist?

Dennoch wäre es falsch anzunehmen, daß der Zusammenbruch letzten Endes auf internationale Faktoren zurückzuführen war. Es war eine Implosion, die Zerrüttung im Inneren, die ihn verursachte. Und die wichtigste Ursache war eben die fehlende demokratische Teilhabe und die fehlende persönliche Freiheit!

Unbestreitbar ist, daß es nach dem Zweiten Weltkrieg eine «lange Welle» des Wirtschaftsaufschwungs im Westen gab, die bis Anfang der siebziger Jahre dauerte. Sie hat zu erheblichem Wirtschaftswachstum, steigenden Realeinkommen, zur Verkürzung der Arbeitszeit und zu permanenten Reformen geführt. Während aber nach der Niederlage des Faschismus im Zweiten Weltkrieg noch der Wunsch zu einer grundlegenden Veränderung der Gesellschaft bis weit hinein in die Reihen der Sozialdemokratie und der Gewerkschaften lebendig war, ist diese «Veränderungsnotwendigkeit» der Illusion gewichen, daß die Reformfähigkeit des Kapitalismus auf Dauer erhalten bleiben wird. Eine alternative Gesellschaftsordnung sei also gar nicht nötig.

Seit dem Beginn der «langen depressiven Welle» der Wirtschaft zu Beginn der siebziger Jahre ist diese Illusion einer dauerhaften Reformfähigkeit geplatzt. Heute heißt es deutlich: Reformen? Sie sind nicht mehr bezahlbar. Steigende Realeinkommen? Das können wir uns nicht mehr leisten. Vollbeschäftigung? Das ist nicht möglich. Im übrigen, sagt man uns, sind die Gewerkschaften schuld an der Arbeitslosigkeit, weil sie versuchen, all dies dennoch durchzusetzen, obwohl es der Wettbewerbsfähigkeit des «deutschen Wirtschaftsstandortes» abträglich ist.

Wir stehen heute vor einem neuen Phänomen, daß nämlich auch in Aufschwungsphasen des «normalen Zyklus» einer Auf- und Abbewegung der Wirtschaft die Massenarbeitslosigkeit nicht mehr verschwindet. In den wirtschaftlich entwickelten OECD Staaten, zu denen außer den Staaten der Europäischen Union die USA, Kanada und Japan gehören, ist nach offiziellen Angaben die Arbeitslosigkeit von zehn Millionen vor 30 Jahren auf jetzt 35 Millionen gestiegen. Die wirkliche Zahl dürfte eher bei 50 Millionen liegen.

Gegen die Globalisierung des Kapitals gibt es aber ebensowenig einen gemeinsamen gewerkschaftlichen Widerstand wie gegen die sich verschlechternden Bedingungen innerhalb der «Europäischen Union». Die Gewerkschaften verteidigen vielmehr ihren «nationalen Produktionsstandard» gegeneinander. Wenn es aber «supranationale» Kompetenzen auf der wirtschaftlichen, steuerlichen, währungspolitischen Ebene in Europa gibt, wenn heute ein Großteil dessen, was die Lebensverhältnisse der Arbeitenden betrifft, von Entscheidungen europäischer Gremien abhängt (ganz zu schweigen von der weltweiten Ebene – wie der Dollarabwertung unter dem Druck des ungezügelten Spekulationskapitals), ist es dann nicht ein Unding zu glauben, die entscheidenden sozialen Fragen könnten auf lange Sicht auf der nationalen, örtlichen oder gar betrieblichen Ebene gelöst werden?

Erhält nicht auch der sich in Europa wieder ausbreitende Nationalismus durch die Propagierung solcher «nationaler» Lösungen wieder Auftrieb? Können wir den Zusammenhang übersehen, der etwa vom Generalinspekteur der Bundeswehr, Klaus Dieter Naumann, zwischen der Verteidigung des «deutschen Wirtschaftsstandortes» und militärischen Einsätzen hergestellt wird? Generalinspekteur Naumann meint, daß Deutschland als «kontinentale Mittelmacht mit weltweiten wirtschaftlichen Interessen» auch militärisch gerüstet sein muß, «weil überall in der Welt es zur Bedrohung dieser Interessen kommen kann».

Das Argument, die hohen Arbeitseinkommen und Soziallasten würden den Export gefährden, das insbesondere im Arbeitskampf der IG Metall immer wieder herhalten mußte, ist besonders perfide. Denn Tatsache ist, daß in den ersten fünf Monaten 1995 sich der Überschuß in der deutschen Handelsbilanz um 25,6 Prozent auf 35,8 Milliarden erhöht hat.

In der Metallindustrie sind übrigens die Bruttogewinne von 1993 auf 1994 von 7,3 Milliarden auf 38,7 Milliarden gestiegen. Da immer wieder behauptet wird, hohe Gewinne führten zu mehr Investitionen, ist es besonders bemerkenswert, daß die Investitionsquote, die 1991 noch bei acht Prozent lag, 1994 nur noch 5,4 Prozent betragen hat. Die hohen Gewinne werden als Spekulationsgeld auf den Börsen der Welt eingesetzt.

Die Beendigung des Kalten Krieges zwischen West und Ost hat weder zu einer «Erneuerung» eines sozialen Kapitalismus geführt noch der Dritten Welt irgendwelche Vorteile gebracht. Die Vorsitzende der Deutschen Welthungerhilfe, Helga Henselder-Barzel, berichtete kürzlich (Frankfurter Rundschau vom 9. 8. 1995), bereits heute verfügten eine Milliarde Menschen über weniger als einen Dollar Einkommen am Tag. In Afrika lebe die Hälfte der gesamten Bevölkerung unter der Armutsgrenze. Große Hungersnöte drohten in Afrika, aber auch in Südostasien. Gravierende Umweltprobleme könnten zu «sozialen Revolutionen» führen. Als die zu erwartende größte Herausforderung des 21. Jahrhunderts bezeichnete Frau Henselder-Barzel die Nahrungsmittelknappheit und die Wasserknappheit.

Eine Lösung der sozialen Frage, der ökologischen Probleme oder der Probleme von Krieg und Frieden durch die globalisierte private

Profitwirtschaft ist weit und breit nicht in Sicht. Aber sollten wir vielleicht doch den Rat des US-Wirtschaftsprofessors James Tobin befolgen, der 1981 den Nobelpreis erhielt: Das Spekulationskapital weltweit mit einer Steuer von einem halben Prozent zu belegen? Da *täglich* auf den Börsen der Welt einer Billion Dollar (das sind 1400 Milliarden DM) hierfür eingesetzt werden, würden bei nur einem halben Prozent an Abgaben 1500 Milliarden Dollar im Jahr herauskommen. Wenn die Börse 300 Tage im Jahr geöffnet ist, dann würde der tägliche Umsatz von einer Billion Dollar (das sind 1000 Milliarden) 300 Billionen im Jahr ausmachen. Ein Prozent von 300 Billionen sind drei Billionen, oder 3000 Milliarden Dollar. Ein halbes Prozent (das macht 50 Pfennig pro 100 DM!) sind also 1500 Milliarden Dollar pro Jahr, die als Abgabe erforderlich wären.

Dies würde es ermöglichen, sinnvolle Arbeit weltweit zu schaffen. Denn wenn auch bei uns in der Industrie Arbeitsplätze vernichtet werden, dann bedeutet das doch nicht, daß die Arbeit ausgeht. Gibt es nicht genug Möglichkeiten, den pädagogischen, sozialen, gesundheitlichen, künstlerischen Bereich besser mit Mitteln auszurüsten, gesellschaftliche produktive Arbeitsplätze zu schaffen, statt Arbeitslosigkeit zu finanzieren?

Wie also könnte eine gesellschaftliche Alternative aussehen? Gibt es eine gesellschaftliche Vision? – Wie sehr es auch verständlich ist, daß der Zusammenbruch der nichtkapitalistischen Staaten im Osten, in denen man glaubte, alles verstaatlichen zu müssen, uns zwingt, Überlegungen über die Ursachen anzustellen, wie sehr auch die Vorteile des Marktes mit seinem überwältigenden Warenangebot uns blenden mögen, darf das Problem eines «Marktsozialismus», der uns heute als Alternative angeboten wird, nicht «ideologisch», nicht dogmatisch gestellt werden. Mir imponierte bei einem Besuch in den USA die pragmatische Herangehensweise des Alt-Marxisten Harry Magdoff:

> Selbstverständlich brauchen wir eine sozialistische Vision. Sie muß allerdings je nach Ort und Zeit auch unterschiedlich sein. Könnte sie denn für die USA genauso aussehen wie für Nigeria?

Heute reden so viele von «Markt-Sozialismus». Sollten wir nicht zuerst danach fragen, welche gesellschaftlichen *Ziele* wir anstreben? Dann können wir auch entscheiden, wieviel und welche Art von

Markt oder Plan-Markt nötig ist, sie zu verwirklichen. Der Sozialismus verdient diesen Namen nur, wenn die Menschen sowohl die Ziele als auch die Methoden mitbestimmen können und durch einen Prozeß von *trial and error* – Versuche und Irrtümer – ihre Fehlentscheidungen selbst berichtigen können. Wie würde eine sozialistische Vision für die USA aussehen? Welche Prioritäten müßten wir setzen?

Wir brauchen erstens eine Wirtschaft, die vor allem den Ärmsten, Diskriminierten, Benachteiligten ihre Aufmerksamkeit schenkt. Nehmen wir nur das Problem der Wohnungen. Für Obdachlose irgendwelche Notbehelfe zu schaffen, das könnte vielleicht sogar eine «anständige» kapitalistische Gesellschaft. Aber wie steht es mit der Umwandlung von Slums, der Schaffung von menschenwürdigem Wohnraum für alle? Können Marktmechanismen das leisten, wenn der Boden eine Ware ist, wenn die Spekulation den Preis bestimmt? Können vernünftige kommunale, kulturelle Einrichtungen, Parkanlagen, Sportplätze, Kindertagesstätten, medizinische Institute, Schulen errichtet werden, bezahlbare Wohnungen gebaut werden, ohne daß der Boden «Gemeineigentum» ist, kommunales oder anderes? Die Priorität Wohnraum für die Benachteiligten genügt nicht. Sie brauchen Arbeitsplätze und ausreichende Einkommen, die aber unter Verwendung von Überschüssen, auch aus dem gewaltigen Spekulationsbereich, im öffentlichen Sektor geschaffen werden müssen. Hierfür ist auch zentrale Planung nötig, allerdings unter Einbeziehung von Regionen, Gemeinden, in Betrieben Beschäftigten.

Wir brauchen zweitens eine moralische Gesellschaft, die sich als «guter Weltbürger» erweist. Die USA verbrauchen mit fünf Prozent der Weltbevölkerung 20 Prozent der nichterneuerbaren Ressourcen. Sie müßten aber der «Dritten» und «Vierten» Welt einen fairen Anteil belassen. In den USA gibt es für 1000 Einwohner 700 Autos. Drastischer Ausbau alternativer Verkehrsmittel, eine andere Städteplanung, Verlegung industrieller Standorte ist nötig. Es gibt keine Preis- oder Steuertricks, die all das bewirken könnten. Im Zweiten Weltkrieg haben übrigens führende Kräfte aus der Geschäftswelt zusammen mit intellektuellen «Eierköpfen» durchgesetzt, daß die Produktion von Privatautos durch einen erzwingbaren Regierungserlaß gestoppt wurde.

Wir brauchen drittens eine Wirtschaftspolitik, die in «Harmonie» mit der Natur ist. Hierfür müßten die Wachstumsraten verringert und kontrolliert werden. Auch das widerspricht sowohl der kapitalistischen wie der sozialistischen «Marktlogik». Umweltschutz bedeutet Veränderung in der Land- und Forstwirtschaft von industriellen Praktiken. Bestenfalls verringert all dies den Profit, muß aber auch vielfach zum Bankrott führen, wenn die Regierung nicht mit Subventionen einspringt.

Viertens ist aber eine sozialistische Vision für die USA nicht ohne offene Grenzen möglich. Das könnte auch für eine sozialistische Gesellschaft Probleme schaffen. Denn es würde zu Einwanderungswellen in die USA kommen, die den Bau von Wohnungen, Bildungs- und Gesundheitseinrichtungen erforderlich machen, die Schaffung von Arbeitsplätzen. Können wir uns aber einen Sozialismus vorstellen, der an den Grenzen Mexikos Einwanderer mit Polizeihunden jagt, oder Haitianer mit Marineeinheiten von den Küsten vertreibt?

Die Umwandlung einer Gesellschaft zur Verwirklichung dieser «visionären Ziele» bedeutet für Teile der Bevölkerung eine Reduzierung ihres Lebensstandards und eine völlig neue Sicht von «lebenswertem Leben». All dies kann nicht schmerzlos geschehen. Aber es kann nur erreicht werden, wenn der überwiegende Teil der Bevölkerung die Notwendigkeit begreift und weiß, was hierbei auf dem Spiele steht.

Es gibt im übrigen keinen unüberwindbaren Widerspruch zwischen der erforderlichen zentralen Planung und der Benutzung von Marktmechanismen für die Verteilung von Gebrauchsgütern. Zentrale Planung schließt auch nicht Eigentum von Genossenschaften, von Gemeinden, Familienfarmen oder kleinen Privatfirmen aus. Worauf es ankommt, ist, ob man es dem Markt allein überläßt, Ressourcen zuzuteilen, oder es diesem gestattet, einen Übergang zum Sozialismus zu sabotieren.

Vertreter von Marktsozialismus reden genau wie die Befürworter von Kapitalismus von größerem Wirtschaftswachstum, Ermutigung von Leistungssteigerung, Innovation und Wettbewerb. Aber zu welchem Ziel? Um mehr Autos, mehr Plastik, mehr Papier, mehr Steuereintreiber, Anwälte, Grundstücksspekulanten, Börsenmakler zu haben? Warum nicht weniger Leistung, kürzere Arbeitszeiten, längeren Urlaub, mehr Ruhepausen bei ermüdender Routinearbeit?

Wir sind ein reiches Land mit einem gewaltigen Potential, das die Qualität des Lebens für alle verbessern kann, wenn wir nicht den Standard der oberen Mittelklasse als Ideal ansehen, dem man nacheifern muß. Ich kann es mir nicht verkneifen, hier als Zitat anzuführen, was der einzige deutsche Aufklärer von europäischem Rang, Gotthold Ephraim Lessing – er lebte von 1729 bis 1789 – über das Faulsein geschrieben hat:

> Laßt uns faul in allen Sachen,
> nur nicht faul zu Lieb' und Wein,
> nur nicht faul zur Faulheit sein

Der Schwiegersohn von Karl Marx, Paul Lafargue, hat seinem Büchlein mit dem Titel «Das Recht auf Faulheit» dieses Zitat von Lessing vorangestellt (er ist übrigens in Kuba geboren, wo die Muße immer schon hochgeschätzt war). Lafargue gelangte zu dem Schluß:

> Wenn die Arbeiterklasse ... sich in ihrer furchtbaren Kraft erheben wird ... um ein ehernes Gesetz zu schmieden, das jedermann verbietet, mehr als *drei* Stunden pro Tag zu arbeiten, so wird die alte Erde, zitternd vor Wonne, in ihrem Innern eine neue Welt sich regen fühlen ... aber wie soll man von einem durch die kapitalistische Moral korrumpierten Proletariat einen männlichen Entschluß verlangen ...

«Faulheit», beendet er sein Büchlein, «erbarme Du Dich des unendlichen Elends! – Faulheit, Mutter der Künste und der edlen Tugenden, sei Du Balsam für die Schmerzen der Menschheit!»

Statt von Faulheit sollte von Muße gesprochen werden. Darum geht es in der Tat.

AUTORINNEN UND AUTOREN

Michael Brie, geb. 1954. Studium der Philosophie in Leningrad und Berlin, leitete ab 1988 die interdisziplinäre Arbeit am Forschungsprojekt «Konzeption eines modernen Sozialismus»; 1989 Mitbegründer der Plattform «Dritter Weg» in der SED; gegenwärtig Mitarbeiter der Max-Planck-Gesellschaft in Berlin; Veröffentlichung u. a.: Umbruch zur Moderne (zus. mit D. Klein, 1991); Rußland wieder im Dunkeln (zus. mit E. Böhlke, 1992); Der Engel der Geschichte (zus. mit D. Klein, 1993); Das politische Projekt PDS – eine unmögliche Möglichkeit, in: M. Brie, M. Herzig, Th. Koch, Die PDS – empirische Befunde und kontroverse Analysen (1995).

Kuno Füssel, geb. 1941. Theologe und Mathematiker; zahlreiche Publikationen zur materialistischen Bibellektüre, zur wissenschafttheoretischen Grundlegung der Theologie sowie zum Verhältnis von Marxismus und Christentum, Veröffentlichungen u. a.: zus. mit F. Segbers (Hg.) «... so lernen die Völker des Erdkreises Gerechtigkeit». Ein Arbeitsbuch zu Bibel und Ökonomie (1995).

Franz J. Hinkelammert, geb. 1931 in Emsdetten/Westf., seit 1963 in Lateinamerika tätig, bis zum Militärputsch an der Katholischen Universität von Chile, seit 1976 als Professor für Wirtschaftswissenschaften an den Universitäten Tegucigalpa (Honduras) und Heredia (Costa Rica) sowie Mitarbeiter am Ökumenischen Forschungszentrum (DEI) in San José, Costa Rica, Veröffentlichungen u. a.: Die ideologischen Waffen des Todes. Zur Metaphysik des Kapitalismus (1985); Der Götze Markt (1992); Kritik der utopischen Vernunft (1994); Luzifer und die Bestie (1996).

Fritz Hofmann, geb. 1952, seit 1979 als Chemiefacharbeiter in der chemischen Industrie tätig; gewerkschaftlicher Vertrauensmann; seit 1990 Teilnahme an Austauschprogrammen mit Beschäftigten der brasilianischen chemischen Industrie.

Willibald Jacob, geb. 1932, ev. Pfarrer, Werktätiger Pfarrer in der DDR, Gewerkschaftsvorsitzender, 1985-1988 Dozent am Ausbildungszentrum der Evangelisch-Lutherischen Gossner Kirche in Govindpur, Indien; seit 1995 Bundestagsabgeordneter auf der Liste der PDS.

Gerhard Jüttemann, geb. 1951, stellvertretender Betriebsratsvorsitzender des Kali-Werks von Bischofferode, kath. Christ, PDS-Bundestagsabgeordneter.

Siegfried Katterle, geb. 1933. Studium der Wirtschafts- und Sozialwissenschaften an der Universität Köln, nach Tätigkeit in einem Unternehmen zehn Jahre Wissenschaftlicher Referent im Wirtschafts- und Sozialwissenschaftlichen Institut des DGB (WSI), seit 1974 Professor für Volkswirtschaftslehre (Wirtschaftspolitik) an der Universität Bielefeld, emeritiert 1995. Veröffentlichungen zur Wirtschaftsordnungspolitik, zur Prozeßpolitik, zur Wirtschaftsethik und zum ökonomischen Institutionalismus, u. a.: Jenseits der Sozialen Marktwirtschaft? (1989); Marktwirtschaft und Ethik (1995).

Michael Löwy, geb. 1938 in São Paulo, Brasilien, seit 1969 in Paris, Forschungsdirektor des Instituts für Religionssoziologie (CNRS) in Paris, Veröffentlichungen auf deutsch: Revolution ohne Grenzen, Die Theorie der permanenten Revolution (1987); Marxismus in Lateinamerika 1909-1987 (1988); Marxismus und Befreiungstheologie (1991).

Christa Luft, geb. 1938, 1978 - 1981 Stellvertretende Direktorin des Internationalen Ökonomischen Forschungsinstituts beim Rat für Gegenseitige Wirtschaftshilfe (RGW/COMECON) in Moskau; Professorin für Außenwirtschaft, 1988/1989 Rektorin der Hochschule für Ökonomie; 1989/1990 Wirtschaftsministerin der DDR, 1990 Abgeordnete im DDR-Parlament; jetzt direkt gewählte Bundestagsabgeordnete der PDS; Veröffentlichungen: Treuhandreport. Vergehen einer deutschen Behörde (1992); Die nächste Wende kommt bestimmt (2.Aufl. 1994); Die Lust am Eigentum (1996).

Kerstin Mahnke, geb. 1960, Studium an der Landwirtschaftsakademie in Moskau; nach der Wende arbeitslos; Wahlkreismitarbeiterin in Mecklenburg-Vorpommern.

Jakob Moneta, geb. 1914, emigrierte 1933 nach Palästina; 1948 Redakteur bei der sozialdemokratischen Tageszeitung «Rheinische Zeitung», 1953-1962 Sozialreferent an der Deutschen Botschaft in Paris; 1962-1978 Chefredakteur der von der IG Metall herausgegebenen Zeitschriften «Metall» und «Der Gewerkschafter», lebt in Frankfurt; zahlreiche Veröffentlichungen zu gewerkschaftspolitischen Fragen, zur sozialistischen Theorie und zur Geschichte der Arbeiterbewegung.

Franz Segbers, geb. 1949, Dozent für Theologie und Sozialethik an der Evangelischen Sozialakademie Friedewald, alt-katholischer Pfarrer, Veröffentlichungen zu Themen der Industriegesellschaft und Sozialethik u. a.: «... so lernen die Völker des Erdkreises Gerechtigkeit». Ein Arbeitsbuch zu Bibel und Ökonomie (zus. mit K. Füssel, 1995) ; Markt und Menschlichkeit. Kirchliche und gewerkschaftliche Beiträge zur Erneuerung der Sozialen Marktwirtschaft (zus. mit F. von Auer, 1995).

Thomas Schmidt, Priester, Arbeiter und Betriebsratsmitglied, lebt in Frankfurt

Dorothee Sölle, geb. 1929, Theologin und freie Schriftstellerin, von 1975 bis 1987 Professorin am Union Theological Seminary in New York, lebt in Hamburg, Veröffentlichungen u. a.: Lieben und Arbeiten (1985), Gott denken (1990), Gott im Müll. Die andere Entdeckung Lateinamerikas (1992), Gegenwind. Erinnerungen (2. Aufl. 1995), Den Himmel erden (mit L. Schottroff, 1996).